卓越教师
教学主张丛书

厦门市卓越教师培育项目成果
西南大学教育学"双一流"学科建设实践成果
总主编 陈 珍 朱德全

理性数学

——我的永恒追求

王淼生 著

西南大学出版社
国家一级出版社 全国百佳图书出版单位
· 重庆 ·

图书在版编目(CIP)数据

理性数学：我的永恒追求 / 王淼生著. -- 重庆：西南大学出版社, 2024.12. -- (卓越教师教学主张丛书). -- ISBN 978-7-5697-2730-2

Ⅰ. G633.602

中国国家版本馆CIP数据核字第2024EE8183号

理 性 数 学 —— 我 的 永 恒 追 求
LIXING SHUXUE—— WO DE YONGHENG ZHUIQIU

王淼生 著

责任编辑：张　庆
责任校对：李　君
封面设计：闽江文化
版式设计：散点设计
排　　版：夏　洁
出版发行：西南大学出版社（原西南师范大学出版社）
　　　　　地址：重庆市北碚区天生路2号
　　　　　邮编：400715
　　　　　市场营销部电话：023-68868624
印　　刷：重庆紫石东南印务有限公司
成品尺寸：170 mm×240 mm
印　　张：16.5
字　　数：296千字
版　　次：2024年12月　第1版
印　　次：2024年12月　第1次印刷
书　　号：ISBN 978-7-5697-2730-2
定　　价：49.00元

编委会

总主编

陈 珍 朱德全

副总主编

洪 军 刘伟玲 庄小荣 潘世锋 罗生全 周文全

执行主编

范涌峰 魏登尖

编委（以姓氏笔画为序）

王天平 王正青 牛卫红 艾 兴 叶小波 朱德全
庄小荣 刘伟玲 陈 珍 陈 婷 范涌峰 罗生全
周文全 郑 鑫 赵 斌 侯玉娜 洪 军 唐华玲
韩仁友 潘世锋 魏登尖

总序

习近平总书记在2024年全国教育大会上指出,要实施教育家精神铸魂强师行动,加强师德师风建设,提高教师培养培训质量,培养造就新时代高水平教师队伍。《中共中央 国务院关于弘扬教育家精神加强新时代高素质专业化教师队伍建设的意见》指出,要加强中小学学科领军教师培训,培育一批引领基础教育学科教学改革的骨干。强化中小学名师名校长培养。

厦门市历来重视名师队伍的培育培养工作,根据教师专业成长规律,经二十年探索,逐步形成了"骨干教师—学科带头人—专家型教师—卓越教师"的金字塔式名师阶梯成长体系。自2021年起,厦门市教育局与西南大学开展战略合作,共同推进厦门教育高质量发展和教师队伍建设。"厦门市首期卓越教师培育项目"是由厦门市教育局与西南大学教育学部联合倾力打造的精品培训项目,也是厦门市迄今为止最高层次的教师培训项目。该项目旨在打造一支具有教育情怀、高尚师德,富有创新精神,具有鲜明教育教学思想和教学主张,在教育教学和教育科研上发挥领军作用的高层次教育人才队伍。项目以产出导向为理念,坚持任务驱动,通过个人自学、高端访学、课题研究、讲学辐射、挂钩帮扶、发表论文、出版专著、提炼教育思想、推广教学主张等方式优化培育过程。

三年琢磨,美玉渐成。通过三年的探索,围绕成为"有实践的思想者"这一核心目标,每一位卓越教师培育对象形成了特色鲜明、理念前沿的教学主张,并以教学主张为中心形成了一本专著,从而汇集成目前呈现在大家面前的"卓越教师教学主张丛书"。本丛书,既是"厦门市首期卓越教师培育项目"三年实施成果的沉淀,是每一位卓越教师培育对象思想的结晶,也是西南大学教育学"双一流"学科建设的实践成果。

仔细阅读本丛书,可以欣喜地看到,卓越教师培育对象们不仅能敏锐地捕捉到教育教学领域的难点、热点问题,揭示其中的本质规律,还能结合本地教学实际智慧地提出解决方案。总体来说,本丛书有以下三个方面的特点。

一是有较浓厚的学术气息。29位培育对象中有获得国家、省级基础教育教学成果奖的教师,有正高级教师,有省特级教师,但他们还在不断突破,追寻对教育教学本质的理解,追寻从实践到思想的蝶变,追寻高水平的专业表达。他们从实践中提炼出主张,再用主张引领实践,他们在书稿中融入了理论的阐释,学会了建构模型,并借助模型简洁地表述自己的教育教学思想,读起来不生涩也不单调。

二是有较强的系列探索味道。《义务教育课程方案(2022年版)》提出,应做好学段间的教育教学衔接。29位培育对象中,既有教育科研专职人员和学校的管理者,也有班主任、一线教师等,研究成果覆盖了小学、初中和高中的大部分学科,最终形成了29本培育对象教学主张的专著和1本全景式呈现卓越教师培育的经验和初步成效的论著。因此,本丛书既有基于教育者几十年教学实践的思想提炼,又有深入课堂的案例剖析,可以"用眼睛来读",作为教师专业发展的自读文选;也可以"用行动去做",作为教学范例直接进入课堂实践,在行动研究中孵化、创生;也适合专门研究者或管理人员参阅,从中窥探从小学到高中的教育教学重点与发展脉络。

三是有鲜明的课程育人特色。本丛书的撰写以学科课程为载体,以学科课程核心素养为目标,积极探索新时代背景下的育人方式变革,寻求育人最佳路径,以德施教,立德树人。因此,单看每本专著,已能感受到其中鲜明的课程育人特色,综合丛书来看,这一特色更加明显。

期盼厦门市首批卓越教师培育对象大力弘扬践行教育家精神,追求卓越的步伐永不停留,不断完善、应用和推广自己的教学主张和教学成果,为厦门教育做出更多更大的贡献。也期盼本丛书能为广大中小学教师深化教学改革提供参考,为教育学"双一流"学科服务教育实践提供借鉴。

是为序。

陈 珍

(中共厦门市委教育工委书记、厦门市教育局局长)

朱德全

(西南大学教育学部部长、西南大学教育学一流学科建设"首席责任专家"、国家重大人才工程特聘教授、国务院学位委员会学科评议组成员)

序言

从20年前第一次见到王淼生老师,到今天看到眼前的这本王老师的新著——《理性数学——我的永恒追求》,我见证了一位"草根"教师的学术成长之路,见证了理性精神之于数学探索的美丽画卷。

前些年,我会和朋友们说,王老师是我引进的一位名师。近年来,我和朋友们常说,王老师是我的学术挚友。我们一起探讨教育问题,分析未来教育,闲聊数学教学,研究学术动态,交流科研心得,拟定合作课题,互赠近期著作,彼此相互勉励。

在教研的道路上,好友就像一盏明灯,照亮彼此前行的路。人的一生最快乐的事,莫过于交到几个知心朋友。"朋友一生一起走",人生最贵是相知。

15年前,我给王老师的《数学百题 精彩千解》一书写了《数学名师与精彩之解》的代序,结尾处这样写道:"读了王老师的书,你就能体验到什么叫精深的专业知识,什么叫数学教师的智慧!"

6年前,我还给王老师的《概念:数学教学永恒主题》一书写了《让"冰冷的美丽"火热起来》的序言,序言的结尾处这样写道:"能让数学'冰冷的美丽'火热起来的教师,一定是优秀的数学教师。"

我很乐意为王老师的《理性数学——我的永恒追求》一书写序,这是王老师对我的极大信任,也让我创下了连续为一个人的三本书写序之先例,更是我想第一个走进书里去欣赏"以草根之力,铸理性之魂"的数学教育璀璨星空的愿望。

初为人师的王老师是乡村教师,自言"草根"不为过。即便是现在,作为扎根于一线的数学教师的他,也是广义之"草根"。"草根"之力是可以持久积蓄的,"草根"精神是值得永远赞美的,"草根"教师也应有名师梦,快步追风赶月不停留。

从乡村教学的艰辛到特区教学的突围,是他理性思探的"时空";从一题多解到多题一解,再到一题多变,是他理性思探的"乐园";从赏析高考试题到研究"奥数"竞赛题,是他理性思探的"天地";从教学有方到教有主张,是他理性思探的一个新的"里程碑"。这就是王老师的"永恒追求",这就是向着数学教育的"诗和远方"的行走姿态。

听王老师讲课,其实是在听他"讲理",循循善诱,渐入佳境,令人思绪飞扬;读王老师论文,其实是在读他"论理",层次分明,丝丝入扣,引人入胜;听王老师讲座,其实也是在听他"说理",见解独到,分析深刻,让人受益匪浅。读王老师的书,就"书之文"来说,处处言之有"理",达成"理"直气壮!就"书之韵"而言,我们更多的是在读他的理性精神和理性成长。

数学是说理的,理性数学就是说理的数学教育。我想指出的是,大家都在说"数学是说理的",但纵观当下的数学教学,"花式"说理者有之,"忽悠"说理者有之,"不够讲理"者有之,"讲不清理"者有之,甚至"蛮不讲理"者亦有之,而王老师是我知道的最会"说理"的数学教师。

理性数学,是"深化理性之思维"的数学教育,是"培养严谨之态度"的数学教育,是"素养落地之真谛"的数学教育。

当下中小学数学课堂教学,总的说来"说理不足"。这固然与现行的教育评价和考试制度有关,但也和数学教师的教学观念、知识积累、专业功底、能力水平、文化素养等有关。即便是为了测评和升学,我们的数学课堂教学也完全可以"以'理'服人"。

从某种角度来说,"以'理'服人"更有利于教育评价和升学考试,更有利于学生深度学习,更有利于达成"双减"——数学教育"减负",呼唤"理性数学"。

当今学生学数学"刷题"多,根源还是在老师。学生"刷"题,是正常的,但现在是"刷"了这么多题,多数学生仍然没有信心去做"下一题"。如果我们的广大数学教师都能实施"理性数学"的话,就能让多数学生少"刷题"而仍有信心做"下一题"。

如此,数学幸甚,教育幸甚,学生幸甚。

任 勇

(原厦门市教育局副局长、巡视员,曾任福建省厦门双十中学副校长、福建省厦门第一中学校长,数学特级教师,"苏步青数学教育奖"一等奖获得者,中国当代教育名家)

前言

百年大计,教育为本。教育是国之大计,党之大计。教育大计,教师为本。强国必先强教,强教必先强师。党的二十大报告首次把教育、科技、人才进行"三位一体"统筹安排、一体部署,首次提出教育是"基础性、战略性支撑",凸显了教育事业在党和国家工作全局中的分量之重。师者立教之本,师者强国之源。教师承担着传播知识、传播思想、传播真理的历史使命,肩负着塑造灵魂、塑造生命、塑造人的时代重任。教师是教育发展的第一资源,是国家富强、民族振兴、人民幸福的重要基石。

教育专家指出,教学主张是教师教学的独特视角,是教师形成教学风格和教学思想的基石,是名师"教育自觉"的关键性标志,是教师打开专业成长的"天眼"。教师要通过实践路径和理论路径,提炼自己的教学主张,形成自己的教学风格,成为有教育思想的名师。教学主张是教师在教学过程中所坚持的教学原则,是指导教师有效开展课堂教学活动的指导思想和方法论。教学主张是教师的教学思想,是教师结合自己的教学经验和理论学习总结出来的教学观点,反映了教师的教育理念和教学风格,是优秀教师专业发展的重要标志。

克莱因指出,数学是一种精神,一种理性的精神。数学是人类高超的智力成就,是人类心灵独特的创作。数学在形成人的理性思维、科学精神和促进个人智力发展中发挥着不可替代的作用。数学是严谨科学,数学需要讲理;数学是逻辑思维,数学必须讲理;数学是高雅艺术,数学理应讲理。说理就是以生为本,顺应知识增长规律;说理就是以人为本,尊重生命成长轨迹。只有明理、讲理，才能将数学知识"冰冷、苦涩"的学术形态转化为"火热、生动"的教育形态，让数学通过教育形式，展现出其巨大的魅力，体现其价值，深刻诠释其本质。这一过程不仅能感染学生，唤醒他们对知识的渴望，还能激励他们不断探索，提升学习兴趣，激发强烈的求知欲望。同时，数学优化了学生的思维品质，促进了智力的发展，为核心素养的培养奠定了坚实的基础。最终，这一切都旨在追求生命的深层意义，实现个人的人生价值，为学生的终身发展及社会发展所需要的必备品格与关键能力构筑起坚实的基石。然而，数学教学尤其是普通高中数学教学中普遍存在不少非理性现象，比如，随意处置教材、任性创设情境、解题替代概念、无效探究教学、缺少逻辑知识等现象较为突出，这是提出"理性数学"教学主张的缘由。

"理性数学"教学主张中的"理"体现在理解数学、理解学生、理解教材、理解课标、理解教学、理解教育。"理性数学"是对数学"课标"的深度理解、数学教材的深度分析、教学模式的深度探索、学习方式的深度摸索、评价体系的深度探究、育人理念的深度研究，是促进学生德智体美劳全面发展的教育理念，是数十年不懈坚守、不断进取形成的理智型教学风格。无论是备课，还是授课；无论是批阅作业，还是讲评试卷；无论是概念新授课，还是习题复习课；无论是课堂常规教学，还是课外兴趣探索；无论是撰写文章，还是阅读书刊；无论是教学实践，还是教育科研；无论是工作，还是为人；无论是教书，还是育人，始终恪守数学是理性的、教学是讲理的、为人是明理的，以理服人、以理感人、以理悦人、以理育人，正如北京师范大学郭华教授所言，教学就是讲理，理想的教学都指向学生在教学活动中的发展，而促进学生发展的最根本途径就是使学生明理，即帮助学生领悟符号背后鲜活生动的道理，理解和掌握定理背后所体现的研究方法、思维方式和科学精神。教师把基本概念、基本原理讲清楚，学生就可以真正地理解其他知识，并有能力自主地观察、思考、想象、表达，逐步构建起自己的知识体系。只有让学生理解和掌握知识的内在原理、本质联系，才能帮助学生"以理驭事""以简驭繁"，把握事物的本质特征，使学生成长为明辨是非、有担当的未来社会实践的主人。

"理性数学"在教育领域，尤其是在数学教育及其相关活动中，体现为一种教学理念与实践方式。它贯穿于解读教材与研究"课标"、分析概念与解决问题、渗透思想与归纳方法、实施教学与开展科研、引领示范与辐射传播、培育成果与提炼主张、培养思维与优化品质、发展智力与提升素养、学会为人与立身处世等方面。"理性数学"坚持以学生为中心，依托数学严谨的逻辑推理，采用说理的手段，巧妙地运用数学知识与方法去发现、提出、分析并解决问题。在此过程中，学生不仅掌握了数学的基础知识、基本技能，还深刻领悟了数学的基本思想，并积累了丰富的数学活动经验，最终以数学的眼光、思维与语言去观察、思考与表达世界。"理性数学"旨在引领学生理性地探索数学本源，把握数学内容本质，揭示教育教学规律，从而形成逻辑严谨的批判性思维；培养学生科学规范的理性精神，追求有依有据的理性表达，从而促进智力水平，发展创新能力，提升数学素养，发展素质教育；激发学生学习数学的兴趣，养成良好的学习习惯，树立正确的世界观、人生观、价值观，从而追求更加幸福的人生，实现自我价值的升华。

美国心理学家波斯纳指出，如果一个教师仅仅满足于获得经验，而不对经验进行深入思考，那么即便是有20年的教学经验，也许只是重复20次一年的工作；除非善于从经验反思中吸取教益，否则就不可能有什么改进。[①]经验人人都可以有，关键在于对已有经验进行综合分析、深度反思，从而提炼出自己的教学主张。教学主张是教师的教学思想、教学理念。教师不仅要敢于提出自己的教学主张，还要善于提出自己的教学主张，更要围绕教学主张开展系统的理论与实践研究。理论研究主要包括概念和内涵界定、理论基础和依据阐述、具体观点和内容总结；实践研究主要包括教学主张的教材化、教学化、人格化研究。用教学主张来解读、钻研、挖掘教材，赋予教材个性和生命。用教学主张来统领教

---

① 徐瑛.做学习型教师：从阅读到行动[M].天津：天津人民出版社，2020：133.

学,教学活动就会深深地"烙上"自己的特色,展现其独特的教学风格。只有将教学主张融入教材研究、教学探索及人格魅力,才能真正实现教学主张教材化、教学化、人格化,凸显有血有肉、有形有质的教学主张。

《理性数学——我的永恒追求》由六章构成。按照"回眸从教轨迹""提出教学主张""阐述教学主张""践行教学主张""丰富教学主张""彰显教学主张"的逻辑路径展开论述。

教学主张是基于个人特殊、独有的经历、体验、思考,而形成的对教育教学、课程改革、科研创新的一种坚定的、长期的个性化的、独特的、稳定的见解、思想、理念,同时又具有一般的、普遍的借鉴意义和价值,借以表达对教育事业、学生情感上的热爱与理智上的自觉追求。教学主张是区别于他人教学的重要特征,是教师个人教育经历、理论积淀、思维方式、教学认识、教学情感、教学经验、教学信念和教学风格共同作用的"化合物",因而教学主张富有个人色彩,故而第一章"回眸从教轨迹"分为初出茅庐关注解题、脱颖而出聚焦高考、小有成就尝试科研、崭露头角专业成长,主要回顾从农村学校到县城中学,再到市郊中学,再到省重点中学,再到特区示范性中学的教学、研修、科研、育人等经历。

教学主张指向教学、教改、教研等实践活动,是对教学、教改、教研的理性认识与理想追求。教学主张与国家的方针政策、从事的专业性质、任教的学科特性等密切相关。教学主张是在解决教育教学中遇到的突出问题、遭遇的长期困惑中提炼出来的认识、举措与追求。教学主张不是凭空臆造,而是在长期的教学实践基础上,在不断地反思质疑中,在持续的理论引领下,一点一点地积累沉淀、一次一次地修改完善而提炼出来的。提炼教学主张是一项艰难的、复杂的系统工程。故而第二章"提出教学主张"分为教学主张产生背景、深度"对话"教材、深刻反思概念教学、尝试提炼教学主张,主要概述"理性数学"教学主张的背景及形成过程,尤其侧重教材解读与概念教学。

教学主张蕴含着教师对教学规律的深刻把握、对教学对象的精深理解、对教学追求的理性概括的一种见解、一种思想,是优秀教师专业发展的重要标志。教师在丰富的教学实践经验基础上，在深厚的学科理论素养支撑下，在借鉴其他教师成熟的教学主张过程中，理智地、全面地、辩证地对课堂中、教学中、科研中出现的问题做出理性的分析，提炼出自己的教学主张后，需要进一步概述教学主张的理论依据，释义教学主张的本质，阐述教学主张的内涵，凸显教学主张的特色。故而第三章"阐述教学主张"分为概述教学主张理论、诠释理性数学内涵、阐述理性数学特性、凸显理性教学风格，主要概述学科教学内容知识理论、跨学科融合教学理论、深度学习理论、学科核心素养理论以及"理性数学"教学主张的主要特性。

  穷理以致其知，反躬以践其实。教学主张是教学经验走向教学理论、教学思考走向教学思想的结晶。提炼教学主张并非最终目的，关键在于将教学主张潜移默化地落实到长期的、踏实的实际行动之中，彰显教学主张内在价值。教师不仅要敢于提出教学主张，而且要善于在理论指导下践行教学主张。教学主张源自教学实践，又高于实践，要在检验教学主张的过程中，不断地完善、丰富教学主张。实践经验越丰富，检验平台越多样，教学主张越趋于完美。只有积极投身实践探索，深入理论研究，将理论与实践相结合，才能真正丰富教学主张。故而第四章"践行教学主张"分为送培送教薄弱学校、示范引领青年教师、辐射传播学术讲座、领衔名师工作室，主要论述引领示范年轻教师成长历程及名师工作室建设。

  数学在形成人的理性思维、科学精神和促进个人智力发展中发挥着不可替代的作用。教学主张是教师教学思想的显性化、个性化。教师不仅要善于从教学实践中提炼教学主张，而且要围绕教学主张开展系统的理论研究，不断地丰富教学主张内涵。理性数学在于论述道理、发现规律、追求真理。教师通过论文、专著、课题以及学术兼职平台，在践行"理性数学"教学主张的同时丰富"理性数学"教学主张。故而第五章"丰富教学主张"分为发表教育教学论文、出版教育教学著作、实施教育科研课题，主要聚焦论文背后故事、撰写专著策略、课题研究感悟等凸显理智型教学风格，彰显"数学说理"教学特色。

　　以严谨推理、缜密思维著称的数学与数学教学应该是理性的。理性数学的"理"洋溢着幸福，正如亚里士多德感叹理性生活才是幸福。教师不仅要不断地丰富教学主张，而且要持续地传播教学主张。故而第六章"彰显教学主张"分为荣膺苏步青数学奖、授予全国教研成果、摘取国家教学成果、当选国家教学名师，主要概述这些权威大奖的来龙去脉及相关知识，给读者留下一份完整资料，为后来人申报这些奖项提供参考。

　　由于水平有限，功力浅薄，加上时间仓促，书中肯定有不足和错误之处，敬请同行和读者不吝赐教，万分感谢。

王淼生

写于福建省厦门第一中学

2024年4月

目录

第一章　回眸从教轨迹

- 第一节　初出茅庐关注解题 …………………………………003
- 第二节　脱颖而出聚焦高考 …………………………………023
- 第三节　小有成就尝试科研 …………………………………041
- 第四节　崭露头角专业成长 …………………………………054

第二章　提出教学主张

- 第一节　教学主张产生背景 …………………………………069
- 第二节　深度"对话"教材 ……………………………………077
- 第三节　深刻反思概念教学 …………………………………096
- 第四节　尝试提炼教学主张 …………………………………105

第三章　阐述教学主张

- 第一节　概述教学主张理论 …………………………………115
- 第二节　诠释理性数学内涵 …………………………………148
- 第三节　阐述理性数学特性 …………………………………154
- 第四节　凸显理性教学风格 …………………………………167

第四章　践行教学主张

- 第一节　领衔名师工作室 …… 177
- 第二节　送培送教薄弱学校 …… 187
- 第三节　示范引领青年教师 …… 191
- 第四节　辐射传播学术讲座 …… 194

第五章　丰富教学主张

- 第一节　发表教育教学论文 …… 199
- 第二节　出版教育教学著作 …… 204
- 第三节　实施教育科研课题 …… 210

第六章　彰显教学主张

- 第一节　荣膺苏步青数学奖 …… 223
- 第二节　授予全国教研成果 …… 228
- 第三节　摘取国家教学成果 …… 231
- 第四节　当选国家教学名师 …… 233

参考文献 …… 236

后记 …… 240

第一章

回眸从教轨迹

  1984年9月—1987年7月,我在江西省九江师范专科学校(现"九江学院")就读数学专业。1987年7月大学毕业后,我被分配到江西省九江市湖口县城山乡城山中学(现"城山学校")任教初中数学,成为一名光荣的人民教师。1989年9月我被选拔到江西省九江市湖口县第二中学任教高中数学。1991年9月,我被改派到江西省九江市庐山区中学(现"九江市濂溪区第一中学")任教高中数学。1993年9月,我被聘到江西省九江第一中学任教高中数学并兼高中数学竞赛教练。2005年8月,我通过"人才引进"计划进入福建省厦门第一中学任教高中数学并兼竞赛教练、自主招生及"强基计划"导师。

  另外,2001年9月—2004年7月,我在华中师范大学函授本科。2011年11月—2013年12月,我在东北师范大学参加厦门市专家型教师研修项目。2021年12月至今,我在西南大学参加厦门市首期卓越教师培育项目。

第一节 初出茅庐关注解题

一、关注一题多解

1991年9月,我被江西省九江市教育局改派到庐山区中学任教后认识了九江市教研室数学教研员黄行道老师。黄老师经常深入课堂现场指导,并反复叮嘱教学过程中要全程重视数学概念的提炼,恰当渗透数学思想,及时归纳解题方法,这是我第一次深刻认识到数学概念与思想方法的重要性,完全颠覆了我一直以来的固化思维,即数学教学就是解题教学。

1993年5月,我参加了庐山区(现"濂溪区")首届青年教师优质课大赛。我的一节"分类讨论在解不等式中的应用"受到专家好评,荣获区一等奖第一名,这极大激发了我在后来的教学中时刻提醒自己要坚持概念优先原则。

波利亚指出,掌握数学就意味着善于解题。初为人师这六年间,我主要关注解题,课堂教学基本上属于解题教学,从最开始的一题多解,逐步涉及多题一解、再到一题多变,这也为我后来出版的第一部专著《数学百题 精彩千解》奠定了基础。

二、研究一题多解

一题多解就是对于同一个(或同一类)数学问题,引导学生沿着不同方向、不同角度、不同层面、不同方位、不同思路,用不同视角、不同构思、不同方法、不同策略进行观察、联想、类比、分析、综合,从而获得多种不同的解题方法。一题多解能够帮助学生训练基本技能、基本方法,加强基础知识之间的联系,巩固、整合与重组所有学过的知识,培养学生敏锐的观察力,调动学生学习数学的积极性,增强学习数学的求知欲,提升学生的解题技能。适当地、恰当地、有意识地训练一题多解,提高学生观察分析能力、探究发现能力,开阔学生思维的灵活性、发散性、广阔性和深刻性,激发学生创新意识和创新精神。让学生在解题过程之中,身心愉悦地欣赏数学之雅,领悟数学之美,享受数学之乐。

案例1：已知 $\sin\alpha+\sqrt{2}\cos\alpha=\sqrt{3}$，则 $\tan\alpha=$（　　）。

A. $\dfrac{\sqrt{2}}{2}$　　　　B. $\sqrt{2}$　　　　C. $-\dfrac{\sqrt{2}}{2}$　　　　D. $-\sqrt{2}$

（一）寻觅理论依据

波利亚指出，数学解题过程分为弄清问题、拟定计划、实施过程、回顾反思等四个阶段。所谓弄清问题，就是要弄清"已知是什么""未知是什么""还需要什么条件"。所谓拟定计划就是先确定"属于什么知识模块""涉及哪些相关知识""渗透哪些思想""最终目标是什么""完成目标有哪些途径""具体有哪些实施手段"。所谓实施过程就是依据上述拟定计划来逐步实施求解步骤。对于回顾反思，其核心在于"怎样反思""反思什么"。针对不少教师重视实施过程而忽视回顾反思，当代教育名家、著名数学特级教师任勇先生惋惜地感叹："如果求出了问题答案就匆匆合上作业本，我们将失去做这道题本来应该得到的更多、更宝贵的东西。光解题而没有反思就如同入宝山却空着手回来。"

（二）追寻波氏"足迹"

1.弄清问题

（1）已知是什么

含有 $\sin\alpha$ 与 $\cos\alpha$ 的一个三角方程；只有一个 α 角。

（2）未知是什么

$\sin\alpha,\cos\alpha,\tan\alpha$ 的值；没有给出角 α 的取值范围。

（3）还需要什么条件

系数满足：$1^2+(\sqrt{2})^2=(\sqrt{3})^2$；内含一个恒等式：$\sin^2\alpha+\cos^2\alpha=1$。

2.拟定计划

（1）属于什么知识模块

显然，本题属于三角函数的知识模块，主要考查同角三角函数的基本关系。

（2）涉及哪些相关知识

主要涉及三角函数（同角三角函数基本关系）、函数（导数、极值）、不等式（柯西不等式）、向量（数量积）、解析几何（直线、圆）、离散型随机变量分布列（期望、方差）等。

(3)渗透哪些思想方法

渗透方程与函数、转化与化归、数形结合、特殊与一般、或然(偶然)与必然等数学思想方法。

(4)最终目标是什么

最终目标有且只有一个,即求 $\tan\alpha$ 的值。

(5)完成目标有哪些途径

直接求出 $\tan\alpha$;先求 $\sin\alpha$,$\cos\alpha$,再利用同角三角函数的商数关系求 $\tan\alpha$;利用万能公式先求 $\tan\dfrac{\alpha}{2}$,再求 $\tan\alpha$;等等。

(6)具体有哪些实施手段

组建方程组;构建分式或整式齐次方程;化归为同名三角函数;借助万能公式;构造辅助角;构造向量;利用柯西不等式;借数构形转化为直线与圆;联想离散型随机变量分布列并利用期望与方差;构造函数并借助导数知识;等等。

3.实施过程

解法1(借助恒等式组建方程组):将已知与同角三角函数的平方关系联立得到

$$\begin{cases} \sin^2\alpha+\cos^2\alpha=1,\\ \sin\alpha+\sqrt{2}\cos\alpha=\sqrt{3}\end{cases} \Rightarrow \begin{cases}\sin\alpha=\dfrac{\sqrt{3}}{3},\\ \cos\alpha=\dfrac{\sqrt{6}}{3}\end{cases} \Rightarrow \tan\alpha=\dfrac{\sqrt{2}}{2}。$$

解法2(利用对偶式组建方程组):将已知与对偶式联立得到

$$\begin{cases}\sin\alpha+\sqrt{2}\cos\alpha=\sqrt{3},\\ \cos\alpha-\sqrt{2}\sin\alpha=t\end{cases} \xRightarrow{\text{平方相加}} t=0 \Rightarrow \cos\alpha-\sqrt{2}\sin\alpha=0 \Rightarrow \tan\alpha=\dfrac{\sqrt{2}}{2}。$$

点评:组建方程组是解决三角函数问题常见策略,体现方程(方程组)思想。解法1利用同角三角函数天然恒等式(平方关系)来构建方程组,是一种典型的通用方法。解法2则是构造三角函数的对偶式来组建方程组。一般来说,构造三角函数的对偶式的原则是 $\sin\alpha$ 与 $\cos\alpha$ 互换。构造三角函数的对偶式的目的就是为了两式平方相加,既能利用同角三角函数的平方关系,又能正负抵消,这正是构造三角函数的对偶式的本质所在。

解法3(构建分式齐次方程):将已知等式两边平方可得

$$\sin^2\alpha + 2\sqrt{2}\sin\alpha\cos\alpha + 2\cos^2\alpha = 3 \qquad ①$$

$$\Rightarrow \frac{\sin^2\alpha + 2\sqrt{2}\sin\alpha\cos\alpha + 2\cos^2\alpha}{\sin^2\alpha + \cos^2\alpha} = 3 \qquad ②$$

$$\Rightarrow \frac{\tan^2\alpha + 2\sqrt{2}\tan\alpha + 2}{\tan^2\alpha + 1} = 3$$

$$\Rightarrow \tan\alpha = \frac{\sqrt{2}}{2}。$$

解法4(构建整式齐次方程)：由解法3中的①可得

$$\sin^2\alpha + 2\sqrt{2}\sin\alpha\cos\alpha + 2\cos^2\alpha = 3\sin^2\alpha + 3\cos^2\alpha$$

$$\Rightarrow 2\sin^2\alpha - 2\sqrt{2}\sin\alpha\cos\alpha + \cos^2\alpha = 0 \qquad ③$$

$$\Rightarrow 2\tan^2\alpha - 2\sqrt{2}\tan\alpha + 1 = 0$$

$$\Rightarrow \tan\alpha = \frac{\sqrt{2}}{2}。$$

点评：同角三角函数的商数关系 $\tan\alpha = \dfrac{\sin\alpha}{\cos\alpha}$ 是构建齐次的理论依据。之所以先对已知条件平方就是为了更好实施齐次，在构建分式齐次方程的过程中往往在分母中逆用平方关系（$1 = \sin^2\alpha + \cos^2\alpha$），比如解法3中的②；在构建整式齐次方程的过程中常常将等式右边变为0，比如解法4中的③。

解法5(化归同名三角函数)：由已知等式移项得到

$$\sin\alpha = \sqrt{3} - \sqrt{2}\cos\alpha \xRightarrow{两边平方} \sin^2\alpha = 3 - 2\sqrt{6}\cos\alpha + 2\cos^2\alpha$$

$$\xRightarrow{同名} 3\cos^2\alpha - 2\sqrt{6}\cos\alpha + 2 = 0 \Rightarrow \cos\alpha = \frac{\sqrt{6}}{3}$$

$$\Rightarrow \sin\alpha = \frac{\sqrt{3}}{3} \Rightarrow \tan\alpha = \frac{\sqrt{2}}{2}。$$

解法6(化归同名三角函数)：由已知等式移项得到

$\sqrt{2}\cos\alpha = \sqrt{3} - \sin\alpha$。（之后的解题步骤原理同解法5）

点评：传统教材把三角函数变换单纯地视为基本技能训练，而新课标教材则淡化恒等变换，强调同角、同式、同结构等，因此解决三角问题的一个重要策略就是"化同"，即化归为同角、同名、同结构、同运算，这一"化同"过程正是转化与化归思想的具体体现。

解法7(借助万能公式)：对已知等式应用万能公式可得

$$\frac{2\tan\frac{\alpha}{2}}{1+\tan^2\frac{\alpha}{2}}+\frac{\sqrt{2}\left(1-\tan^2\frac{\alpha}{2}\right)}{1+\tan^2\frac{\alpha}{2}}=\sqrt{3}$$

$$\Rightarrow \tan\frac{\alpha}{2}=\sqrt{3}-\sqrt{2}$$

$$\Rightarrow \tan\alpha=\frac{2\tan\frac{\alpha}{2}}{1-\tan^2\frac{\alpha}{2}}=\frac{\sqrt{2}}{2}。$$

解法8(构造辅助角)：将已知等式左边转化为一个角的一个三角函数，即

$$\frac{1}{\sqrt{3}}\sin\alpha+\frac{\sqrt{2}}{\sqrt{3}}\cos\alpha=1。$$

设 $\cos\beta=\frac{1}{\sqrt{3}}$，$\sin\beta=\frac{\sqrt{2}}{\sqrt{3}}$，则有

$$\cos\beta\sin\alpha+\sin\beta\cos\alpha=1\Rightarrow\sin(\alpha+\beta)=1$$

$$\Rightarrow \alpha+\beta=2k\pi+\frac{\pi}{2}\Rightarrow\alpha=2k\pi+\frac{\pi}{2}-\beta\Rightarrow\tan\alpha=\frac{\sqrt{2}}{2}。$$

点评：万能公式是解决与正切相关问题的利器。正因为与正切相关的问题基本可以利用这一公式完美解决，故而赐予美名——万能公式。一般来说，形如"$a\sin\alpha+b\cos\alpha$"都可以通过构造辅助角而转化为一个角的一个三角函数，这是解决三角问题(如值域、周期性、单调性等)最基础、最重要的通用方法。

解法9(构造向量)：设 $\vec{m}=(1,\sqrt{2})$，$\vec{n}=(\sin\alpha,\cos\alpha)$，则由向量数量积可得

$$\vec{m}\cdot\vec{n}=\sin\alpha+\sqrt{2}\cos\alpha=\sqrt{3}，\vec{m}\cdot\vec{n}=|\vec{m}|\cdot|\vec{n}|\cos\beta=\sqrt{3}\cos\beta$$

$$\Rightarrow\cos\beta=1(\beta\text{为向量夹角},0\leqslant\beta\leqslant\pi)$$

$$\Rightarrow\vec{m}//\vec{n}\Rightarrow\sqrt{2}\sin\alpha=\cos\alpha。(之后解题步骤原理同解法2)$$

解法10(利用柯西不等式)：由柯西不等式可得

$$(\sqrt{3})^2=(1\cdot\sin\alpha+\sqrt{2}\cdot\cos\alpha)^2\leqslant[1^2+(\sqrt{2})^2]\cdot[(\sin\alpha)^2+(\cos\alpha)^2]=3。$$

等号成立的条件是当且仅当 $\sqrt{2}\sin\alpha=\cos\alpha$。(之后解题步骤原理同解法2)

点评：已知"$\sin\alpha+\sqrt{2}\cos\alpha$"的结构特征类似于 $x_1x_2+y_1y_2$，这正是向量数量积坐标表达式，而且向量数量积还可以视为两个向量的模与它们之间的夹角余弦值之积。这两种运算的数量积结合于一体，恰好形成著名的"算二次"，即富比

尼原理。另外，其外形结构特征还类似 $ac+bd$，而且平方和关系 $(\sin\alpha)^2+(\cos\alpha)^2=1$，这正是柯西不等式所需要的"原材料"，为使用这一著名不等式"铺路搭桥"。值得指出的是，借助著名不等式（如重要不等式、均值不等式、柯西不等式、排序不等式等）解决问题，最终"落脚点"往往会借助等号成立的充要条件，实现不等式向等式完美转变。

解法11（解析几何）：发现点 $A(\cos\alpha,\sin\alpha)$ 既在 $\sqrt{2}\,x+y-\sqrt{3}=0$ 上，又在单位圆 $x^2+y^2=1$ 上。由圆心到直线的距离公式可得 $d=r=1$，故直线与圆相切，联立方程组解得

$$x=\cos\alpha=\frac{\sqrt{2}}{\sqrt{3}},\ y=\sin\alpha=\frac{1}{\sqrt{3}}\Rightarrow\tan\alpha=\frac{\sqrt{2}}{2}。$$

点评：$\cos^2\alpha+\sin^2\alpha=1\Leftrightarrow\cos\alpha\cdot\cos\alpha+\sin\alpha\cdot\sin\alpha=1$。这个三角恒等式中隐含着几何表征，即点 $A(\cos\alpha,\sin\alpha)$ 恒在动直线系 $\cos\alpha\cdot x+\sin\alpha\cdot y=1$ 上，这些直线又正是单位圆 $x^2+y^2=1$ 上任意一点的切线。这些切线形成圆的包络，从而演绎出许许多多精彩纷呈的试题与解法。让我们铭记华罗庚先生教诲："数形本是两相依，焉能分作两边飞。数缺形时少直观，形缺数时难入微。切莫忘，几何代数统一体，永远联系莫分离。"

解法12（构造离散型随机变量）：由离散型随机变量分布列定义可得

ξ	$\dfrac{1}{\sin\alpha}$	$\dfrac{\sqrt{2}}{\cos\alpha}$
p	$\sin^2\alpha$	$\cos^2\alpha$

由期望公式可得

$E(\xi)=\sqrt{3},\ E(\xi^2)=3\Rightarrow D(\xi)=E(\xi^2)-[E(\xi)]^2=3-3=0。$

由等号成立的条件可得 $\sqrt{2}\sin\alpha=\cos\alpha$。（之后解题步骤原理同解法2）

点评：恒等式 $\sin^2\alpha+\cos^2\alpha=1$ 还可以看作概率之和等于1，即 $p_1+p_2=1$，这是构造分布列的关键。善于构造离散型随机变量分布列并借助期望、方差公式可以解决很多试题，甚至可以轻松破解奥赛试题。加强发散思维培养，就是要克服思维定式，大胆创新，这是培养创新人才的重要举措。

解法13（构造函数）：显然 $\sqrt{3}$ 是函数 $f(\alpha)=\sin\alpha+\sqrt{2}\cos\alpha$ 的极大值（最大值），故 α 是其导函数 $f'(\alpha)=\cos\alpha-\sqrt{2}\sin\alpha=0$ 的根。（之后解题步骤原理同解法2）

点评：追求简单是数学教师永恒的梦想，难怪有人感叹："美在本质上终究是简单性。"

4.回顾反思

客观地讲，案例1是一道简单试题，但内涵丰富，值得精心琢磨，正如姜伯驹院士感叹："最简单的东西，往往也是最本质、最基本的东西，通过对简单的把握，建立思维体系，通过推理，得出的结果往往是惊人的。这就是数学思维，是科学精神。"

(1)为何没有范围？

对于三角函数问题，一般都要对所涉及的角进行限制。然而，案例1却没有设置范围，乍一看似乎有瑕疵，其实这是命题专家在系数之中的精心设置，暗含玄机：$1^2+(\sqrt{2})^2=(\sqrt{3})^2$，正是这一特殊"巧合"蕴含着角的范围。这正是特殊与一般思想的写照。事实上，由解法1可得 $\sin\alpha,\cos\alpha,\tan\alpha$ 均为正数，说明 α 牢牢控制在第一象限内。

(2)为何只有一解？

按理说，前面解法1~7在正常情况下都应该有两解，事实上却只有一解，这是偶然还是必然呢？其实解法11做出了最佳诠释，即点 $A(\cos\alpha,\sin\alpha)$ 既在 $\sqrt{2}x+y-\sqrt{3}=0$ 上，又在单位圆 $x^2+y^2=1$ 上，且圆心到该直线的距离恰好等于半径，导致直线与圆相切，这正是为何案例1只有一解的几何特征，同时也是或然（偶然）与必然思想的具体渗透。

(3)还有其他解法吗？

案例1中已知条件还可以转化为 $\sin\alpha+\sqrt{2}\cos\alpha=2\times\dfrac{\sqrt{3}}{2}$，类似于等差中项，由此可以构造等差数列；还可以直接构造平面几何图形加以解决。仔细观察还会发现已知条件外形结构类似于托勒密定理的"原材料"。让我们一起聆听波利亚教诲："没有任何一道题目是可以解决得十全十美的，总剩下些工作要做，经过充分的探讨总结，总会有点滴的发现，总能改进这个解答；而且在任何情况下，我们总能提高对这个解答的理解水平。"

(4)"通法"与"特法"并重

从解法上看，解法1~8均属于常见的、基本的通用方法，也是学生必须加以掌握的基础性方法与策略，解法9~13属于发散性的创新解法。从知识划分来看,解法1~10都是代数解法。数学本身就是研究数与形的一门科学,因此借助图形是顺其自然的构思,解法11正是在这样的背景下产生,这样解法1~11实现了数与形的完美结合。从方法高度来看,解法1~11依然归属于初等解法,那么解法12与解法13则显得层次更高,可谓标新立异、另辟蹊径,让人赏心悦目。

(5)慎用一题多解

发散思维是指从同一信息源出发,运用获得的信息沿着多个方向展开,以获得不同的思维的结果。发散思维是一种创新思维,创新思维的一个重要支点就是发散思维,发散思维具有极大的创造性,是最活跃的思维方式,它的本质就是想象力的充分自由,具有广阔性(如解法1~8)、求异性(如解法9、解法12)、独特性(如解法10、解法11)、创造性(如解法12、解法13)等思维特征。一题多解正是观察敏锐、思维活跃、想象丰富的集中体现。正因为如此,一题多解重在学生积极参与,重在学生动脑动手,重在教师引导,重在思维优化,重在思想方法渗透,重在培养发散思维。不可否认,一题多解确实具有培养创新意识与创造能力的创新人才无可比拟的优势,但是,这绝不意味着一题多解适合任何题目、任何概念(包括公式),也不意味着适合所有学生,更不意味着适合任何时间与地点。实施一题多解,需要用心谋划、精心设计、尽心实施及真心反思。切忌教师"炫技式独演",否则,看似洋洋洒洒,实则学生云里雾里;切忌方法简单堆砌,牢记自然、常规、舒适的通用方法是首选;切忌生硬搬出那些技巧性极高、方式偏僻、跨越度很大的方法。到头来连最基本、最基础、最常见的方法都没有掌握与理解,弄巧成拙,本末倒置。毕竟培养发散思维,优化思维品质,激发创造力并非空中楼阁,而是建立在坚实基础的土壤上的。

三 琢磨多题一解

多题一解,狭义上是指用同一种方法解决一类或多类相关问题,广义上是指借助同一个知识点(或同一个公式、同一种模式)解决一类或多类相关问题。如果说一题多解有利于培养发散思维、辐射思维、放射思维、扩散思维或求异思维,那么多题一解则是寻觅并发现相关问题之间的内在本质规律,强化知识之间联系。多题一解有利于分析整个解题的过程与方法,有利于提高学生综合运用所学知识解决问题的动手操作能力,有利于开阔学生的视野,有利于锻炼学生思维灵活性,有利于培养学生创造性能力。

案例2:同角三角函数关系式:$\sin^2\alpha+\cos^2\alpha=1$。

(一)借助$\sin^2\alpha+\cos^2\alpha=1$实现多题一解

同角三角函数基本关系式:$\sin^2\alpha+\cos^2\alpha=1$是大家耳熟能详的一个恒等式,其作为隐含条件,大家往往忽略了它的功能与作用,灵活应用就更少了。事实上,该恒等式功能强大,以下从构造方程组、构造完全平方形式、关系式变式、三角换元、代数换元、配凑恒等式、升降幂构造齐次、构造对偶式、构造对称式、借助柯西不等式、构造单位向量、构造点(或点列)、构造直线、构造圆、构造直线与圆等多方面演绎多题一解。

1.构造方程组

题1:若$\pi<\alpha<\dfrac{3\pi}{2}$,且$\tan\alpha=2$,求值:$\cos\alpha-\sin\alpha$。

点评:由已知得$\sin\alpha=2\cos\alpha$,联立$\sin^2\alpha+\cos^2\alpha=1$,解方程组即可获解。像这样已知一个关于$\sin\alpha,\cos\alpha$(或$\tan\alpha$)的等式,将之与$\sin^2\alpha+\cos^2\alpha=1$联立,构造方程组,这是同角三角函数关系式最基本、最重要的应用,体现了构造方程组(或不等式组)的思想。

2.构造完全平方形式

题2:求证:$\dfrac{1-2\sin\alpha\cos\alpha}{\cos^2\alpha-\sin^2\alpha}=\dfrac{1-\tan\alpha}{1+\tan\alpha}$。

点评:$1\pm\sin 2\alpha=\sin^2\alpha\pm 2\sin\alpha\cos\alpha+\cos^2\alpha=(\sin\alpha\pm\cos\alpha)^2$,利用它常常构造完全平方形式,便于约分、开方,以利于化简、求解、证明。

3.关系式变式

题3:已知$\dfrac{\cos x}{1-\sin x}=\dfrac{1}{2}$,求$\sin x$的值。

分析:由同角三角函数基本关系式变式可得

$$\sin^2 x+\cos^2 x=1\Rightarrow\cos^2 x=1-\sin^2 x\Rightarrow\dfrac{\cos x}{1-\sin x}=\dfrac{1+\sin x}{\cos x}。$$

则有

$$\frac{\cos x}{1-\sin x}=\frac{1+\sin x}{\cos x}=\frac{1}{2}\Rightarrow\frac{\cos x}{1-\sin x}=\frac{1}{2},\frac{1+\sin x}{\cos x}=\frac{1}{2}$$

$$\xrightarrow{\text{两式相乘}}\frac{\cos x}{1-\sin x}\cdot\frac{1+\sin x}{\cos x}=\frac{1}{4}\Rightarrow\sin x=-\frac{3}{5}。$$

点评：借助由同角三角函数关系式的变式来解决，免去了分类与讨论。

4. 三角换元

题 4：已知 $a\sqrt{1-b^2}+b\sqrt{1-a^2}=1$，求证：$a^2+b^2=1$。

分析：显然，$0\leqslant a\leqslant 1, 0\leqslant b\leqslant 1$，于是可运用三角换元。

设 $a=\sin\alpha, b=\sin\beta (0\leqslant\alpha\leqslant\frac{\pi}{2}, 0\leqslant\beta\leqslant\frac{\pi}{2})$，代入已知条件可得

$\sin\alpha\cos\beta+\cos\alpha\sin\beta=1\Rightarrow\sin(\alpha+\beta)=1\Rightarrow\alpha+\beta=\frac{\pi}{2}$

$\Rightarrow a^2+b^2=\sin^2\alpha+\sin^2\beta=\sin^2\alpha+\cos^2\alpha=1$。

点评：对于题目中（包括已知与求解）出现 $-1\leqslant x\leqslant 1$，或 $-1\leqslant x\leqslant 0$，或 $0\leqslant x\leqslant 1$，一般采用三角换元，将问题有效地转化为三角函数求解。

5. 代数换元

题 5：求函数 $f(x)=\sin 2x+e^{|\sin x+\cos x|}$ 的最值。

分析：设 $t=|\sin x+\cos x|(0\leqslant t\leqslant\sqrt{2})$，则 $\sin 2x=t^2-1$，

于是函数 $f(x)=\sin 2x+e^{|\sin x+\cos x|}\Leftrightarrow y=t^2+e^t-1$ 在 $0\leqslant t\leqslant\sqrt{2}$ 上单调递增，

故该函数的 $y_{\max}=1+e^{\sqrt{2}}, y_{\min}=0$。

点评：若问题中出现 $\sin x\pm\cos x$ 及 $\sin x\cdot\cos x$ 等信息时，一般令 $t=\sin x\pm\cos x$，从而将三角函数问题转化为一般的代数问题，并借助函数的单调性来解决。

6. 配凑恒等式

题 6：是否存在非零实数 a, b，使得对任意 x 恒有 $(a-b)\sin^2 x+\frac{a+b}{2}\cos^2 x=2$？

分析：注意到 $1=\sin^2 x+\cos^2 x$，已知条件等价于 $(a-b)\sin^2 x+\frac{a+b}{2}\cos^2 x=2\sin^2 x+2\cos^2 x$ 恒成立，则有

$a-b=\frac{a+b}{2}=2\Rightarrow a=3, b=1$。

故存在满足条件的非零实数 $a=3, b=1$。

7.升降幂构造齐次

题7:若 $\tan\alpha=2$,求值: $\dfrac{\sin\alpha+\cos\alpha}{\sin^3\alpha-\cos^3\alpha}$。

分析:原式 $=\dfrac{(\sin\alpha+\cos\alpha)\times 1}{\sin^3\alpha-\cos^3\alpha}$

$=\dfrac{(\sin\alpha+\cos\alpha)\cdot(\sin^2\alpha+\cos^2\alpha)}{\sin^3\alpha-\cos^3\alpha}$

$=\dfrac{\sin^3\alpha+\sin\alpha\cos^2\alpha+\cos\alpha\sin^2\alpha+\cos^3\alpha}{\sin^3\alpha-\cos^3\alpha}$

$=\dfrac{\tan^3\alpha+\tan\alpha+\tan^2\alpha+1}{1-\tan^3\alpha}$

$=-\dfrac{15}{7}$。

题8:求证:$\sin^{10}\alpha+\cos^{10}\alpha\geqslant \dfrac{1}{16}$。

分析:$\sin^{10}\alpha+\cos^{10}\alpha=(\sin^2\alpha+\cos^2\alpha)\left[(\sin^5\alpha)^2+(\cos^5\alpha)^2\right]$

$\geqslant(\sin^6\alpha+\cos^6\alpha)^2$

$=\left\{(\sin^2\alpha+\cos^2\alpha)\left[(\sin^3\alpha)^2+(\cos^3\alpha)^2\right]\right\}^2$

$\geqslant(\sin^4\alpha+\cos^4\alpha)^4$

$=(1-2\sin^2\alpha\cos^2\alpha)^4$

$=\left(1-\dfrac{1}{2}\sin^2 2\alpha\right)^4\geqslant\dfrac{1}{16}$。

点评:巧妙变形,然后连续多次运用柯西不等式得到降次目的。

题9:证明不等式:$\sin^n 2\alpha+(\sin^n\alpha-\cos^n\alpha)^2\leqslant 1$。

分析:原不等式等价于 $\sin^{2n}\alpha+(2^n-2)\sin^n\alpha\cos^n\alpha+\cos^{2n}\alpha\leqslant 1$。

在 $\sin^2\alpha+\cos^2\alpha=1$ 两边同时取 n 次方可得

$1=(\sin^{2n}\alpha+\cos^{2n}\alpha)+C_n^1(\sin^n\alpha\cos^{n-2}\alpha+\cos^2\alpha\sin^{n-2}\alpha)+C_n^2(\sin^4\alpha\cos^{n-4}\alpha+\cos^4\alpha\sin^{n-4}\alpha)+\cdots\geqslant(\sin^{2n}\alpha+\cos^{2n}\alpha)+(2^n-2)\sin^n\alpha\cos^n\alpha$。

这是因为每一个括号中的值都不小于 $2\sin^n\alpha\cos^n\alpha$,而系数之和等于 $\dfrac{1}{2}(2^n-2)$。

点评：对于 $\sin^2\alpha+\cos^2\alpha=1$，从左往右是降幂，那么从右往左就是升幂，其升降都是二次，而且作为恒等式，其值为1，这就为升幂、降幂、凑配齐次提供了有利条件。

8.构造对偶式

题10：若 x 为锐角，解方程：$\cos^2 x+\cos^2 2x+\cos^2 3x=1$。

分析：根据已知方程结构特征，利用 $\sin^2\alpha+\cos^2\alpha=1$，构造对偶式，则有

$M=\cos^2 x+\cos^2 2x+\cos^2 3x$，$N=\sin^2 x+\sin^2 2x+\sin^2 3x$

$\Rightarrow M+N=3$，$M-N=\cos 2x+\cos 4x+\cos 6x=4\cos x\cos 2x\cos 3x-1$

$\Rightarrow 2M=4\cos x\cos 2x\cos 3x+2$（已知 $M=1$）

$\Rightarrow \cos x\cos 2x\cos 3x=0$

$\Rightarrow \cos x=0$，或 $\cos 2x=0$，或 $\cos 3x=0$

$\Rightarrow x=\dfrac{\pi}{4}$，或 $x=\dfrac{\pi}{6}$。

点评：出现 $\sin^2\alpha$ 就配以 $\cos^2\alpha$ 构成对偶式，两个对偶式相加（$\sin^2\alpha+\cos^2\alpha=1$）、相减（$\cos^2\alpha-\sin^2\alpha=\cos 2\alpha$），而且 $\sin^2\alpha+\cos^2\alpha=1$ 与 $\cos^2\alpha-\sin^2\alpha=\cos 2\alpha$ 常常协同作用。

9.构造对称式

题11：已知 $\alpha,\beta\in\left(0,\dfrac{\pi}{2}\right)$，且 $\dfrac{\sin^4\alpha}{\cos^2\beta}+\dfrac{\cos^4\alpha}{\sin^2\beta}=1$。求证：$\alpha+\beta=\dfrac{\pi}{2}$。

分析：依据已知条件结构特征，构造对称式，令 $\dfrac{\sin^2\alpha}{\cos\beta}=\cos\gamma$，$\dfrac{\cos^2\alpha}{\sin\beta}=\sin\gamma$

$\left(0<\gamma<\dfrac{\pi}{2}\right)$，代入已知条件可得

$\sin^2\alpha=\cos\beta\cos\gamma$，$\cos^2\alpha=\sin\beta\sin\gamma$

$\Rightarrow \cos\beta\cos\gamma+\sin\beta\sin\gamma=\sin^2\alpha+\cos^2\alpha=1$

$\Rightarrow \cos(\beta-\gamma)=1\Rightarrow \beta=\gamma\Rightarrow \sin^2\alpha=\cos^2\beta$

$\Rightarrow \sin\alpha=\cos\beta\Rightarrow \alpha+\beta=\dfrac{\pi}{2}$（$0<\alpha<\dfrac{\pi}{2}$，$0<\beta<\dfrac{\pi}{2}$）。

点评：$\sin^2\alpha+\cos^2\alpha=1$ 中 $\sin\alpha$ 与 $\cos\alpha$ 的地位是对等的，我们往往利用这一特征构造对称式，这在解析几何中的椭圆中经常使用。

10.借助柯西不等式

题12:求函数$f(x)=3\sin x+4\cos x$的最大值。

分析:$f^2(x)=(3\sin x+4\cos x)^2\leqslant(3^2+4^2)(\sin^2 x+\cos^2 x)\Rightarrow f^2(x)\leqslant 25\Rightarrow f(x)\leqslant 5$。

当且仅当$3\cos x=4\sin x$,即$\tan x=\dfrac{3}{4}$时函数取得最大值为5。

题13:若a,b为非零实数,x为实数,且$\dfrac{\sin^4 x}{a^2}+\dfrac{\cos^4 x}{b^2}=\dfrac{1}{a^2+b^2}$,求值:$\dfrac{\sin^{2008} x}{a^{2006}}+\dfrac{\cos^{2008} x}{b^{2006}}$。

分析:由柯西不等式可得

$$\dfrac{\sin^4 x}{a^2}+\dfrac{\cos^4 x}{b^2}=\dfrac{1}{a^2+b^2}$$

$$\Rightarrow 1=(a^2+b^2)\left(\dfrac{\sin^4 x}{a^2}+\dfrac{\cos^4 x}{b^2}\right)\geqslant(\sin^2 x+\cos^2 x)^2=1。$$

等号成立的条件是当且仅当

$$\dfrac{\sin^4 x}{a^4}=\dfrac{\cos^4 x}{b^4}\Rightarrow\dfrac{\sin^2 x}{a^2}=\dfrac{\cos^2 x}{b^2}\Rightarrow\sin^2 x=\dfrac{a^2}{a^2+b^2},\cos^2 x=\dfrac{b^2}{a^2+b^2}$$

$$\Rightarrow\dfrac{\sin^{2008} x}{a^{2006}}+\dfrac{\cos^{2008} x}{b^{2006}}=\dfrac{1}{(a^2+b^2)^{1003}}。$$

点评:使用柯西不等式$(ac+bd)^2\leqslant(a^2+b^2)(c^2+d^2)$的关键在于巧妙凑配(出现$\sin^2\alpha+\cos^2\alpha=1$),同时密切关注等号成立的条件,这往往是求最值或解方程(组)的关键之处。

11.构造单位向量

题14:求与向量$\vec{a}=(12,5)$共线的单位向量$\vec{b}$。

分析:由$|\vec{b}|=1$,令$\vec{b}=(\cos\alpha,\sin\alpha)$,又因为$\vec{b}$与$\vec{a}$共线,所以

$12\sin\alpha=5\cos\alpha\Rightarrow\tan\alpha=\dfrac{5}{12}$

$\Rightarrow\cos\alpha=\dfrac{12}{13},\sin\alpha=\dfrac{5}{13}$或$\cos\alpha=-\dfrac{12}{13},\sin\alpha=-\dfrac{5}{13}$

$\Rightarrow\vec{b}=\left(\dfrac{12}{13},\dfrac{5}{13}\right)$或$\vec{b}=\left(-\dfrac{12}{13},-\dfrac{5}{13}\right)$。

点评:利用单位向量的模为1,将向量问题转化为三角函数问题,然后借助三角函数知识解决。

12. 构造点(或点列)

题 15：已知 α,β,γ 满足 $\cos\alpha+\cos\beta+\cos\gamma=0$，$\sin\alpha+\sin\beta+\sin\gamma=0$。证明：$2\beta=\alpha+\gamma$。

分析：由条件联想到点 $A(\cos\alpha,\sin\alpha)$，$B(\cos\beta,\sin\beta)$，$C(\cos\gamma,\sin\gamma)$（即构造点），显然这些点均在单位圆上，故 $\triangle ABC$ 外心就是原点 O，易得 $\triangle ABC$ 的重心坐标 (x,y) 为 $\begin{cases} x=\dfrac{\cos\alpha+\cos\beta+\cos\gamma}{3}=0, \\ y=\dfrac{\sin\alpha+\sin\beta+\sin\gamma}{3}=0, \end{cases}$ 说明 $\triangle ABC$ 重心也是原点 O，这样外心与重心重合，说明 $\triangle ABC$ 是正三角形，且 A,B,C 为单位圆上的三等分点。由于 $0\leq\alpha<\beta<\gamma<2\pi$，则有

$$\beta=\alpha+\frac{2\pi}{3},\beta=\gamma-\frac{2\pi}{3}\Rightarrow 2\beta=\alpha+\gamma。$$

点评：由于点 $A(\cos\alpha,\sin\alpha)$ 满足 $x^2+y^2=1$，即点在圆上，当出现多个点（三个或以上），尤其是三个不同的点在圆上时，自然与圆内接三角形相关联，而圆内接三角形的性质又是学生最为熟悉的，特别是单位圆的内接正三角形的中心（外心、重心）就是圆心（原点）这一性质显得更为有效。

13. 构造直线

题 16：若 $\alpha\neq\dfrac{k\pi}{2}(k\in\mathbf{Z})$，求证：$\left(\sin\alpha-\dfrac{2}{\sin\alpha}\right)^2+\left(\cos\alpha-\dfrac{2}{\cos\alpha}\right)^2\geq 9$。

分析：直接证明难以入手，注意到求证不等式的左边类似于两点间距离公式，即左边就是点 $A(\sin\alpha,\cos\alpha)$ 与点 $B\left(\dfrac{2}{\sin\alpha},\dfrac{2}{\cos\alpha}\right)$ 距离的平方，则只要证明 $|AB|^2\geq 9$ 即可。显然，点 A 在直线 $l:x\sin\alpha+y\cos\alpha-1=0$ 上（即构造直线），点 B 不在该直线上，则点 A 与 B 之间的距离不小于点 B 到直线 l 的距离，即

$$|AB|\geq d_{B-l}=\frac{|2+2-1|}{1}=3\Leftrightarrow |AB|^2\geq 9。$$

点评：$\sin^2\alpha+\cos^2\alpha=1\Leftrightarrow\cos\alpha\cdot\cos\alpha+\sin\alpha\cdot\sin\alpha-1=0$，则点 $P(\cos\alpha,\sin\alpha)$ 在直线 $x\cos\alpha+y\sin\alpha-1=0$ 上，正因为如此，我们经常以此来构造满足题意的直线，利用点到直线的距离公式，使得看似较难甚至无从下手的复杂题目得以轻松解决。

14. 构造圆

题 17：求值：$\dfrac{\sin 20° - \cos 50°}{\sin 70° - \cos 40°}$。

分析：原式变形 $\dfrac{\sin 20° - \sin 40°}{\cos 20° - \cos 40°}$，即点 $A(\cos 20°, \sin 20°)$ 与点 $B(\cos 40°, \sin 40°)$ 的连线的斜率。显然，两点均在单位圆上，只要画出相关图形便可得

$$\dfrac{\sin 20° - \sin 40°}{\cos 20° - \cos 40°} = k_{AB} = \tan 120° = -\sqrt{3}。$$

点评：$\sin^2\alpha + \cos^2\alpha = 1$ 的外形结构类似于 $x^2 + y^2 = 1$，因此与三角函数有关的问题就天然与单位圆有着千丝万缕的联系，尤其当已知（或结论）中出现 $\sin\alpha$，$\cos\alpha$ 的信息，常常构造单位圆，使得问题获得简单、巧妙、别致的解决。

15. 构造直线与圆

题 18：求二元函数 $F(a,\beta) = \dfrac{a^2 + 2a\sin\beta + 2}{a^2 + 2a\cos\beta + 2}(a \neq 0)$ 的最值。

分析：令 $t = \dfrac{a^2 + 2a\sin\beta + 2}{a^2 + 2a\cos\beta + 2}$，则 $2ta\cos\beta - 2a\sin\beta + (t-1)(a^2+2) = 0$，于是点 $P(\cos\beta, \sin\beta)$ 既在 $2tax - 2ay + (t-1)(a^2+2) = 0$（构造直线）上，又在单位圆 $x^2 + y^2 = 1$（构造单位圆）上，则直线与圆相交或相切，依据 $d \leqslant r$ 可得

$$\dfrac{|t-1|(a^2+2)}{2|a|\sqrt{t^2+1}} \leqslant 1 \Rightarrow \dfrac{|t-1|}{\sqrt{t^2+1}} \leqslant \dfrac{2|a|}{a^2+2} \leqslant \dfrac{2|a|}{2\sqrt{2}|a|} = \dfrac{\sqrt{2}}{2}$$

$$\Rightarrow t^2 - 4t + 1 \leqslant 0 \Rightarrow 2-\sqrt{3} \leqslant t \leqslant 2+\sqrt{3}$$

$$\Rightarrow F(a,\beta)_{\max} = 2+\sqrt{3},\ F(a,\beta)_{\min} = 2-\sqrt{3}。$$

题 19：若 $\alpha, \beta \in (0, \pi)$，且 $\cos\alpha + \cos\beta - \cos(\alpha+\beta) = \dfrac{3}{2}$，求 α 与 β 的值。

分析：已知条件恒等变形为 $(1-\cos\beta)\cos\alpha + \sin\beta\sin\alpha + \cos\beta - \dfrac{3}{2} = 0$。

上式表明点 $P(\cos\alpha, \sin\alpha)$ 既在直线 $(1-\cos\beta)x + (\sin\beta)y + \left(\cos\beta - \dfrac{3}{2}\right) = 0$ 上（即构造直线），又在单位圆 $x^2 + y^2 = 1$（即构造单位圆）上，则直线与圆相交或相切，依据 $d \leqslant r$ 可得

$$\frac{\left|\cos\beta-\frac{3}{2}\right|}{\sqrt{(1-\cos\beta)^2+\sin^2\beta}} \leqslant 1 \Rightarrow \left(\cos\beta-\frac{1}{2}\right)^2 \leqslant 0 \Rightarrow \cos\beta=\frac{1}{2} \Rightarrow \beta=\frac{\pi}{3}。$$

同理可得，$\alpha=\frac{\pi}{3}$，故 $\alpha=\beta=\frac{\pi}{3}$。

点评：利用同角三角函数关系式，同时构造直线与圆，借助直线与圆的位置关系，将问题等价转化为圆心到直线的距离与半径的关系，使问题得以解决。

（二）同角三角函数关系式等价形式

同角三角函数基本关系中的平方关系式有多种不同等价形式：$\sin^2\alpha+\cos^2\alpha=1$（主要应用：降幂、方程组、单位圆等），$1=\sin^2\alpha+\cos^2\alpha$（主要应用：升幂、配凑、化简、证明等），$\sin^2\alpha=1-\cos^2\alpha=(1+\cos\alpha)(1-\cos\alpha)$（主要应用：同名、转化、因式分解等），$(\sin\alpha)^2+(\cos\alpha)^2=1$（主要应用：柯西不等式、重要不等式等），$\cos\alpha\cdot\cos\alpha+\sin\alpha\cdot\sin\alpha=1$（主要应用：直线、单位圆及圆的切线）等。

四 研究一题多变

一题多变的核心在于"变"，即为变式。"变式"一般是将某一个定理、某一种模型、某一道经典试题，甚至某一类规律，放置在不同的背景（题型、情境等）下而生成较多的试题、推论、结论，甚至是定理等。特别地，一题多变是指将一道试题作为母题，从母题衍生出若干子题。通过变式，从不同视角、不同时期，甚至不同年代来重新审视试题、定理、公式，可以揭开试题、定理、公式神秘的面纱。一题多变有利于学生积极主动地下功夫钻研数学，有利于陶冶学生的情感，有利于树立教师在学生心目中的地位与权威，有利于突出数学学科的地位与价值，有利于展示数学的本质美、形式美，进而享受高雅的数学美。

案例3：若 $(\sqrt{x^2+1}+x)(\sqrt{y^2+1}+y)=1$，则 $x+y=0$。

（一）多种解答路径

路径1：在原等式两边同时乘以 $(\sqrt{x^2+1}-x)(\sqrt{y^2+1}-y)$，构造一个新的等式：

$(\sqrt{x^2+1}-x)(\sqrt{y^2+1}-y)=1 \Leftrightarrow \left[\sqrt{(-y)^2+1}+(-y)\right]\cdot\left[\sqrt{(-x)^2+1}+(-x)\right]=1$。

对照已知所给出的等式,易得 $x=-y \Rightarrow x+y=0$。

路径2:在原等式两边分别乘以 $\sqrt{x^2+1}-x$,$\sqrt{y^2+1}-y$,构造两个新的等式:

$\sqrt{y^2+1}+y=\sqrt{x^2+1}-x$,$\sqrt{x^2+1}+x=\sqrt{y^2+1}-y$。

两式相加得证。

路径3:在原等式两边乘以 $\sqrt{y^2+1}-y$ 得到

$x+\sqrt{x^2+1}=\sqrt{y^2+1}-y \Leftrightarrow \sqrt{x^2+1}+x=\sqrt{(-y)^2+1}+(-y)$。

设函数 $g(x)=\sqrt{x^2+1}+x$,显然该函数为增函数,则

$f(x)=f(-y) \Rightarrow x=-y \Rightarrow x+y=0$。

路径4:显然 $x+\sqrt{x^2+1}$ 与 $y+\sqrt{y^2+1}$ 均为正数,两边取对数得到

$\lg(x+\sqrt{x^2+1})+\lg(y+\sqrt{y^2+1})=0$。

设函数 $f(x)=\lg(x+\sqrt{x^2+1})$,显然 $f(x)$ 是奇函数且为单调增函数,则有

$f(x)+f(y)=0 \Rightarrow f(x)=-f(y)=f(-y) \Rightarrow x=-y \Rightarrow x+y=0$。

路径5:设 $m_1=x+\sqrt{x^2+1}$,$m_2=x-\sqrt{x^2+1}$,$t^2-2xt-1=0$,则由韦达定理可得 m_1,m_2 是该方程的两根,因此

$m_1^2-2xm_1-1=0 \Rightarrow m_1-2x-\dfrac{1}{m_1}=0$。 ①

设 $n_1=y+\sqrt{y^2+1}$,$n_2=y-\sqrt{y^2+1}$,同理可得 $n_1-2y-\dfrac{1}{n_1}=0$。 ②

上述①②两式相加,并由已知可得 $m_1 n_1=1$,即可得到 $x+y=0$。

路径6:通过代数换元构造两个新的方程,即设

$m=x+\sqrt{x^2+1}$,$n=y+\sqrt{y^2+1} \Rightarrow x=\dfrac{m^2-1}{2m}$,$y=\dfrac{n^2-1}{2n}$。

两式相加并注意到 $mn=1$ 即可得到 $x+y=0$。

路径7:原等式恒等变形为

$\sqrt{x^2+1}+x=\sqrt{y^2+1}-y$

$\Rightarrow x+y=\sqrt{y^2+1}-\sqrt{x^2+1}$

$\Rightarrow x^2+y^2+2xy=x^2+y^2+2-2\sqrt{(x^2+1)(y^2+1)}$

$$\Rightarrow 2xy = 2 - 2\sqrt{(x^2+1)(y^2+1)} \Rightarrow xy = 1 - \sqrt{(x^2+1)(y^2+1)}$$

$$\Rightarrow \sqrt{(x^2+1)(y^2+1)} = 1 - xy \Rightarrow x^2y^2 + x^2 + y^2 + 1 = 1 - 2xy + x^2y^2$$

$$\Rightarrow x^2 + y^2 + 2xy = 0 \Rightarrow (x+y)^2 = 0 \Rightarrow x+y=0。$$

路径8：注意到外形结构 $\sqrt{x^2+1}$，$\sqrt{y^2+1}$ 及范围 $x\in\mathbf{R}$，$y\in\mathbf{R}$，联想到三角函数公式，则设 $x=\tan\alpha$，$y=\tan\beta$，其中 $-\dfrac{\pi}{2}<\alpha<\dfrac{\pi}{2}$，$-\dfrac{\pi}{2}<\beta<\dfrac{\pi}{2}$，构造三角恒等式：

$$\left(\tan\alpha+\dfrac{1}{\cos\alpha}\right)\left(\tan\beta+\dfrac{1}{\cos\beta}\right)=1 \Rightarrow \dfrac{\sin\alpha+1}{\cos\alpha}\cdot\dfrac{\sin\beta+1}{\cos\beta}=1$$

$$\Rightarrow (\sin\alpha+1)(\sin\beta+1)=\cos\alpha\cos\beta \Rightarrow \sin\alpha+\sin\beta+1=\cos(\alpha+\beta)$$

$$\Rightarrow \sin\dfrac{\alpha+\beta}{2}\cos\dfrac{\alpha-\beta}{2}+\sin^2\dfrac{\alpha+\beta}{2}=0$$

$$\Rightarrow \sin\dfrac{\alpha+\beta}{2}\left(\cos\dfrac{\alpha-\beta}{2}+\sin\dfrac{\alpha+\beta}{2}\right)=0$$

$$\Rightarrow \sin\dfrac{\alpha+\beta}{2}\left(\sin\dfrac{\alpha}{2}+\cos\dfrac{\alpha}{2}\right)\left(\sin\dfrac{\beta}{2}+\cos\dfrac{\beta}{2}\right)=0$$

$$\Rightarrow \sin\dfrac{\alpha+\beta}{2}\sin\left(\dfrac{\alpha}{2}+\dfrac{\pi}{4}\right)\sin\left(\dfrac{\beta}{2}+\dfrac{\pi}{4}\right)=0 \Rightarrow \sin\dfrac{\alpha+\beta}{2}=0（注意\alpha,\beta的取值范围）$$

$$\Rightarrow \alpha+\beta=0 \Rightarrow \alpha=-\beta \Rightarrow \tan\alpha=\tan(-\beta) \Rightarrow \tan\alpha=-\tan\beta \Rightarrow x+y=0。$$

(二)若干变式结论

由上述各种解答路径，可以得到以下基本变式。

变式1：若 $(\sqrt{x^2+1}-x)(\sqrt{y^2+1}+y)=1$，则 $-x+y=0$。

变式2：若 $(\sqrt{x^2+1}+x)(\sqrt{y^2+1}-y)=1$，则 $x-y=0$。

变式3：若 $(\sqrt{x^2+1}-x)(\sqrt{y^2+1}-y)=1$，则 $-x-y=0$。

变式1~3仅仅是改变符号而已，在变式1~3的基础上还可以得到以下变式。

变式4：若 $(\sqrt{x^2+1}+y)(\sqrt{y^2+1}+x)=1$，则 $y+x=0$。

变式5：若 $(\sqrt{x^2+1}+y)(\sqrt{y^2+1}-x)=1$，则 $y-x=0$。

变式6：若 $(\sqrt{x^2+1}-y)(\sqrt{y^2+1}+x)=1$，则 $-y+x=0$。

变式7：若 $(\sqrt{x^2+1}-y)(\sqrt{y^2+1}-x)=1$，则 $-y-x=0$。

事实上，在变式4~7的基础上，依次还可以进一步推广得到：

变式8：若$(\sqrt{x^2+t^2}+y)(\sqrt{y^2+t^2}+x)=t^2(t\neq 0)$，则$y+x=0$。

变式9：若$(\sqrt{x^2+t^2}+y)(\sqrt{y^2+t^2}-x)=t^2(t\neq 0)$，则$y-x=0$。

变式10：若$(\sqrt{x^2+t^2}-y)(\sqrt{y^2+t^2}+x)=t^2(t\neq 0)$，则$-y+x=0$。

变式11：若$(\sqrt{x^2+t^2}-y)(\sqrt{y^2+t^2}-x)=t^2(t\neq 0)$，则$-y-x=0$。

将变式8~11依次进一步推广得到：

变式12：若$\left(\sqrt{x^2+m^2}+\dfrac{m}{n}y\right)\left(\sqrt{y^2+n^2}+\dfrac{n}{m}x\right)=mn(m>0,n>0)$，则$nx+my=0$。

变式13：若$\left(\sqrt{x^2+m^2}+\dfrac{m}{n}y\right)\left(\sqrt{y^2+n^2}-\dfrac{n}{m}x\right)=mn(m>0,n>0)$，则$-nx+my=0$。

变式14：若$\left(\sqrt{x^2+m^2}-\dfrac{m}{n}y\right)\left(\sqrt{y^2+n^2}+\dfrac{n}{m}x\right)=mn(m>0,n>0)$，则$nx-my=0$。

变式15：若$\left(\sqrt{x^2+m^2}-\dfrac{m}{n}y\right)\left(\sqrt{y^2+n^2}-\dfrac{n}{m}x\right)=mn(m>0,n>0)$，则$-nx-my=0$。

(三)经典试题再现

题1：已知实数x,y满足$(\sqrt{x^2-2x+2}+x-1)(\sqrt{y^2-4y+8}+y-2)=2$，求$x^2+y^2$的最小值。

其实，题1就是案例3的变式，只要将题1两边同时除以2就可以得到

$(\sqrt{x^2-2x+2}+x-1)(\sqrt{\dfrac{1}{4}y^2-y+2}+\dfrac{1}{2}y-1)=1$

$\Leftrightarrow\left[\sqrt{(x-1)^2+1}+(x-1)\right]\cdot\left[\sqrt{\left(\dfrac{1}{2}y-1\right)^2+1}+\left(\dfrac{1}{2}y-1\right)\right]=1$。

将$x-1,\dfrac{1}{2}y-1$分别换成x,y得到$(\sqrt{x^2+1}+x)(\sqrt{y^2+1}+y)=1$。

这正是案例3，因此我们自然而然得到

$(x-1)+\left(\dfrac{1}{2}y-1\right)=0\Leftrightarrow 2x+y=4$。

至于由$2x+y=4$得到x^2+y^2的最小值为$\dfrac{16}{5}$，则有很多解法，如代入法、消元法、均值不等式法、柯西不等式法等。

题2：已知$(\sqrt{x^2+1}+y)(\sqrt{y^2+1}-x)=1$，试判断$x$与$y$的大小关系。

题3：设 x,y 为正数，且 $(\sqrt{x^2+1}-x+1)(\sqrt{y^2+1}-y+1)=2$，则 $xy=$_____。

题4：设 x,y 为正数，$(\sqrt{x^2+1}+x-1)(\sqrt{y^2+1}+y-1)\leq 2$，则 xy 的最大值为____。

其实，题2为变式5，也就是第31届西班牙数学奥林匹克竞赛中的试题；题3是2010年世界数学团体锦标赛青年组个人赛第三轮的试题，也是在变式15的基础上得到的；题4是在题3的基础上编拟而来。因此，我们可以预见以后会有更多这样的试题出现。

第二节 脱颖而出聚焦高考

一 招聘到重点中学

1993年8月,江西省九江市教育委员会(简称"教委")公开招聘教师,经过笔试、专家面试及现场课堂教学等层层选拔,我被九江市教委招聘至江西省九江第一中学。

江西省九江第一中学名师云集,仅高中数学组就有胡智、范玉昆等江西省首批特级教师,这也是我第一次知道"特级教师"这项荣誉称号,更是第一次零距离接触特级教师这个群体。更有幸的是,这些特级教师平易近人、和蔼可亲,让我这样的青年教师有机会走进名家大师的课堂,聆听他们的课堂教学,欣赏他们的教学风格,感悟他们的教学理念。

在江西省九江第一中学工作的12年间,我所教学生中2人荣膺江西省高考总分理科状元、5人勇夺市理科状元、16人高考数学满分,为清华大学、北京大学等著名学府输送了160余名优秀学子。

二 追踪高考试题

任勇先生指出:"教学中,要有教材,要信教材,但不唯教材,要活用教材,吃透教材,激活教材,改组教材,拓展教材。"此处的"教学"当然包括高考试题。高考试题源自课本、高于教材,教材中的题目(习题、例题)往往成为专家命制高考试题的抓手,甚至渗透到各级各类竞赛试题之中,这为一线教师追踪高考试题乃至竞赛试题来源提供了一条有效途径与渠道。

案例4:若$n \in \mathbf{N}^*$,证明:$C_n^1 + 2C_n^2 + 3C_n^3 + \cdots + nC_n^n = n \cdot 2^{n-1}$。

案例4作为教材中的一道经典习题,其结论与各种变式经常借鉴到高考试题以及各级各类竞赛试题之中,那么它有哪些重要结论呢?

结论1：$C_n^0+C_n^1+C_n^2+C_n^3+\cdots+C_n^n=2^n$。

由结论1还可以得到以下结论。

结论2：$C_n^0+C_n^2+C_n^4+\cdots C_n^n=C_n^1+C_n^3+C_n^5+\cdots C_n^{n-1}=2^{n-1}$。

结论3：$C_n^0-C_n^1+C_n^2-C_n^3+\cdots+(-1)^nC_n^n=0$。

针对结论2，令 n 为 $2n$ 或 $2n+1$，可以分别得到以下结论。

结论4：$C_{2n}^0+C_{2n}^2+C_{2n}^4+\cdots+C_{2n}^{2n}=C_{2n}^1+C_{2n}^3+C_{2n}^5+\cdots+C_{2n}^{2n-1}=2^{2n-1}$。

结论5：$C_{2n+1}^0+C_{2n+1}^2+C_{2n+1}^4+\cdots+C_{2n+1}^{2n}=C_{2n+1}^1+C_{2n+1}^3+C_{2n+1}^5+\cdots+C_{2n+1}^{2n+1}=2^{2n}$。

结论6：$C_n^0+2C_n^1+3C_n^2+\cdots+(n+1)C_n^n=(n+1)\cdot 2^n$。

结论7：$C_n^1+2^2C_n^2+3^2C_n^3+\cdots+n^2C_n^n=n(n+1)\cdot 2^{n-2}$。

事实上，如果联想到等差数列，还可以得到以下结论。

结论8：若 $\{a_n\}$ 为等差数列，$a_1C_n^1+a_2C_n^2+a_3C_n^3+\cdots+a_nC_n^n=n\cdot 2^{n-1}$，则 $a_n=n$。

结论9：若 $\{a_n\}$ 为等差数列（$n\in\mathbf{N}$），则 $a_0C_n^0+a_1C_n^1+a_2C_n^2+a_3C_n^3+\cdots+a_nC_n^n=(a_0+a_n)\cdot 2^{n-1}$。

特别地，由结论9可以得到结论10。

结论10：$C_n^1+2C_n^2+3C_n^3+\cdots+nC_n^n=n\cdot 2^{n-1}$。

结论10正是案例4。注意到数列 $\{n\},\{2n-1\},\{2n\},\left\{\dfrac{n+2}{2}\right\}$ 都是最简单、最基本的等差数列，利用结论9还可得到结论11~13。

结论11：$C_n^0+3C_n^1+5C_n^2+\cdots+(2n+1)C_n^n=(n+1)\cdot 2^n$。

结论12：$2C_n^0+4C_n^1+6C_n^2+\cdots+(2n+2)C_n^n=(n+2)\cdot 2^n$。

结论13：$C_n^0+\dfrac{3}{2}C_n^1+\dfrac{4}{2}C_n^2+\cdots+\dfrac{n+2}{2}C_n^n=(n+4)\cdot 2^{n-2}$。

事实上，由结论8、结论9还可以进一步得到结论14。

结论14：若 $n\in\mathbf{N},n\geqslant 3$，则等式 $C_{n-1}^0a_1-C_{n-1}^1a_2+C_{n-1}^2a_3-\cdots+(-1)^{n-1}C_{n-1}^{n-1}a_n=0$ 成立的充要条件为 $\{a_n\}$ 为等差数列。

由上述结论14不难得到结论15与结论16。

结论15：若 $a_1=1,n\geqslant 3$，则等式 $C_{n-1}^0a_1-C_{n-1}^1a_2+C_{n-1}^2a_3-\cdots+(-1)^{n-1}C_{n-1}^{n-1}a_n=0$ 成立的充要条件为 $\{a_n\}$ 的通项为 $a_n=1$。

结论16：若 $a_1=0,a_2=1$，则等式 $C_{n-1}^0a_1-C_{n-1}^1a_2+C_{n-1}^2a_3-\cdots+(-1)^{n-1}C_{n-1}^{n-1}a_n=0$ 成立的充要条件为 $\{a_n\}$ 的通项为 $a_n=n-1,n\geqslant 3$。

进一步还可以得到与双等差数列有关的结论。

结论17：若$\{a_n\}$，$\{b_n\}$均为等差数列，则当$n \geq 3$时，有$a_1b_1C_n^0 - a_2b_2C_n^1 + a_3b_3C_n^2 - \cdots + (-1)^n a_{n+1}b_{n+1}C_n^n = 0$。

特别地，令$a_n = 2n-1$，$b_n = 2n$，代入结论17即可得到结论18。

结论18：当$n \geq 3$时，则有$2C_n^0 - 12C_n^1 + 30C_n^2 - \cdots + (-1)^n(2n+1)(2n+2)C_n^n = 0$。

联想到等差数列的前n项和，还可以得到结论19。

结论19：若$\{a_n\}$为等差数列，公差为d，前n项和为S_n，则有$\dfrac{S_1 C_n^0}{1} + \dfrac{S_2 C_n^1}{2} + \cdots + \dfrac{S_{n+1} C_n^n}{n+1} = 2^n a_1 + nd \cdot 2^{n-2}$。

只要令$a_n = b_n = n$，代入结论17即可得到结论20。

结论20：$C_n^1 + 2^2 C_n^2 + 3^2 C_n^3 + \cdots + n^2 C_n^n = n(n+1) \cdot 2^{n-2}$。

如果联想到等比数列，也可以得到结论21。

结论21：若$\{a_n\}$为等比数列，公比为q，则有$a_1 C_n^0 + a_2 C_n^1 + a_3 C_n^2 + \cdots + a_{n+1} C_n^n = a_1(1+q)^n$。

特别地，只要令数列$a_n = (-1)^n$，显然公比$q = -1$，代入结论21即可得到结论22。

结论22：$C_n^0 - C_n^1 + C_n^2 - C_n^3 + \cdots + (-1)^n C_n^n = 0$。

进一步还可以得到结论23。

结论23：若$\{a_n\}$为等比数列，公比为q，则有$a_1 C_n^0 - a_2 C_n^1 + a_3 C_n^2 - a_4 C_n^3 + \cdots + (-1)^n a_{n+1} C_n^n = a_1(1-q)^n$。

事实上，结论22就是结论23的特殊情况，只要令$a_n = 1$即可。

特别地，只要令$a_n = 2^{n-1}$，代入结论22即可得到结论24。

结论24：$C_n^0 - 2C_n^1 + 2^2 C_n^2 - 2^3 C_n^3 + \cdots + (-1)^n 2^n C_n^n = (-1)^n$。

进一步可以得到结论25。

结论25：若$\{a_n\}$为等比数列$(a_1 \neq 1)$，公比为q，则有$\dfrac{C_n^0}{a_1} + \dfrac{C_n^1}{a_2} + \dfrac{C_n^2}{a_3} + \cdots + \dfrac{C_n^n}{a_{n+1}} = \dfrac{(1+q)^n}{a_{n+1}}$。

类似于结论19，亦可得到结论26。

结论26：若$\{a_n\}$为等比数列，公比为q，前n项和为S_n，则有$\dfrac{S_1 C_n^0}{a_1} + \dfrac{S_2 C_n^1}{a_2} + \cdots +$

$$\frac{S_{n+1}C_n^n}{a_{n+1}} = \begin{cases} (n+2)\cdot 2^{n-1} & (q=1), \\ \dfrac{(1+q)^n - q^{n+1}\cdot 2^n}{(1-q)q^n} & (q\neq 1). \end{cases}$$

如果同时考虑等差数列及等比数列,则可以得到结论27。

结论27:若$\{a_n\}$是公比为q的等比数列,$\{b_n\}$是公差为d的等差数列,则有
$$\frac{b_1 C_n^0}{a_1} + \frac{b_2 C_n^1}{a_2} + \frac{b_3 C_n^2}{a_3} + \cdots + \frac{b_{n+1} C_n^n}{a_{n+1}} = \frac{(1+q)^{n-1}(b_{n+1}+b_1 q)}{a_{n+1}}.$$

回顾结论2,还可以得到以下结论。

结论28:$\dfrac{C_n^0}{1} - \dfrac{C_n^1}{2} + \dfrac{C_n^2}{3} + \cdots + (-1)^n \dfrac{C_n^n}{n+1} = \dfrac{1}{n+1}$。

结论29:$\dfrac{C_n^1}{1} - \dfrac{C_n^2}{2} + \dfrac{C_n^3}{3} - \cdots + (-1)^{n-1}\dfrac{C_n^n}{n} = 1 + \dfrac{1}{2} + \dfrac{1}{3} + \cdots + \dfrac{1}{n}$。

结论30:$\dfrac{C_n^0}{2} + \dfrac{C_n^1}{3} + \dfrac{C_n^2}{4} + \cdots + \dfrac{C_n^n}{n+2} = \dfrac{1+n\cdot 2^{n+1}}{(n+1)(n+2)}$。

结论31:$\dfrac{C_n^0}{1} + \dfrac{C_n^1}{2} + \dfrac{C_n^2}{3} + \cdots + \dfrac{C_n^n}{n+1} = \dfrac{2^{n+1}-1}{n+1}$。

三 聚焦高考试题

高考具有选拔人才、实现社会公平、实现个人价值等功能。聚焦高考试题是一线教师本职工作的重要组成部分。高考试题是命题专家精心雕刻的"产品",是经过实践检验的"精品",凝聚专家智慧结晶,是一种重要的、宝贵的资源,因而其具有示范性、权威性、经典性、辐射性、应用性。高考试题是高三复习的最佳范例,是高考训练试题的载体,其辐射性和应用性更是一般习题无法比拟的。所以,在高三紧张而有限时间的复习中,应该精选范例,"精"在体现数学本质;"精"在体现数学思想;"精"在体现数学方法;"精"在培养学生思维能力。

案例5:若$a,b\in \mathbf{R}^+$,且$ab=a+b+3$,则ab的取值范围为_____。

(一)一题多解的解题价值

分析1:由已知条件$ab=a+b+3$,利用重要不等式$a+b\geq 2\sqrt{ab}$得到$ab\geq 2\sqrt{ab}+3 \Rightarrow \sqrt{ab}\geq 3 \Rightarrow ab\geq 9$。

当且仅当$a=b$时等号成立,并结合已知条件$ab=a+b+3$,得到$a=b=3$,故当$a=b=3$时,$ab\in[9,+\infty)$。

分析2:由已知条件得到$a+b+3=ab$,利用重要不等式$ab\leqslant\left(\dfrac{a+b}{2}\right)^2$得到

$a+b+3\leqslant\left(\dfrac{a+b}{2}\right)^2\Rightarrow(a+b)^2-4(a+b)-12\geqslant0$

$\Rightarrow a+b\geqslant6\Rightarrow ab=a+b+3\geqslant6+3=9$。

分析3:由已知条件$ab=a+b+3$,利用重要不等式$a+b+c\geqslant3\sqrt[3]{abc}$得到

$ab\geqslant3\sqrt[3]{3ab}\Rightarrow(ab)^3\geqslant81(ab)\Rightarrow ab\geqslant9$。

分析4:已知变形为$3(a+b+3)=a\cdot b\cdot3$,利用重要不等式$abc\leqslant\left(\dfrac{a+b+c}{3}\right)^3$得到

$3(a+b+3)\leqslant\left(\dfrac{a+b+3}{3}\right)^3\Rightarrow(a+b+3)^2\geqslant81\Rightarrow a+b\geqslant6$。(之后分析步骤同分析2)

分析5:利用重要不等式$a^2+b^2\geqslant2ab$得到

$ab-3=a+b\Rightarrow(ab-3)^2=(a+b)^2=a^2+b^2+2ab\geqslant2ab+2ab=4ab$

$\Rightarrow(ab)^2-10(ab)+9\geqslant0\Rightarrow ab\geqslant9$。

分析6:利用重要不等式$ab\leqslant\dfrac{a^2+b^2}{2}$得到

$ab\leqslant\dfrac{a^2+b^2}{2}=\dfrac{(a+b)^2-2ab}{2}=\dfrac{(ab-3)^2-2ab}{2}$

$\Rightarrow(ab)^2-10(ab)+9\geqslant0\Rightarrow ab\geqslant9$。

分析7:利用重要不等式$(a+b)^2\geqslant4ab$得到

$(ab-3)^2\geqslant4ab\Rightarrow(ab)^2-10(ab)+9\geqslant0\Rightarrow ab\geqslant9$。

分析8:利用重要不等式$2ab\leqslant a^2+b^2$及$a^2+b^2\geqslant\dfrac{(a+b)^2}{2}$得到

$2a+2b+6=2ab\Rightarrow2a+2b+6\leqslant a^2+b^2$

$\Rightarrow(a-1)^2+(b-1)^2\geqslant8$恒成立

$\Rightarrow\dfrac{[(a-1)+(b-1)]^2}{2}\geqslant8\Rightarrow a+b\geqslant6$。(之后分析步骤同分析2)

分析9:由已知条件两边同时加1并联想到均值不等式$a+b\geqslant2\sqrt{ab}$而得到

$(a-1)(b-1)=4\Rightarrow a-1>0,b-1>0$

$\Rightarrow(a-1)+(b-1)\geqslant2\sqrt{(a-1)(b-1)}=4$

$\Rightarrow a+b \geq 6$。(之后分析步骤同分析2)

分析10：由已知条件两边同时除以 ab 得到 $1=\dfrac{1}{a}+\dfrac{1}{b}+\dfrac{3}{ab}$。运用三元基本不等式得到

$$1=\dfrac{1}{a}+\dfrac{1}{b}+\dfrac{3}{ab} \geq 3 \cdot \sqrt[3]{\dfrac{3}{(ab)^2}} \Rightarrow ab \geq 9。$$

分析11：由已知条件两边同时除以 ab 并利用二元基本不等式得到

$$1=\dfrac{1}{a}+\dfrac{1}{b}+\dfrac{3}{ab} \Rightarrow 1-\dfrac{3}{ab}=\dfrac{1}{a}+\dfrac{1}{b} \Rightarrow 1-\dfrac{3}{ab} \geq 2\sqrt{\dfrac{1}{ab}} \Rightarrow \sqrt{\dfrac{1}{ab}} \leq \dfrac{1}{3} \Rightarrow ab \geq 9。$$

分析12：已知条件推出 $a(b-1)=b+3$，显然，$b>1$，得到 $a=\dfrac{b+3}{b-1}$。于是

$$ab=\dfrac{(b-1)^2+5(b-1)+4}{b-1}=\left[(b-1)+\dfrac{4}{b-1}\right]+5 \geq 2\sqrt{(b-1) \cdot \dfrac{4}{b-1}}+5=9。$$

分析13：借助凑配及放缩法得到

$$a+b+3=ab=\left(\dfrac{a+b}{2}\right)^2-\left(\dfrac{a-b}{2}\right)^2 \leq \left(\dfrac{a+b}{2}\right)^2$$

$$\Rightarrow a+b+3 \leq \left(\dfrac{a+b}{2}\right)^2 \Rightarrow (a+b)^2-4(a+b)-12 \geq 0。(之后步骤同分析2)$$

分析14：由分析12得到 $b>1$，同理 $a>1$。令 $a=1+m, b=1+n(m>0, n>0)$，代入已知条件 $ab=a+b+3$ 得到

$$(1+m)(1+n)=(1+m)+(1+n)+3 \Rightarrow mn=4$$

$$\Rightarrow ab=a+b+3=5+(m+n) \geq 5+2\sqrt{mn}=9。$$

分析15：如同分析14得到 $mn=4$，则有

$$ab=(1+m)(1+n)=1+mn+(m+n)=5+(m+n) \geq 5+2\sqrt{mn}=9。$$

分析16：由分析14可得 $(a-1)(b-1)=4$，且 $a>1, b>1$。令 $a-1=2\tan\alpha$，$b-1=2\cot\alpha(0<\alpha<\dfrac{\pi}{2})$，则有

$$a=1+2\tan\alpha, b=1+2\cot\alpha$$

$$\Rightarrow ab=(1+2\tan\alpha)(1+2\cot\alpha)=1+4+2(\tan\alpha+\cot\alpha) \geq 9。$$

分析17：由分析16知，还可以令 $a-1=2\sin\alpha, b-1=2\csc\alpha, \alpha\in(0,\pi)$，则

$$a=1+2\sin\alpha, b=1+2\csc\alpha$$

$$\Rightarrow ab=(1+2\sin\alpha)(1+2\csc\alpha)=1+4+2(\sin\alpha+\csc\alpha) \geq 9。$$

分析18：由已知 $a+b=ab-3$，构造一元二次方程 $x^2-(ab-3)x+ab=0$。

由 $\Delta \geqslant 0$ 得到

$(ab-3)^2-4ab \geqslant 0 \Rightarrow (ab)^2-10(ab)+9 \geqslant 0 \Rightarrow ab \geqslant 9$。

分析 19：已知条件可得 $b=\dfrac{a+3}{a-1}$，且 $a>1$。于是 $ab=\dfrac{a(a+3)}{a-1}=\dfrac{a^2+3a}{a-1}$。

令 $t=\dfrac{a^2+3a}{a-1}$，则 $t>0$，于是 $a^2+(3-t)a+t=0$，则有

$\Delta \geqslant 0 \Rightarrow (3-t)^2-4t \geqslant 0 \Rightarrow t \geqslant 9 \Rightarrow ab \geqslant 9$。

分析 20：令 $ab=t$，即 $b=\dfrac{t}{a}$，则已知条件转化为 $a^2+(3-t)a+t=0$。

显然，上述方程只有正根，由此得到

$\begin{cases} \Delta=(3-t)^2-4t \geqslant 0, \\ -(3-t)>0, \\ t>0 \end{cases} \Rightarrow t \geqslant 9 \Rightarrow ab \geqslant 9$。

分析 21：已知条件得到 $(a-1)(b-1)=4$，设 $(a-1)+(b-1)=t(t>0)$。依据韦达定理构造一元二次方程 $x^2-tx+4=0$，则有

$\Delta \geqslant 0 \Rightarrow t \geqslant 4 \Rightarrow (a-1)+(b-1) \geqslant 4 \Rightarrow a+b \geqslant 6$。（之后分析步骤同分析2）

分析 22：由已知可得 $a=\dfrac{b+3}{b-1}$，且 $b>1$。于是 $ab=\dfrac{b(b+3)}{b-1}=\dfrac{b^2+3b}{b-1}$。

令 $y=\dfrac{b^2+3b}{b-1}$，求导可得 $y'=\dfrac{(b-3)\cdot(b+1)}{(b-1)^2}$。

当 $b>3$ 时，$y'>0$；当 $1<b<3$ 时，$y'<0$；当 $b=3$ 时，$y_{\min}=9$。

分析 23：由已知条件易得

$a+b=2\times\dfrac{ab-3}{2} \Rightarrow a, \dfrac{ab-3}{2}, b$ 构成公差为 d 的等差数列

$\Rightarrow a=\dfrac{ab-3}{2}-d, b=\dfrac{ab-3}{2}+d$

$\Rightarrow ab=(\dfrac{ab-3}{2})^2-d^2 \leqslant (\dfrac{ab-3}{2})^2$

$\Rightarrow (ab-1)(ab-9) \geqslant 0 \Rightarrow ab \geqslant 9, ab \leqslant 1$（舍）。

分析 24：由已知条件两边同时加1得到

$(a-1)\cdot(b-1)=4=2^2$，且 $a>1, b>1$

$\Rightarrow a-1, 2, b-1$ 构成公比 q 的正项等比数列

$\Rightarrow a-1=\dfrac{2}{q}, b-1=2q \Rightarrow a=1+\dfrac{2}{q}, b=1+2q$

$$\Rightarrow ab=\left(1+\frac{2}{q}\right)(1+2q)=5+\left(2q+\frac{2}{q}\right)\geqslant 5+4=9。$$

分析25：由已知条件可得 $ab=(\sqrt{a+b+3})^2$，则 $a, \sqrt{a+b+3}, b$ 构成公比为 q 的等比数列，于是得到

$$a=\frac{\sqrt{a+b+3}}{q}, b=\sqrt{a+b+3}\cdot q$$

$$\Rightarrow a+b=\sqrt{a+b+3}\,(q+\frac{1}{q})\geqslant 2\sqrt{a+b+3}$$

$$\Rightarrow (a+b)^2-4(a+b)-12\geqslant 0\Rightarrow a+b\geqslant 6。(之后分析步骤同分析2)$$

分析26：已知等式除以 ab 得到 $\frac{1}{a}+\frac{1}{b}+\frac{3}{ab}=1$。依据外形，构造分布列：

ξ	a	b	$\dfrac{ab}{3}$
p	$\dfrac{1}{a}$	$\dfrac{1}{b}$	$\dfrac{3}{ab}$

据此得到 $E(\xi)=1+1+1=3, E(\xi^2)=a+b+\dfrac{ab}{3}$。利用 $E(\xi^2)\geqslant [E(\xi)]^2$ 得到

$$a+b+\frac{ab}{3}\geqslant 9\Rightarrow ab-3+\frac{ab}{3}\geqslant 9\Rightarrow ab\geqslant 9。$$

（二）一题多变的教学价值

其实，案例5还可以进行以下推广。

推广1：若 $a, b, t\in \mathbf{R}^+$，且 $ab=a+b+t$，则 $ab\geqslant 3\sqrt{3t}$。

推广2：若 $a, b, c\in \mathbf{R}^+$，且 $abc=a+b+c+3$，则 $abc\geqslant 4\sqrt[3]{12}$。

类似于推广1可得推广3。

推广3：若 $a, b, c, t\in \mathbf{R}^+$，且 $abc=a+b+c+t$，则 $abc\geqslant 4\sqrt[3]{4t}$。

由推广2进一步得到推广4。

推广4：$a_i\in \mathbf{R}^+, \prod\limits_{i=1}^{n}a_i=\sum\limits_{i=1}^{n}a_i+3$，则 $\prod\limits_{i=1}^{n}a_i\geqslant \left[3(n+1)^{n+1}\right]^{\frac{1}{n}}(i=1,2,\cdots,n, n\geqslant 2)$。

由推广4还可以得到以下推广。

推广5：若 $a_i, t\in \mathbf{R}^+, \prod\limits_{i=1}^{n}a_i=\sum\limits_{i=1}^{n}a_i+t$，则 $\prod\limits_{i=1}^{n}a_i\geqslant \left[t(n+1)^{n+1}\right]^{\frac{1}{n}}(i=1,2,\cdots,n, n\geqslant 2)$。

推广6：若 $a, b\in \mathbf{R}^+$，且 $ab=a+b$，则 $ab\geqslant 4$。

推广7：若 $a,b,c\in\mathbf{R}^+$，且 $abc=a+b+c$，则 $abc\geqslant 3\sqrt{3}$。

推广8：若 $a_i\in\mathbf{R}^+(i=1,2,\cdots,n,n\geqslant 2)$，且 $\prod_{i=1}^n a_i=\sum_{i=1}^n a_i$，则 $\prod_{i=1}^n a_i\geqslant n^{\frac{n}{n-1}}$。

（三）一题多用的应用价值

应用1：若 $a,b,c\in\mathbf{R}^+$，且 $abc=a+b+c+\dfrac{1}{4}$，求 abc 的最小值。

应用2：若集合 $A=\{x\mid x=a+b=ab-3,a,b\in\mathbf{R}^+\}$，全集 $I=R$，求 $\complement_I A$。

应用3：在锐角三角形 ABC 中，证明：$\tan A+\tan B+\tan C\geqslant 3\sqrt{3}$。

应用4：若关于 x 的方程 $x^2-(m-3)x+m=0$ 有两个正根，求实数 m 的取值范围。

应用5：若实数 x,y 满足 $\log_y^{\left(1-\frac{1}{x}\right)}+1+\log_y^x=\log_y^{(x+3)}$。求：将 y 表示成 x 的函数 $f(x)$；函数 $f(x)$ 的定义域。

应用6：若 $z_1,z_2\in\mathbf{C}$，$|z_1|=|z_2|$，且 $z_1z_2=z_1+z_2+3$，求 $|z_1|$ 的取值范围。

应用7：若 $a,b,c,d\in\mathbf{R}^+$，且满足 $\dfrac{1}{bcd}+\dfrac{1}{cda}+\dfrac{1}{dab}+\dfrac{1}{abc}+\dfrac{5}{abcd}=1$，求 $abcd$ 的最小值。

（四）一组巩固训练题

训练1：若 $a,b\in\mathbf{R}^+$，且 $ab=a+b+4$，求 $a+b$ 的最小值。

训练2：若 $a,b,c\in\mathbf{R}^+$，且 $abc=a+b+c+1024$，求 abc 的最小值。

训练3：函数 $f(x)=\dfrac{x^2+mx}{x-1}(x>1)$ 值域是 $[9,+\infty)$，求实数 m 的取值范围。

训练4：若 α,β 满足 $\cos\alpha\cos\beta=\cos\alpha+\cos\beta+3$，求 $\sin(\alpha+\beta)$ 的值。

训练5：在数列 $\{a_n\}$ 中，$a_1=3$，若 $a_na_{n+1}=a_n+a_{n+1}+3$，求证：$\{a_n\}$ 为常数列。

值得注意的是，上述应用题与训练题是利用案例5的外形结构和内涵而编拟的，这就是变式教学的核心。其实，上述推广结论、应用题、训练题，绝大部分都是各级各类考试试题、模拟试题，甚至是竞赛试题。

四 赏析高考试题

聚焦、研究高考试题已经成为一线教师的必修功课。在追踪高考试题来源、关注一题多解、聚焦多题一解、研究一题多变的基础上,优秀教师能够理性地欣赏、赏析高考试题是研究高考试题的一种更高境界,不仅能够深入分析试题、辨析试题,而且能够夯实教师专业功底、提升理论素养。

案例6:已知双曲线 $\dfrac{x^2}{1}-\dfrac{y^2}{b^2}=1(b>0)$ 的左右焦点分别为 F_1,F_2,直线 l 过点 F_2 且与双曲线交于 A,B 两点。

(1)若直线 l 的倾斜角为 $\dfrac{\pi}{2}$,$\triangle F_1AB$ 是等边三角形,求双曲线的渐近线方程;

(2)设 $b=\sqrt{3}$,若直线 l 的斜率存在,且 $(\overrightarrow{F_1A}+\overrightarrow{F_1B})\cdot\overrightarrow{AB}=0$,求直线 l 的斜率。

本案例是一道难得的圆锥曲线的经典试题,主要考查双曲线定义、几何性质、焦点弦、直线与双曲线位置关系以及向量的数量积等知识。试题内涵丰富,构思巧妙,具有入口宽、方法多等特点,有利于考生顺利进入状态,更有利于教师深入开展研究。

(一)优解赏析

1.赏析(1)问

优解1(几何法):如图1-1所示,由于 $\triangle F_1AB$ 是等边三角形,则

$|F_1F_2|=\dfrac{\sqrt{3}}{2}|AB| \Rightarrow |F_1F_2|=\sqrt{3}|AF_2|$

$\Rightarrow 2c=\sqrt{3}b^2 \Rightarrow 2\sqrt{1+b^2}=\sqrt{3}b^2$

$\Rightarrow b^2=2 \Rightarrow b=\sqrt{2} \Rightarrow y=\pm\sqrt{2}x。$

优解2(定义法):由图形与几何性质可得

$\angle AF_1F_2=\dfrac{\pi}{6} \Rightarrow |AF_1|=2|AF_2|。$

由双曲线定义可得

图1-1

$|AF_1|-|AF_2|=2a=2 \Rightarrow |AF_2|=2 \Rightarrow b^2=2 \Rightarrow b=\sqrt{2}。$

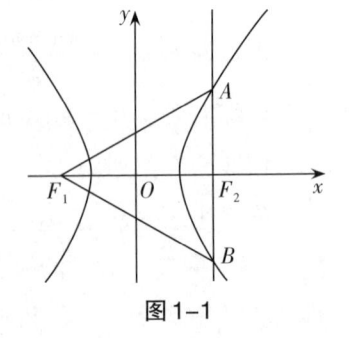

优解3(坐标法):由优解2可得 $|AF_2|=2$,则点 $A(\sqrt{1+b^2},2)$,代入双曲线方程可得

$$\frac{1+b^2}{1}-\frac{4}{b^2}=1\Rightarrow b^2=2\Rightarrow b=\sqrt{2}。$$

优解4(通径法)：由于直线l的倾斜角为$\frac{\pi}{2}$，则线段AB为双曲线通径，即

$$|AB|=\frac{2b^2}{a}=2b^2\Rightarrow|AF_2|=b^2。$$

由于$\angle AF_1F_2=\frac{\pi}{6}$，则$|AF_1|=2b^2$。依据双曲线定义可得

$$|AF_1|-|AF_2|=2a=2\Rightarrow b^2=2\Rightarrow b=\sqrt{2}。$$

赏析：平面解析几何本源就是"形"，因此借助几何图形来处理问题天经地义。圆锥曲线起源在于其定义，因此回归定义是解析几何，尤其是圆锥曲线综合问题的重要方法，可以说，回归定义是解决一切圆锥曲线问题的根本策略。解析几何的核心就是通过代数运算实现对几何性质的研究，因此借助点的坐标进行运算则是实至名归。通径作为特殊的弦，常常与直角三角形、三角函数及定义等配套使用，往往能收到奇效。

2.赏析(2)问

如图1-2所示，设$A(x_1,y_1)$，$B(x_2,y_2)$ $(x_1\neq x_2)$，AB中点为$M(x_0,y_0)$，直线l：$y=k(x-2)(k\neq 0)$。

直线l与双曲线方程$3x^2-y^2=3$联立可得

$(k^2-3)x^2-4k^2x+4k^2+3=0$

$\Rightarrow\begin{cases}k^2-3\neq 0,\\ \Delta>0\end{cases}\Rightarrow k\neq\pm\sqrt{3}。$ ①

图1-2

依据韦达定理可得

$$x_1+x_2=\frac{4k^2}{k^2-3}，x_1x_2=\frac{4k^2+3}{k^2-3}。$$ ②

又因为A,B两点在直线l上，则有

$y_1=k_1(x-2),y_2=k_2(x-2)$

$\Rightarrow y_2+y_1=k(x_2+x_1-4),y_2-y_1=k(x_2-x_1)。$ ③

又因为A,B两点在双曲线$3x^2-y^2=3$上，则有

$3x_1^2-y_1^2=3,3x_2^2-y_2^2=3\Rightarrow y_2^2-y_1^2=3(x_2^2-x_1^2);$ ④

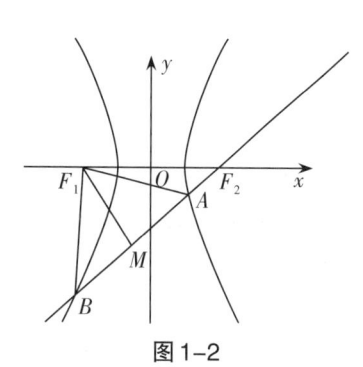

$\overrightarrow{F_1A}=(x_1+2,y_1)$，$\overrightarrow{F_1B}=(x_2+2,y_2)$，$\overrightarrow{AB}=(x_2-x_1,y_2-y_1)$。

优解5：依据已知条件$(\overrightarrow{F_1A}+\overrightarrow{F_1B})\cdot\overrightarrow{AB}=0$可得

$(x_2^2-x_1^2)+4(x_2-x_1)+(y_2^2-y_1^2)=0$ ⑤

$\Leftrightarrow (x_2-x_1)(x_2+x_1+4)+(y_2-y_1)(y_2+y_1)=0$。 ⑥

将上述②③代入⑥可得

$(x_2-x_1)(x_2+x_1+4)+k^2(x_2-x_1)(x_2+x_1-4)=0$

$\Rightarrow (x_2+x_1+4)+k^2(x_2+x_1-4)=0 \Rightarrow k=\pm\dfrac{\sqrt{15}}{5}$且满足①。

优解6：将上述④代入⑤可得

$4(x_2^2-x_1^2)+4(x_2-x_1)=0$

$\Rightarrow 4(x_2-x_1)(x_2+x_1)+4(x_2-x_1)=0$

$\Rightarrow x_1+x_2=-1$。 ⑦

将上述②代入⑦即可求出斜率k且满足①。

优解7：由已知条件可得

$(\overrightarrow{F_1A}+\overrightarrow{F_1B})\cdot\overrightarrow{AB}=0 \Rightarrow \overrightarrow{F_1M}\cdot\overrightarrow{AB}=0 \Rightarrow F_1M\perp AB$。

设直线F_1M方程为$y=-\dfrac{1}{k}(x+2)$，并与直线$l:y=k(x-2)(k\neq 0)$联立可得

$x_0=\dfrac{2(k^2-1)}{k^2+1} \Rightarrow x_1+x_2=\dfrac{4(k^2-1)}{k^2+1}$。 ⑧

结合上述②与⑧即可求出斜率k且满足①。

优解8：由优解7可得

$F_1M\perp AB \Rightarrow |F_1A|=|F_1B| \Rightarrow |F_1A|^2=|F_1B|^2$

$\Rightarrow (x_1+2)^2+y_1^2=(x_2+2)^2+y_2^2$

$\Rightarrow (x_2^2-x_1^2)+4(x_2-x_1)+(y_2^2-y_1^2)=0$。（之后解题步骤同优解5）

赏析：优解5中规中矩，直接依据已知条件，按部就班，属于通用方法，这是最基本、最重要的常见方法，学生必须掌握。优解6利用交点在曲线上而进行整体代换，在解析几何中，尤其在处理圆锥曲线综合问题时，经常采取局部或整体代换，减少运算量，优化解题步骤，是值得提倡的方法与策略，优解5与优解6都是借助代数运算来解决问题。优解7则从向量的几何意义得出直线垂直作为突破口，这是由"数"向"形"转化的关键，也是解析几何本质：让"形"来担当处理"数"。如果优解7只是"初尝"，那么，优解8则是实现"数"全面进入"形"，即

由已知条件不仅得到垂直,而且得到相等,也就是说△F_1AB是等腰三角形。

优解9:由优解8可得$|F_1A|=|F_1B|$。 ⑨

由双曲线原始定义可得

$|F_1A|-|AF_2|=2 \Rightarrow |F_1A|=|AF_2|+2$;

$|BF_2|-|BF_1|=2 \Rightarrow |BF_1|=|BF_2|-2$。 ⑩

将上述⑨与⑩结合可得

$|BF_2|-|AF_2|=4 \Rightarrow |AB|=4$。

依据弦长公式并结合上述②可得

$|AB|=4=\sqrt{1+k^2}\sqrt{(x_1+x_2)^2-4x_1x_2}=4$。

解此方程即可求出斜率k且满足①。

优解10:优解8得到$|F_1A|=|F_1B|$,由双曲线第二定义可得点A,B到左准线:$x=-\frac{1}{2}$距离相等,则AB中点M必在左准线上,即点$M\left(-\frac{1}{2},y_0\right)$,因$F_1M \perp AB$,则$F_1M \perp F_2M$,则有

$\overrightarrow{F_1M} \cdot \overrightarrow{F_2M}=0 \Rightarrow y_0=\pm\frac{\sqrt{15}}{2} \Rightarrow M\left(-\frac{1}{2},\pm\frac{\sqrt{15}}{2}\right) \Rightarrow k=k_{F_2M}=\pm\frac{\sqrt{15}}{5}$。

赏析:定义是解决任何圆锥曲线综合问题的抓手,如果说上述优解2、优解4及优解9是使用圆锥曲线原始定义(即第一定义),那么,优解10则是借助圆锥曲线统一定义(即第二定义),免去了联立方程组的繁杂计算,因此定义优先是解析几何的永恒主题。

优解11:因M为AB中点,由双曲线"垂径定理"可得

$k \cdot k_{OM}=\frac{b^2}{a^2} \Rightarrow k \cdot \frac{y_0}{x_0}=3$。

由优解7可知$F_1M \perp AB$,则有$\frac{y_0}{x_0+2} \cdot k=-1$。

又因为直线l的斜率还可以用点M与点F_2表示为$k=\frac{y_0}{x_0-2}$。

所以联立上述三个方程即可求出斜率k且满足①。

优解12:利用优解11中的"垂径定理"可设直线OM方程为$y=\frac{3}{k}x$,并与直线l方程联立得到

$$\begin{cases} y=k(x-2), \\ y=\dfrac{3}{k}x \end{cases} \Rightarrow M\left(\dfrac{2k^2}{k^2-3}, \dfrac{6k}{k^2-3}\right)。$$

注意OM是$\mathrm{Rt}\triangle F_1MF_2$斜边$F_1F_2$上中线,如图1-3所示,则

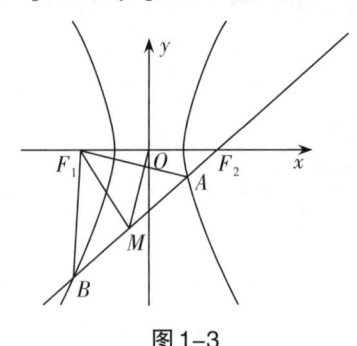

图1-3

$$|OM|=\dfrac{1}{2}|F_1F_2|=2 \Rightarrow \left(\dfrac{2k^2}{k^2-3}\right)^2+\left(\dfrac{6k}{k^2-3}\right)^2=4。$$

解此方程即可求出斜率k且满足①。

赏析:在平面几何中有很多性质可以类比解析几何。比如圆的"垂径定理"就可以类比到双曲线:$k_l \cdot k_{OM}=\dfrac{b^2}{a^2}$,或椭圆:$k_l \cdot k_{OM}=-\dfrac{b^2}{a^2}$。我们将这个性质称为双曲线(椭圆)的"垂径定理"。显然,优解11及优解12正是利用双曲线中"垂径定理"的"杰作"。

优解13:如图1-2所示,设直线l的倾斜角为α,在$\triangle AF_1F_2$中运用余弦定理,并结合双曲线定义:$|AF_1|-|AF_2|=2$可得

$$|AF_1|^2=|AF_2|^2+|F_1F_2|^2-2|AF_2|\cdot|F_1F_2|\cos\alpha \Rightarrow |AF_2|=\left|\dfrac{3}{2\cos\alpha+1}\right|。$$

同理,在$\triangle BF_1F_2$中运用余弦定理可得

$$|BF_2|=\left|\dfrac{3}{2\cos\alpha-1}\right|。$$

又由优解9可得

$$|AB|=4 \Rightarrow |BF_2|-|AF_2|=4$$

$$\Rightarrow \cos^2\alpha=\dfrac{5}{8} \Rightarrow \sin^2\alpha=\dfrac{3}{8} \Rightarrow \tan^2\alpha=\dfrac{3}{5} \Rightarrow k=\pm\dfrac{\sqrt{15}}{5}。$$

优解14:设直线l参数方程为$\begin{cases} x=2+t\cos\alpha, \\ y=0+t\sin\alpha \end{cases}$($\alpha$为直线$l$倾斜角,$t$为参数),并

代入双曲线方程:$3x^2-y^2=3$ 得到

$(3\cos^2\alpha-\sin^2\alpha)t^2+12t\cos\alpha+9=0$

$\Rightarrow t_1+t_2=-\dfrac{12\cos\alpha}{3\cos^2\alpha-\sin^2\alpha}, t_1t_2=\dfrac{9}{3\cos^2\alpha-\sin^2\alpha}$。

利用优解9的结论可得

$|AB|=4\Rightarrow 4=|t_1-t_2|\Rightarrow \cos^2\alpha=\dfrac{5}{8}$。(之后解题步骤同优解13)

赏析:直线参数方程中参数的几何意义以及极坐标方程天然就是解决线段长度和、差、积等综合问题的"高手"。

(二)形异质同

试题:双曲线 $\dfrac{x^2}{1}-\dfrac{y^2}{b^2}=1(b>0)$ 的左右焦点分别为 F_1,F_2,直线 l 过点 F_2 且与双曲线交于 A,B 两点。

(1)若直线 l 的倾斜角为 $\dfrac{\pi}{2}$,$\triangle F_1AB$ 是等边三角形,求双曲线的渐近线方程;

(2)设 $b=\sqrt{3}$,若直线 l 的斜率存在,且 $|AB|=4$,求直线 l 的斜率。

显然,案例6与上述试题属于文理科"姊妹题",形异质同,完全等价,这充分凸显了命题专家高超的驾驭能力,可谓独具匠心。其理由如下:

$|AB|=4 \Leftrightarrow k=\pm\dfrac{\sqrt{15}}{5} \Leftrightarrow M\left(-\dfrac{1}{2},\pm\dfrac{\sqrt{15}}{2}\right) \Leftrightarrow k_{F_1M}=-\dfrac{\sqrt{15}}{3}$

$\Leftrightarrow k_{F_1M}\cdot k=-1 \Leftrightarrow F_1M\perp AB \Leftrightarrow |F_1A|=|F_1B| \Leftrightarrow (\overrightarrow{F_1A}+\overrightarrow{F_1B})\cdot\overrightarrow{AB}=0$。

(三)错解归因

从某种意义上来说,考生答题不规范、推理不严谨甚至解答错误也是一笔宝贵的资源,有利于一线教师反省教学失误,改进教学方法,夯实专业功力。考生在解答过程中会出现哪些不规范、不严谨甚至典型错误呢?

1.普遍存在的不规范问题

将直线与双曲线方程联立得到 $(k^2-3)x^2-4k^2x+4k^2+3=0$。不少考生习惯性直接应用韦达定理而没有关注限制条件 $k\neq\pm\sqrt{3}$,这是解答圆锥曲线综合问题中存在的普遍性瑕疵。

2.特定问题不严谨

(1)设点的坐标$A(x_1,y_1)$,$B(x_2,y_2)$,没有加注限制条件"$x_1\neq x_2$",这与已知的特定条件"直线l斜率存在"相违背,导致优解5中两边约去"x_1-x_2"不严谨。

(2)设直线l方程$y=k(x-2)$,没有加注限制条件"$k\neq 0$",导致优解7中假设的直线F_1M方程为$y=-\dfrac{1}{k}(x+2)$不严谨。事实上,若$k=0$,此时$\overrightarrow{F_1A}$、$\overrightarrow{F_1B}$及$\overrightarrow{AB}$是方向相同的非零向量,不可能满足$(\overrightarrow{F_1A}+\overrightarrow{F_1B})\cdot\overrightarrow{AB}=0$,从而与得出的结论相矛盾。

3.典型的审题错误

不少考生在解答过程中,所画图形为图1-4,其实这是错误的,为什么?

(1)双曲线不同于椭圆及抛物线,因为双曲线是由两条曲线而构成,这也正是"双曲线"中"双"字由来。

正因为双曲线由两条曲线组合而成,而依据弦的定义(即曲线上任意不同两点连线的线段),双曲线的弦分为单支弦(即弦的两个端点落在同一条曲线上)与双支弦(即弦的两个端点各在一条曲线上)。

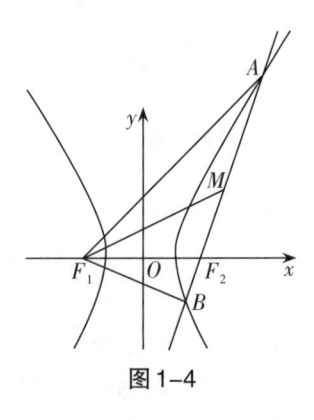

图1-4

(2)由优解7得到$F_1M\perp AB$及优解8得到$|F_1A|=|F_1B|$,若是图1-4(即单支弦),那么由对称性可得此时点A与点B关于实轴对称,于是图1-4转化为图1-1,则直线l斜率不存在,与已知条件"直线l斜率存在"相矛盾。

(3)由优解7得到$F_1M\perp AB$,即直线F_1M与直线l垂直,这样推出图1-4中$\triangle F_1F_2M$的内角和大于π,这与基本事实相抵触。

(4)给出焦点弦的弦长后到底是单支弦还是双支弦,这是考生拿捏不准而导致错误的根本原因。其实,只要结合图形并抓住通径长与实轴长即可快速判断是单支弦还是双支弦,而且还可以断定一共有多少条这样的弦。经探索得到以下结论。

结论1:$|AB|>\max\left\{2a,\dfrac{2b^2}{a}\right\}\Leftrightarrow$有四条焦点弦$AB$,即两条单支弦及两条双支弦。

结论2：$|AB|=\max\left\{2a,\dfrac{2b^2}{a}\right\}\Leftrightarrow$ 有3条焦点弦，即弦 AB 为通径及两条双支弦，或为实轴及两条单支弦。

结论3：$\min\left\{2a,\dfrac{2b^2}{a}\right\}<|AB|<\max\left\{2a,\dfrac{2b^2}{a}\right\}\Leftrightarrow$ 有两条焦点双支弦。

结论4：$|AB|=\min\left\{2a,\dfrac{2b^2}{a}\right\}\Leftrightarrow$ 只有一条弦，弦 AB 为通径或为实轴。

结论5：$|AB|<\min\left\{2a,\dfrac{2b^2}{a}\right\}\Leftrightarrow$ 不存在这样的焦点弦 AB。

由于已知 $|AB|=4$，$2a=2$，$\dfrac{2b^2}{a}=6$，依据上述结论只有两条弦，这与前面计算所得结果一致。当然，有关焦点弦的条数还可以借助渐近线的倾斜角来加以判断。

(四)教学建议

1.挖掘条件

解题教学是中学数学，尤其是高三总复习中重要的教学形式。怎样开展解题教学？什么样的解题教学是有效的？这是一线教师非常关注的问题。正如波利亚指出，数学解题过程分为弄清问题、拟定计划、实施过程、回顾反思等四个阶段。其中弄清问题就是要我们去挖掘条件，即弄清"已知是什么""未知是什么""还需要什么条件"。

2.深度反思

解题反思决定着解题教学的成败。对于回顾反思，其核心在于怎样反思？反思什么？正如任勇先生惋惜地感叹："如果求出了问题答案就匆匆合上作业本，我们将失去做这道题本来应该得到的更多、更宝贵的东西。光解题而没有反思就如同入宝山却空着手回来。"比如已知条件"$|AB|=4$"，此处的数字"4"不是一个普通数字，而是命题专家精心"谋划"，此处的4即为 $4a$，于是由上述分析过程还可以得到更普遍的结论6。

结论6：过双曲线 $\dfrac{x^2}{a^2}-\dfrac{y^2}{b^2}=1(a>0,b>0)$ 的右焦点 F_2 的弦 AB（双支弦），$|AB|=4a\Leftrightarrow F_1M\perp AB\Leftrightarrow |F_1A|=|F_1B|\Leftrightarrow(\overrightarrow{F_1A}+\overrightarrow{F_1B})\cdot\overrightarrow{AB}=0$。

解题反思是最容易被忽略也是最重要的环节,通过回顾"计划"与重温"历程"可以梳理经脉,巩固知识,提高技能,发展能力,优化数学思维品质,从而构建魅力数学课堂解题教学模式,培养学生学习数学的兴趣,激发创造力。

3.积极转化

数学解题意味着什么?苏联数学家雅诺夫斯卡娅指出,解题就是把题归结为已经见过的题。这就是转化,可以说没有转化就没有数学,数学解题就是不断地转化过程。比如由已知条件 $(\overrightarrow{F_1A}+\overrightarrow{F_1B})\cdot\overrightarrow{AB}=0$,转化为 $F_1M\perp AB$ 而得到垂直;转化为 $|F_1A|=|F_1B|$ 得到距离;转化为 $|AB|=4$ 得到弦长;转化为中点 M 而联想到"垂径定理";等等。

4.重视思想

思想方法是灵魂,是对具体知识的高度概括。解决圆锥曲线综合问题应特别重视数形结合、转化与化归及一般与特殊等思想,以实现特殊到一般的推广,同时又能将一般规律中的字母赋予特殊数字,从而演绎出许许多多精妙绝伦的试题。这也正是命题专家命制圆锥曲线试题时展现出的独到之处。如将上述结论1与结论2中的字母赋予特值,便可以得到更多精彩的试题。

第三节 小有成就尝试科研

一 引进到特区中学

2005年8月,我作为厦门市政府引进人才调动到了福建省示范性中学——福建省厦门第一中学。在福建省厦门省第一中学任教期间,我任奥赛竞赛教练与高三数学教师,并在解题教学,尤其高考试题与竞赛试题等方面积累了较为丰富的经验。2009年8月,我在《福建中学数学》上第一次发表《一道让人回味无穷的高考试题:品味一道2008年高考选择题》。2009年9月,在任勇先生的不断鼓励下,我在福建教育出版社出版了第一部专著《数学百题 精彩千解》,该专著得到不少数学同行的好评,并获得了厦门市委组织部人才工作局的奖励,这极大激发了我的教育科研兴趣,使我萌生了科研意识。

二 尝试命制试题

命题是教师教学过程中一项长期性、常态性工作,是教学测量和评价的基础工作,是教学信息获取的重要途径,对教学有直接的导向作用,因此命题不仅是一门技术,也是一门科学,更是一种高雅艺术。命题是数学教师必备能力,也是专业水平的重要体现。一般来说,命制试题有创新、改造、特殊化、一般化等方法。其中,创新主要指向高等数学背景下的高观点试题;改造是以教材习题例题、高考试题、国内外竞赛试题等优质试题为源头,改变数据、条件、结论、背景等;特殊化是指从一般规律到特殊结论;一般化是指从特殊状态下推广到一般的结论,特别是利用几何画板等现代多媒体工具通过作图发现规律,然后运用类比、归纳的推理方法得到一般猜想,最后利用演绎推理给予严格证明。数学试题应该科学无误、规范优美;长度恰当、信度可靠;难度适中、区分适度;遵照课标、导向正确;牢记评价、瞄准素养。因此一道高质量数学试题必须具有检测、引领、辐射、拓展及育人功能。

(一)在教材习题基础上命制试题

源于课本、高于课本已经成为命题的一条重要原则,也是常见的一种方法,这就启示我们要研究课本例题、习题,重视课本例题、习题的组合、演变、延伸、推广及拓展。

案例7:求证:$C_n^1+2C_n^2+3C_n^3+\cdots+nC_n^n=n\cdot 2^{n-1}(n\in \mathbf{N}^*)$。

本案例源自教材习题,借鉴推理论证过程中的构思,从导数视角命制系列精彩试题。

构造函数:$f(x)=(1+x)^n=C_n^0+C_n^1x+C_n^2x^2+\cdots+C_n^nx^n$。

对函数两边求导:$n(1+x)^{n-1}=C_n^1+2C_n^2x+3C_n^3x^2+\cdots+nC_n^nx^{n-1}$。

令$x=1$代入得到:$C_n^1+2C_n^2+3C_n^3+\cdots+nC_n^n=n\cdot 2^{n-1}(n\in\mathbf{N}^*)$。

如果对上述所构造的函数求二阶导数,并令$x=1$可以得到

$1\times 2C_n^2+2\times 3C_n^3+\cdots+(n-1)nC_n^n=(n-1)n\cdot 2^{n-2}$。

倘若继续对上述所构造的函数求三阶、四阶、五阶导数,可以相应地得到一系列试题。

在$n(1+x)^{n-1}=C_n^1+2C_n^2x+3C_n^3x^2+\cdots+nC_n^nx^{n-1}$两边同时乘以$x$,求导后令$x=1$得到

$C_n^1+2^2C_n^2+3^2C_n^3+\cdots+n^2C_n^n=n(n+1)\cdot 2^{n-2}(n\in\mathbf{N}^*)$。

重复上述操作,还可以推出

$C_n^1+2^3C_n^2+3^3C_n^3+\cdots+n^3C_n^n=n^2(n+3)\cdot 2^{n-3}$。

继续重复上述操作,可以得到更多的一系列精彩试题。

(二)在已有定理基础上命制试题

我们知道解析几何中蕴含着大量的定理。这些定理并非唾手可得,而是首先借助作图或直觉发现,再通过逻辑论证而得到,然后通过推广获得普遍规律,最后利用类比拓展到整个圆锥曲线"大家庭"。比如,定理1。

定理1:过椭圆$\dfrac{x^2}{a^2}+\dfrac{y^2}{b^2}=1(a>b>0)$上任意不同两点$A,B$作椭圆切线,如果切线垂直且相交于点$P$,则动点$P$的轨迹为圆$x^2+y^2=a^2+b^2$。

类比双曲线,进而得到定理2。

定理2：过双曲线 $\frac{x^2}{a^2}-\frac{y^2}{b^2}=1(a>b>0)$ 上任意不同两点 A,B 作双曲线的切线，如果切线垂直且相交于点 P，则动点 P 的轨迹为圆 $x^2+y^2=a^2-b^2$。

进一步推理，发现定理1与定理2的逆命题也成立，于是得到以下定理。

定理3：过圆 $x^2+y^2=a^2+b^2$ 上任意点 P 作椭圆 $\frac{x^2}{a^2}+\frac{y^2}{b^2}=1(a>b>0)$ 的两条切线，则两条切线垂直。

定理4：过圆 $x^2+y^2=a^2-b^2(a>b>0)$ 上任意点 P 作双曲线 $\frac{x^2}{a^2}-\frac{y^2}{b^2}=1$ 的两条切线，则两条切线垂直。

其实，上述的圆就是著名的蒙日圆。据此，我们可以命制出一系列精彩试题，比如，案例8。

案例8：若直线 $y=kx+5$（或 $y=2x+t$，或 $y=2$）上存在两点 M,N（或一点），使得从这两点中的一点向椭圆 $\frac{x^2}{4}+\frac{y^2}{b^2}=1(0<b<2)$（或 $\frac{x^2}{a^2}+\frac{y^2}{2}=1$）$(a>\sqrt{2})$ 所引的两条切线相互垂直，求实数 k 与 a（或 k 与 b，或 t 与 a，或 t 与 b）之间的关系。

事实上，将案例8中的椭圆换成双曲线、抛物线，可以得到许许多多高质量试题，正如某著名数学教育家的感叹："好问题如同蘑菇，它们都成堆地生长，找到一个以后，你应当在周围找一找，很可能附近就有好几个。"此处的"找"既可以是已经面世的试题，也可以是自己编拟的试题。研究试题就是要研究其隐含的规律，一旦掌握其内在的、本质的、必然的联系，就可以编拟出精彩试题。命制试题是一名教师专业化成长必经之路，更是一名教师专业水平的标志。

(三)在高等数学基础上命制试题

随着自主招生、"强基计划"及新课程标准的逐步实施，加上普通高中数学课程教材中增加了不少近现代数学知识与方法，为传统的数学内容注入了新鲜血液与活力，同时为一些初等数学问题的解决提供了广阔的空间。为了在考查基础知识、基本技能的同时又考查创新意识、创造能力，近年来涌现出了不少与这些近现代数学知识背景（即高等数学知识背景）相关的试题，这类被中学教师称为"高观点"试题。

与高等数学相关联的试题称为"高观点"试题。这类试题或以高等数学知识为背景，或体现高等数学中常用的数学思想，或运用高等数学惯用的推理方法。由于命制试题的原则之一是具有较好的区分度,因而近年来悄然兴起的"高观点"数学试题备受青睐。"高观点"试题既能开阔视野,完成初等与高等数学的和谐接轨,又能考查学生的思维能力和数学素养及潜力,还可以规避刷题、套题等题海战术。命制"高观点"试题的常见策略是高等数学初等化与初等数学高等化,让高等数学"搭台",中学数学"唱戏"。"高观点"试题主要表现形式有语言叙述"高观点",如集合语言、极限语言、图形语言;知识背景"高观点",如代数背景高观点、分析背景高观点、几何背景高观点、数论背景高观点。其中出现频率较高的是泰勒多项式、泰勒公式、洛必达法则、凸函数性质、罗尔中值定理、拉格朗日中值定理、柯西中值定理等高等数学知识。比如,当 $x>0$ 时,$\sin x<x$,$e^x>x+1$,$\ln x<x-1$,其本质就是泰勒公式在初等数学中的精彩演绎。再如,由拉格朗日中值定理可以得到以下性质。

性质:若函数 $f(x)$(不是常函数)在区间 D 上可导,则对于区间 D 上任意两个不等的实数 x_1,x_2 恒有 $f(x_1)-f(x_2)\leqslant k(x_1-x_2)$ 或 $f(x_1)-f(x_2)\geqslant k(x_1-x_2)$ 成立,即恒有 $f'(x)\leqslant k$ 或 $f'(x)\geqslant k$。

由上述性质可以命制出以下"高观点"试题。

案例9:已知函数 $f(x)=(a+1)\ln x+ax^2+1$。设 $a<-1$,如果对于任意实数 x_1,$x_2\in(0,+\infty)$ 都有 $|f(x_1)-f(x_2)|\geqslant 4|x_1-x_2|$,求 x 的取值范围。

(四)在深度研究基础上命制原创试题

命制原创试题应该体现"立德树人、服务选才、引领教学"这一核心要求,紧紧围绕中国高考评价体系中的"核心价值、学科素养、关键能力、必备知识"的"四层"目标。

案例10:x 为任意实数,比较 $\dfrac{\sqrt{x^{2012}+2024}+2^{1968x}}{\sqrt{x^{2012}+2024}+2^{1968x+1}}+\dfrac{\sqrt{x^{2010}+2023}+3^{1988x}}{\sqrt{x^{2010}+2023}+3^{1988x+1}}+\dfrac{\sqrt{x^{2008}+2022}+6^{2008x}}{\sqrt{x^{2008}+2022}+6^{2008x+1}}$ 与1的大小。

分析:依据"糖水不等式"(若 $0<a<b,m>0$,则 $\dfrac{a}{b}<\dfrac{a+m}{b+m}$)可得

$$\dfrac{\sqrt{x^{2012}+2024}+2^{1968x}}{\sqrt{x^{2012}+2024}+2^{1968x+1}}>\dfrac{2^{1968x}}{2^{1968x+1}}=\dfrac{1}{2}。$$

同理可得

$$\frac{\sqrt{x^{2010}+2023}+3^{1988x}}{\sqrt{x^{2010}+2023}+3^{1988x+1}} > \frac{3^{1988x}}{3^{1988x+1}} = \frac{1}{3}, \frac{\sqrt{x^{2008}+2022}+6^{2008x}}{\sqrt{x^{2008}+2022}+6^{2008x+1}} > \frac{6^{2008x}}{6^{2008x+1}} = \frac{1}{6}。$$

上述三式相加即可。

案例11：证明：若 $a_1, a_2, a_3, \cdots, a_n (n \in \mathbf{N}, n \geq 3)$ 均为正数，则有 $\left(\frac{3}{2}a_1^2 + a_2 + \frac{5}{6}\right) \cdot \left(\frac{3}{2}a_2^2 + a_3 + \frac{5}{6}\right) \cdot \cdots \cdot \left(\frac{3}{2}a_n^2 + a_1 + \frac{5}{6}\right) \geq \left(2a_1 + \frac{2}{3}\right)\left(2a_2 + \frac{2}{3}\right) \cdot \cdots \cdot \left(2a_n + \frac{2}{3}\right)$。

分析：对任意实数 x，恒有

$$(3x-1)^2 \geq 0 \Leftrightarrow 9x^2 - 6x + 1 \geq 0 \Leftrightarrow 3x^2 - 2x + \frac{1}{3} \geq 0 \Leftrightarrow 3x^2 + 1 \geq 2x + \frac{2}{3}。$$

依据上述结论并结合二元基本不等式得到

$$\frac{3}{2}a_{n-1}^2 + a_n + \frac{5}{6} = \frac{1}{2}\left(3a_{n-1}^2 + 2a_n + \frac{5}{3}\right) = \frac{1}{2}\left[(3a_{n-1}^2 + 1) + \left(2a_n + \frac{2}{3}\right)\right]$$

$$\geq \frac{1}{2}\left[\left(2a_{n-1} + \frac{2}{3}\right) + \left(2a_n + \frac{2}{3}\right)\right] \geq \sqrt{\left(2a_{n-1} + \frac{2}{3}\right)\left(2a_n + \frac{2}{3}\right)}。$$

分别令上述 $n = 2, 3, \cdots, n$，并相乘即可。

事实上，求证不等式属于对称轮换式，因此等号成立的条件是所有字母相等，即

$$\left(\frac{3}{2}a_1^2 + a_1 + \frac{5}{6}\right)^n = \left(2a_1 + \frac{2}{3}\right)^n \Rightarrow \frac{3}{2}a_1^2 + a_1 + \frac{5}{6} = 2a_1 + \frac{2}{3} \Rightarrow a_1 = \frac{1}{3}。$$

也就是说，$3x^2 + 1 \geq 2x + \frac{2}{3}$ 表示曲线 $y = 3x^2 + 1$ 在 $x = \frac{1}{3}$ 处的切线方程为 $y = 2x + \frac{2}{3}$，而且函数 $y = 3x^2 + 1$ 的图像恒在直线 $y = 2x + \frac{2}{3}$ 上方，当且仅当 $x = \frac{1}{3}$ 时相等（即相切）。这样用直线逼近曲线，体现了以直代曲的思想，这是命制高质量试题，尤其是有关不等式证明题的重要方法与理论依据。

三　研究奥赛试题

高考具有选拔功能，试题需依据普通高中数学课程标准，贯彻《中国高考评价体系》理念，侧重基础知识、基本题型、基本方法，覆盖高中数学所有教学内容，加强关键能力考查，突出理性思维，发挥数学学科高考的选拔功能，落实立

德树人根本任务,优化思维品质,发展学科核心素养。而奥赛试题不同于高考试题,奥赛试题视角新颖,寓意深刻,富于挑战性,涉及平面几何、数论、不等式证明、三角函数、复数等知识点,试题难度更大,知识跨度更大,方法更加独特。正如单墫先生认为,竞赛是才智的角逐。因此,一些有固定路线可以遵循的问题,不属于数学竞赛。竞赛需要的是"巧",是出奇制胜的"野路子"。罗增儒教授也指出,竞赛是一种数学创造力,是一种高思维层次、高智力水平的艺术,是一种独立于史诗、音乐、绘画之外的数学美。奥赛试题有利于学生培养独立地分析、解决问题综合能力,优化思维的敏捷性、灵活性,培养创新意识,激发创新能力。

案例12:证明:$\cos\dfrac{\pi}{7}-\cos\dfrac{2\pi}{7}+\cos\dfrac{3\pi}{7}=\dfrac{1}{2}$。

案例12源自1963年第五届国际数学奥林匹克竞赛试题(IMO),是一道经典的三角函数试题,构思独特,内涵丰富。时隔多年,它依然是数学竞赛试题中的范例。

(一)一题多证的教学价值

证法1:因$\dfrac{\pi}{7},\dfrac{2\pi}{7},\dfrac{3\pi}{7}$是公差为$\dfrac{\pi}{7}$的等差数列,则有

$$左边=\dfrac{2\cos\dfrac{\pi}{14}\cos\dfrac{\pi}{7}-2\cos\dfrac{\pi}{14}\cos\dfrac{2\pi}{7}+2\cos\dfrac{\pi}{14}\cos\dfrac{3\pi}{7}}{2\cos\dfrac{\pi}{14}}$$

$$=\dfrac{\left(\cos\dfrac{3\pi}{14}+\cos\dfrac{\pi}{14}\right)-\left(\cos\dfrac{5\pi}{14}+\cos\dfrac{3\pi}{14}\right)+\left(\cos\dfrac{7\pi}{14}+\cos\dfrac{5\pi}{14}\right)}{2\cos\dfrac{\pi}{14}}$$

$$=\dfrac{\cos\dfrac{\pi}{2}+\cos\dfrac{\pi}{14}}{2\cos\dfrac{\pi}{14}}=\dfrac{1}{2}。$$

证法2:显然,$-\cos\dfrac{2\pi}{7}=\cos\dfrac{5\pi}{7}$,$\dfrac{\pi}{7},\dfrac{3\pi}{7},\dfrac{5\pi}{7}$是公差为$\dfrac{2\pi}{7}$的等差数列,则

$$左边=\cos\dfrac{\pi}{7}+\cos\dfrac{3\pi}{7}+\cos\dfrac{5\pi}{7}$$

$$=\frac{2\sin\frac{\pi}{7}\cos\frac{\pi}{7}+2\sin\frac{\pi}{7}\cos\frac{3\pi}{7}+2\sin\frac{\pi}{7}\cos\frac{5\pi}{7}}{2\sin\frac{\pi}{7}}$$

$$=\frac{\sin\frac{2\pi}{7}+\left(\sin\frac{4\pi}{7}-\sin\frac{2\pi}{7}\right)+\left(\sin\frac{6\pi}{7}-\sin\frac{4\pi}{7}\right)}{2\sin\frac{\pi}{7}}=\frac{\sin\frac{6\pi}{7}}{2\sin\frac{\pi}{7}}=\frac{1}{2}。$$

证法3：逆用三倍角正弦公式 $\sin 3\alpha = 3\sin\alpha - 4\sin^3\alpha$ 可得

$$\text{左边} = \left(\cos\frac{\pi}{7}+\cos\frac{5\pi}{7}\right)+\cos\frac{3\pi}{7}$$

$$=2\cos\frac{3\pi}{7}\cos\frac{2\pi}{7}+\cos\frac{3\pi}{7}=\cos\frac{3\pi}{7}\left(2\cos\frac{2\pi}{7}+1\right)$$

$$=\cos\frac{3\pi}{7}\left(3-4\sin^2\frac{\pi}{7}\right)=\frac{\cos\frac{3\pi}{7}\left(3\sin\frac{\pi}{7}-4\sin^3\frac{\pi}{7}\right)}{\sin\frac{\pi}{7}}$$

$$=\frac{\cos\frac{3\pi}{7}\sin\frac{3\pi}{7}}{\sin\frac{\pi}{7}}=\frac{\frac{1}{2}\sin\frac{6\pi}{7}}{\sin\frac{\pi}{7}}=\frac{1}{2}。$$

证法4：设 $t=\cos\frac{\pi}{7}-\cos\frac{2\pi}{7}+\cos\frac{3\pi}{7}$，则 $t=\cos\frac{\pi}{7}+\cos\frac{3\pi}{7}+\cos\frac{5\pi}{7}$。

$$t^2=\cos^2\frac{\pi}{7}+\cos^2\frac{3\pi}{7}+\cos^2\frac{5\pi}{7}+2\cos\frac{\pi}{7}\cos\frac{3\pi}{7}+2\cos\frac{\pi}{7}\cos\frac{5\pi}{7}+2\cos\frac{3\pi}{7}\cos\frac{5\pi}{7}$$

$$\Rightarrow t^2=\frac{3}{2}+\frac{\cos\frac{2\pi}{7}+\cos\frac{6\pi}{7}+\cos\frac{10\pi}{7}}{2}+2\left(\cos\frac{2\pi}{7}+\cos\frac{4\pi}{7}+\cos\frac{6\pi}{7}\right)$$

$$\Rightarrow t^2=\frac{3}{2}+\frac{5}{2}\left(\cos\frac{2\pi}{7}+\cos\frac{4\pi}{7}+\cos\frac{6\pi}{7}\right)=\frac{3}{2}-\frac{5}{2}\left(\cos\frac{\pi}{7}+\cos\frac{3\pi}{7}+\cos\frac{5\pi}{7}\right)$$

$$\Rightarrow t^2=\frac{3}{2}-\frac{5}{2}t \Rightarrow t=\frac{1}{2}, \text{或} t=-3(\text{舍}) \Rightarrow \cos\frac{\pi}{7}-\cos\frac{2\pi}{7}+\cos\frac{3\pi}{7}=\frac{1}{2}。$$

证法5：构造对偶式，设 $A=\cos\frac{\pi}{7}-\cos\frac{2\pi}{7}+\cos\frac{3\pi}{7}$，$B=\sin\frac{\pi}{7}-\sin\frac{2\pi}{7}+\sin\frac{3\pi}{7}$，则

$$A^2+B^2=3-4\cos\frac{\pi}{7}+2\cos\frac{2\pi}{7}, A^2-B^2=-\cos\frac{\pi}{7}+3\cos\frac{2\pi}{7}-5\cos\frac{3\pi}{7}$$

$$\Rightarrow 2A^2=3-5\left(\cos\frac{\pi}{7}-\cos\frac{2\pi}{7}+\cos\frac{3\pi}{7}\right) \Rightarrow 2A^2=3-5A \Rightarrow A=\frac{1}{2}。$$

证法6：我们知道，若 $z=\cos\alpha+\mathrm{i}\sin\alpha$，则有

$z^n = \cos n\alpha + i\sin n\alpha, \overline{z}^n = \cos n\alpha - i\sin n\alpha$

$\Rightarrow \cos n\alpha = \dfrac{z^{2n}+1}{2z^n}, \sin n\alpha = \dfrac{z^{2n}-1}{2iz^n}$。

利用上述结论，可以得到一种复数证法。

令 $z = \cos\dfrac{2\pi}{7} + i\sin\dfrac{2\pi}{7}$，由三角函数知识易得

$t = \cos\dfrac{\pi}{7} - \cos\dfrac{2\pi}{7} + \cos\dfrac{3\pi}{7} = -\left(\cos\dfrac{2\pi}{7} + \cos\dfrac{4\pi}{7} + \cos\dfrac{6\pi}{7}\right)$

$\Rightarrow -t = \cos\dfrac{2\pi}{7} + \cos\dfrac{4\pi}{7} + \cos\dfrac{6\pi}{7} = \dfrac{z^2+1}{2z} + \dfrac{z^4+1}{2z^2} + \dfrac{z^6+1}{2z^3} = \dfrac{(1+z+z^2+z^3+z^4+z^5+z^6)-z^3}{2\cdot z^3}$。

又因为 $z^7 = \cos 2\pi + i\sin 2\pi = 1 \Rightarrow z^7 - 1 = 0$

$\Rightarrow (z-1)(1+z+z^2+z^3+z^4+z^5+z^6) = 0$

$\Rightarrow 1+z+z^2+z^3+z^4+z^5+z^6 = 0 (z \neq 1)$。

故 $-t = \dfrac{-z^3}{2z^3} = -\dfrac{1}{2} \Rightarrow \cos\dfrac{\pi}{7} - \cos\dfrac{2\pi}{7} + \cos\dfrac{3\pi}{7} = \dfrac{1}{2}$。

证法 7：设 $z = \cos\dfrac{\pi}{7} + i\sin\dfrac{\pi}{7}$，则问题转化为求 $u = z + z^3 + z^5$ 的实部，于是

$z^7 = \cos\pi + i\sin\pi = -1, z\overline{z} = 1, z + \overline{z} = 2\cos\dfrac{\pi}{7}$。

代入所求得到

$u = \left(\cos\dfrac{\pi}{7} + \cos\dfrac{3\pi}{7} + \cos\dfrac{5\pi}{7}\right) + i\left(\sin\dfrac{\pi}{7} + \sin\dfrac{3\pi}{7} + \sin\dfrac{5\pi}{7}\right)$。

又因为 $u = z + z^3 + z^5 = \dfrac{z - z^7}{1-z^2} = \dfrac{z+1}{(1-z)(1+z)} = \dfrac{1}{1-z} = \dfrac{1-\overline{z}}{(1-z)(1-\overline{z})}$

$= \dfrac{(1-\cos\dfrac{\pi}{7}) + i\sin\dfrac{\pi}{7}}{1 + z\overline{z} - (z+\overline{z})} = \dfrac{(1-\cos\dfrac{\pi}{7}) + i\sin\dfrac{\pi}{7}}{2\left(1-\cos\dfrac{\pi}{7}\right)} = \dfrac{1}{2} + \dfrac{\sin\dfrac{\pi}{7}}{2\left(1-\cos\dfrac{\pi}{7}\right)}i$。

故 $\cos\dfrac{\pi}{7} - \cos\dfrac{2\pi}{7} + \cos\dfrac{3\pi}{7} = \text{Re}(u) = \dfrac{1}{2}$。

证法 8：由 $x^7 - 1 = 0$，则 $x = \cos\dfrac{2k\pi}{7} + i\sin\dfrac{2k\pi}{7} (k = 0,1,2,3,4,5,6)$。注意到

$\cos\dfrac{4\pi}{7} = \cos\dfrac{10\pi}{7} = -\cos\dfrac{3\pi}{7}, \cos\dfrac{6\pi}{7} = \cos\dfrac{8\pi}{7} = -\cos\dfrac{\pi}{7}, \cos\dfrac{12\pi}{7} = \cos\dfrac{2\pi}{7}$。

由韦达定理得 $x_1 + x_2 + x_3 + x_4 + x_5 + x_6 + x_7 = 0$，则有

$$\cos 0+\cos\frac{2\pi}{7}+\cos\frac{4\pi}{7}+\cos\frac{6\pi}{7}+\cos\frac{8\pi}{7}+\cos\frac{10\pi}{7}+\cos\frac{12\pi}{7}=0$$

$$\Rightarrow \cos\frac{2\pi}{7}+\cos\frac{4\pi}{7}+\cos\frac{6\pi}{7}=-\frac{1}{2} \Rightarrow \cos\frac{\pi}{7}-\cos\frac{2\pi}{7}+\cos\frac{3\pi}{7}=\frac{1}{2}。$$

证法9：由证法8可得

$$1+\cos\frac{2\pi}{7}+\cos\frac{4\pi}{7}+\cos\frac{6\pi}{7}+\cos\frac{8\pi}{7}+\cos\frac{10\pi}{7}+\cos\frac{12\pi}{7}=0$$

$$\Rightarrow \cos\frac{\pi}{7}-\cos\frac{2\pi}{7}+\cos\frac{3\pi}{7}=\frac{1}{2}。$$

证法10：令 z 是 $x^7-1=0$ 的虚根，显然 $z^7=1$，设 $u=z+z^2+z^4, v=z^3+z^5+z^6$，则有

$$u+v=z+z^2+z^3+z^4+z^5+z^6=\frac{1-z^7}{1-z}-1=-1, uv=(z+z^2+z^4)(z^3+z^5+z^6)=2$$

$\Rightarrow u,v$ 是方程 $x^2+x+2=0$ 的根 $\Rightarrow \mathrm{Re}(u)=-\frac{1}{2}$

$$\Rightarrow \mathrm{Re}(u)=\cos\frac{2\pi}{7}+\cos\frac{4\pi}{7}+\cos\frac{8\pi}{7}=-\cos\frac{\pi}{7}+\cos\frac{2\pi}{7}-\cos\frac{3\pi}{7}$$

$$\Rightarrow \cos\frac{\pi}{7}-\cos\frac{2\pi}{7}+\cos\frac{3\pi}{7}=\frac{1}{2}。$$

证法11：构造等腰 $\triangle ABC$，使 $AB=AC=1$，且 $\angle A=\frac{\pi}{7}$，于是得到 $\angle B=\angle C=\frac{3\pi}{7}$，在 $\angle ABC$ 内作 $\angle DBC=\frac{2\pi}{7}$，且点 D 在边 BC 上。设 $BC=CD=x$，则 $AD=BD=1-x$。

在等腰 $\triangle ADB$ 中，过点 D 作 $DE \perp AB$，在 $\mathrm{Rt}\triangle ADE$ 中，$\cos\frac{\pi}{7}=\frac{1}{2(1-x)}$。

在等腰 $\triangle BCD$ 中，过点 C 作 $CF \perp BD$，在 $\mathrm{Rt}\triangle BCF$ 中，$\cos\frac{2\pi}{7}=\frac{1-x}{2x}$。

在等腰 $\triangle ABC$ 中，过点 A 作 $AG \perp BC$，在 $\mathrm{Rt}\triangle ABG$ 中，$\cos\frac{3\pi}{7}=\frac{x}{2}$。

在 $\triangle BCD$ 中，应用余弦定理得到

$$BD^2=BC^2+DC^2-2BC \cdot DC\cos\frac{3\pi}{7}$$

$$\Rightarrow (1-x)^2=x^2+x^2-2x^2 \cdot \frac{x}{2} \Rightarrow -x^3-1=-x^2-2x。$$

代入得到

$$\cos\frac{\pi}{7}-\cos\frac{2\pi}{7}+\cos\frac{3\pi}{7}=\frac{1}{2(1-x)}-\frac{1-x}{2x}+\frac{x}{2}$$

$$=\frac{(-x^3-1)+3x}{2x(1-x)}=\frac{x(1-x)}{2x(1-x)}=\frac{1}{2}。$$

证法12:原式变形可得

$$2\cos\frac{\pi}{7}+2\cos\frac{3\pi}{7}=1+2\cos\frac{2\pi}{7}。$$

构造 $\angle MON=\frac{\pi}{7}$,在射线 OM 上取点 A,使 $OA=1$;在射线 ON 上取点 B,使 $AB=1$;在射线 AM 上取点 C,使 $BC=1$;在射线 BN 上取点 D,使 $CD=1$。依据图形可得

$$\angle CAB=\angle ACB=\frac{2\pi}{7},\angle CBD=\angle CDB=\angle ACD=\frac{3\pi}{7}$$

$\Rightarrow OC=OD$。

又因为 $OC=OA+AC=1+2AB\cos\frac{2\pi}{7}=1+2\cos\frac{2\pi}{7}$,

故 $OD=OB+BD=2\cos\frac{\pi}{7}+2\cos\frac{3\pi}{7}=1+2\cos\frac{2\pi}{7}$

故 $2\cos\frac{\pi}{7}+2\cos\frac{3\pi}{7}=1+2\cos\frac{2\pi}{7}$。

证法13:在 $\triangle ABC$ 中,$A=2B \Leftrightarrow a^2=b^2+bc$。

显然,$\cos\frac{\pi}{7}-\cos\frac{2\pi}{7}+\cos\frac{3\pi}{7}=\cos\frac{\pi}{7}-\cos\frac{2\pi}{7}-\cos\frac{4\pi}{7}$。注意到 $\frac{\pi}{7}+\frac{2\pi}{7}+\frac{4\pi}{7}=\pi$。由此构造 $\triangle ABC$,使得 $A=\frac{\pi}{7},B=\frac{2\pi}{7},C=\frac{4\pi}{7}$,则有

$$B=2A, C=2B \Rightarrow b^2=a^2+ac, c^2=b^2+ba。$$

两式相加得到

$$c^2=a^2+ba+ac \Rightarrow c^2=a(a+b+c)$$

$$\Rightarrow \frac{1}{a}=\frac{a+b+c}{c^2}=\frac{a+b}{c^2}+\frac{1}{c}=\frac{a+b}{b^2+ba}+\frac{1}{c}=\frac{1}{b}+\frac{1}{c}$$

$\Rightarrow bc=ac+ab$。 ①

在 $\triangle ABC$ 中,运用正弦定理可得

$$\frac{a}{\sin\frac{\pi}{7}}=\frac{b}{\sin\frac{2\pi}{7}}=\frac{c}{\sin\frac{4\pi}{7}}$$

$\Rightarrow \cos\frac{\pi}{7}=\frac{b}{2a},\cos\frac{2\pi}{7}=\frac{c}{2b},\cos\frac{4\pi}{7}=-\frac{a}{2c}$。 ②

由①②可得

$$\cos\frac{\pi}{7}-\cos\frac{2\pi}{7}+\cos\frac{3\pi}{7}=\cos\frac{\pi}{7}-\cos\frac{2\pi}{7}-\cos\frac{4\pi}{7}$$

$$=\frac{b}{2a}-\frac{c}{2b}+\frac{a}{2c}=\frac{1}{2}\left(\frac{b^2-ac}{ab}+\frac{a}{c}\right)=\frac{1}{2}\left(\frac{a^2}{ab}+\frac{a}{c}\right)=\frac{1}{2}\left(\frac{ac+ab}{bc}\right)=\frac{1}{2}。$$

证法14：由三角函数公式知

$$\cos\frac{\pi}{7}+\cos\frac{3\pi}{7}+\cos\frac{5\pi}{7}+\cos\frac{7\pi}{7}+\cos\frac{9\pi}{7}+\cos\frac{11\pi}{7}+\cos\frac{13\pi}{7}=0。$$

构造边长为1的正七边形$A_1A_2A_3\cdots A_7$，过点A_1作数轴L，使向量$\overrightarrow{A_1A_2}$与L成$\frac{\pi}{7}$的角。由于正七边形$A_1A_2A_3\cdots A_7$的每一个外角都等于$\frac{2\pi}{7}$，因而得到向量$\overrightarrow{A_2A_3}$与L成$\frac{3\pi}{7}$的角，同理，向量$\overrightarrow{A_3A_4},\overrightarrow{A_4A_5},\overrightarrow{A_5A_6},\overrightarrow{A_6A_7},\overrightarrow{A_7A_1}$与$L$所成的角分别为$\frac{5\pi}{7},\frac{7\pi}{7},\frac{9\pi}{7},\frac{11\pi}{7},\frac{13\pi}{7}$。由此可知，向量$\overrightarrow{A_1A_2},\overrightarrow{A_2A_3},\overrightarrow{A_3A_4},\overrightarrow{A_4A_5},\overrightarrow{A_5A_6},\overrightarrow{A_6A_7},\overrightarrow{A_7A_1}$在数轴$L$上的射影值分别为$\cos\frac{\pi}{7},\cos\frac{3\pi}{7},\cos\frac{5\pi}{7},\cos\frac{7\pi}{7},\cos\frac{9\pi}{7},\cos\frac{11\pi}{7},\cos\frac{13\pi}{7}$，又由于这些向量构成封闭正七边形，于是它们的和为0，即有

$$\cos\frac{\pi}{7}+\cos\frac{3\pi}{7}+\cos\frac{5\pi}{7}+\cos\frac{7\pi}{7}+\cos\frac{9\pi}{7}+\cos\frac{11\pi}{7}+\cos\frac{13\pi}{7}=0。$$

点评：在解答竞赛试题的过程中，既要从基本技能、基础知识、基本方法出发，又要树立创新意识，开拓创新思维，巧妙构造图形。数学思维中的创新意识可以指导我们进行较高层次的数学思维活动，打破常规，标新立异，冲破传统思维习惯的束缚，透过现象，从较高层次去认识问题的本质。如果缺乏强烈的创新意识，就没有敏锐的创新思维，也就很难获得创新解法。上述证法中绝大部分属于常规的通用方法，有利于解决高考与竞赛试题。其中，证法11、证法12，构造简单几何图形(三角形)，让人"赏心悦目"；证法13在构造图形的基础上，借助三角形中一个简单结论，获得创新构思；向量是联系几何、代数、三角的天然桥梁，证法14通过构造向量，利用向量在同一条直线上的射影，得到新颖别致的证法，让人惊叹不已。这就是数学教师独有的高雅精神享受，这就是数学王国对数学教师的最高奖赏，这就是数学迷宫吸引无数人为之疯狂的魅力所在。

(二)一题多结论的教学价值

事实上，案例12还可以得到以下有趣的、重要的结论。

结论1：$\cos\frac{1}{2n+1}\pi+\cos\frac{3}{2n+1}\pi+\cos\frac{5}{2n+1}\pi+\cdots+\cos\frac{2n-1}{2n+1}\pi=\frac{1}{2}$。

结论 2：$\cos\dfrac{2}{2n+1}\pi+\cos\dfrac{4}{2n+1}\pi+\cos\dfrac{6}{2n+1}\pi+\cdots+\cos\dfrac{2n}{2n+1}\pi=-\dfrac{1}{2}$。

结论 1、结论 2 的证明过程完全类似于上述证法 1 或证法 2 或证法 12。由结论 1 及结论 2 相加可得以下结论。

结论 3：$\cos\dfrac{1}{2n+1}\pi+\cos\dfrac{2}{2n+1}\pi+\cos\dfrac{3}{2n+1}\pi+\cdots+\cos\dfrac{2n}{2n+1}\pi=0$。

结论 4：$\sin\dfrac{2\pi}{n}+2\sin\dfrac{4\pi}{n}+3\sin\dfrac{6\pi}{n}+\cdots+(n-1)\sin=-\dfrac{n}{2}\cot\dfrac{\pi}{n}$。

结论 5：$\cos\dfrac{2\pi}{n}+2\cos\dfrac{4\pi}{n}+3\cos\dfrac{6\pi}{n}+\cdots+(n-1)\cos\dfrac{2(n-1)\pi}{n}=-\dfrac{n}{2}$。

结论 6：$\tan\dfrac{\pi}{7}\tan\dfrac{2\pi}{7}\tan\dfrac{3\pi}{7}=\sqrt{7}$。

结论 7：$\tan^2\dfrac{\pi}{7}+\tan^2\dfrac{2\pi}{7}+\tan^2\dfrac{3\pi}{7}=21$。

结论 8：$\tan^2\dfrac{\pi}{7}\tan^2\dfrac{2\pi}{7}+\tan^2\dfrac{2\pi}{7}\tan^2\dfrac{3\pi}{7}+\tan^2\dfrac{\pi}{7}\tan^2\dfrac{3\pi}{7}=35$。

还可以进一步得到以下结论。

结论 9：当 $k=1,3,5$ 时，$\cos^k\dfrac{\pi}{7}+\cos^k\dfrac{3\pi}{7}+\cos^k\dfrac{5\pi}{7}=\dfrac{1}{2}$。

结论 10：$\cos\alpha+\cos 2\alpha+\cos 3\alpha+\cdots+\cos n\alpha=\dfrac{\cos\dfrac{n+1}{2}\alpha\sin\dfrac{n}{2}\alpha}{\sin\dfrac{\alpha}{2}}$。

结论 11：$\sin\alpha+\sin 2\alpha+\sin 3\alpha+\cdots+\sin n\alpha=\dfrac{\sin\dfrac{n+1}{2}\alpha\sin\dfrac{n}{2}\alpha}{\sin\dfrac{\alpha}{2}}$。

由结论 10 及结论 11 可得到结论 12。

结论 12：$\dfrac{\sin\alpha+\sin 2\alpha+\sin 3\alpha+\cdots+\sin n\alpha}{\cos\alpha+\cos 2\alpha+\cos 3\alpha+\cdots+\cos n\alpha}=\tan\dfrac{n+1}{2}\alpha$。

联想到复数的性质就得到结论 13。

结论 13：$\sin\dfrac{\pi}{n}\cdot\sin\dfrac{2\pi}{n}\cdot\sin\dfrac{3\pi}{n}\cdot\cdots\cdot\sin\dfrac{(n-1)\pi}{n}=\dfrac{n}{2^{n-1}}(n\geq 2)$。

借助复数知识与组合性质还可以得到以下结论。

结论 14：$\alpha\in(0,\dfrac{\pi}{2})$，$\sin\alpha+C_n^1\sin 2\alpha+C_n^2\sin 3\alpha+\cdots+C_n^n\sin(n+1)\alpha=2^n\cos^n\dfrac{\alpha}{2}\cdot\sin\dfrac{n+2}{2}\alpha$。

结论 15: $\alpha \in (0, \frac{\pi}{2})$, $\cos\alpha + C_n^1 \cos 2\alpha + C_n^2 \cos 3\alpha + \cdots + C_n^n \cos(n+1)\alpha = 2^n \cos^n \frac{\alpha}{2} \cdot \cos \frac{n+2}{2}\alpha$。

将上述结论中的 n 与 α 赋予特殊值,就可以得到许多新颖的试题。正如陶平生教授感叹:"在数学命题中,一个好的数学问题的产生并不是'一气呵成',而是经过不断锤炼打磨、反复推敲拓展的产物。"

比如,在结论 10 中,令 $\alpha = \frac{2\pi}{7}$, $n=6$ 就可以得到伊朗的一道竞赛题:

$$\cos\frac{2\pi}{7} + \cos\frac{4\pi}{7} + \cdots + \cos\frac{12\pi}{7} = -1。$$

再如,在结论 10 中,令 $\alpha = \frac{2\pi}{5}$, $n=2$ 就可以得到俄罗斯的一道竞赛题:

$$\cos\frac{2\pi}{5} + \cos\frac{4\pi}{5} = -\frac{1}{2}。$$

再如,在结论 11 中,令 $\alpha = \frac{2\pi}{7}$, $n=6$ 就可以得到中国香港的一道竞赛题:

$$\sin\frac{2\pi}{7} + \sin\frac{4\pi}{7} + \cdots + \sin\frac{12\pi}{7} = 0。$$

研究数学竞赛试题与开展数学竞赛活动,其目的在于发现和培养具有数学天赋的人才。教师通过追踪试题源头,探索命题意图,产生新的构思,提出新的问题,展开新的探讨,提炼新的解法,提升学生学习数学的兴趣,训练学生的思维品质,培养学生独立思考的习惯,激发学生的创新意识。

第四节 崭露头角专业成长

一、引领专业成长

2020年6月,我有幸被遴选为厦门市首期卓越教师培育对象,这也是厦门市名师最高层次称号(等同于省级名师)。2022年3月,我第一次在厦门本地接受西南大学专家为期一周的培训,这也开启了我为期三年的卓越教师培育之旅。在此期间,回眸我的从教轨迹,既有偏僻农村中学任教的艰辛求索,也有特区示范中学教学的快乐甜蜜;既有入户家访学困生的昼夜奔波,也有培养优生取得成就的喜悦;既有担任班主任、教研组长、生管教师的沉甸甸重任,也有见证学生手捧获奖证书的激动不已;既有常规课堂教学的孜孜以求,也有课外竞赛辅导、自主招生辅导、"强基计划"导师的硕果累累;既有疑难数学问题的冥思苦想,也有妙手破解竞赛试题的豁然开朗;既有教材理解的困惑不解,也有吃透教材的醍醐灌顶;既有概念教学的茫然无知,也有精致概念的茅塞顿开;既有自身接受培训、研修的学科带头人、专家型教师、卓越教师的虚心求学,也有为人导师、领衔名师工作室的无私奉献。这些经历与磨炼,使我的专业知识得到增长,也使我能进一步探究解题方法的多样性。

二、提炼解题方法

对于解题,数学思想是解题策略,是沟通问题、知识与方法三者之间的桥梁,是解题的指导思想,属于策略性知识。数学思想通常表现为数学方法的形成,因此"数学思想"与"数学方法"统称为"数学思想方法"。有学者将解题方法分为特殊方法、一般方法、逻辑方法及思想方法等四个层次。特殊方法,如配方法、待定系数法、十字相乘法、换元法、割补法、翻折法等;一般方法,如消元法、代入法、图像法、降次法、比较法、放缩法、向量法、数学归纳法、建模法等;逻辑方法,如分析法、综合法、反证法、归纳法、类比法、枚举法等;思想方法,如函数与方程思想、分类与整合思想、数形结合思想、化归与转化思想、特殊与一般思想、有限与无限思想、或然(偶然)与必然思想等。解题能力是数学领域内不可或缺的核心竞争力。它体现在对老题新解、难题简解、好题巧解以及名题多解上,旨在让人在数学的解题过程中体验到柳暗花明般的惊喜与深刻感悟。好的解题方法,其价值不仅在于其本身之美,更在于挖掘其蕴含的思想、方法,从而使人感悟数学之美。

(一)组装法

随着科技的进步,如今大型桥梁、地铁等都是采用分段施工、整体合拢的"组装"建造模式。其实,在解决数学问题时,尤其是证明那些外形结构相似的对称(或对称轮换)不等式,也可以借鉴上述模式:先精心分割成对称的局部,然后紧盯整体的目标和方向,最后有机融合于一体,这种解题方法称为"组装法"。纵观国内外试题,有许多试题是由各个局部"组装"而成。这样可以根据命题的思路灵活构建试题,也是命制试题的一种思路,还是一种重要的解题方法。比如,在锐角三角形 $\triangle ABC$ 中,恒有以下结论。

结论1: $\sin A + \sin B + \sin C > \cos A + \cos B + \cos C$,

结论2: $\tan A + \tan B + \tan C > \cot A + \cot B + \cot C$,

结论3: $\sec A + \sec B + \sec C > \csc A + \csc B + \csc C$。

由此"组装"成一道优美且含有所有三角函数"大团圆"的三角不等式试题。

案例13:在锐角三角形 $\triangle ABC$ 中,证明:$\sin A + \tan A + \sec A + \sin B + \tan B + \sec B + \sin C + \tan C + \sec C > \cos A + \cot A + \csc A + \cos B + \cot B + \csc B + \cos C + \cot C + \csc C$。

分析:因锐角三角形,故有

$$A + B > \frac{\pi}{2} \Rightarrow \frac{\pi}{2} > A > \frac{\pi}{2} - B > 0$$

$$\Rightarrow \sin A > \sin\left(\frac{\pi}{2} - B\right) = \cos B。$$

同理可得

$\sin B > \cos C, \sin C > \cos A$;

$\tan A > \cot B, \tan B > \cot C, \tan C > \cot A$;

$\sec A > \csc B, \sec B > \csc C, \sec C > \csc A$。

上述所有式子相加即可。

案例14：若x,y,z是不全为0的实数，求函数$f(x,y,z)=\dfrac{xy+2yz+2zx}{x^2+y^2+z^2}$的最大值。

分析：引入参数λ（λ为正数），利用重要不等式可得

$$\lambda xy \leqslant \frac{1}{2}\lambda(x^2+y^2), 2\lambda yz \leqslant y^2+\lambda^2 z^2, 2\lambda zx \leqslant \lambda^2 z^2+x^2$$

$$\Rightarrow \lambda(xy+2yz+2zx) \leqslant \left(\frac{1}{2}\lambda+1\right)x^2+\left(\frac{1}{2}\lambda+1\right)y^2+2\lambda^2 z^2。$$

令$\dfrac{1}{2}\lambda+1=2\lambda^2$，即$\lambda=\dfrac{1}{8}(1+\sqrt{33})$，代入上述式子得到

$$\frac{xy+2yz+2zx}{x^2+y^2+z^2} \leqslant \frac{1}{4}(1+\sqrt{33})。$$

案例14难度较大，似乎无从入手，但仔细观察发现分子与分母基于重要不等式而对应"配套"，只是局部之间需要"协调"，故而可采取"组装法"。之所以令$\dfrac{1}{2}\lambda+1=2\lambda^2$，本质就是充当"协调员"角色。由此可见，"协调"局部之间关系是应用"组装法"解决非对称式的"桥梁"与"纽带"。

（二）轮换法

如果一个多项式中的变量字母按照任何次序轮换后，原多项式不变，那么该多项式即为轮换多项式。特别地，两项互换也不改变原多项式，则为对称轮换式。将对称轮换式与基本不等式融为一体，往往能够演绎出令人拍案叫绝的构思。对于一道数学题目，当寻觅到一种妙解、巧证，宛如一弯绚丽的彩虹，折射出智者之光辉、体现出数学之魅力，这正是数学之美。正如克莱因所说："一个精彩巧妙的证明，精神上近乎一首诗。"

案例15：若$a,b\in\mathbf{R}^+$，且$a^3+b^3=2$，证明：$a+b\leqslant 2$。

这是一道耳熟能详的"老题"，一般采用反证、放缩、构造函数、运用立方和公式等方法，其过程较为复杂。事实上，注意到已知与求证都是轮换式，则得到以下简单的证法：

$$a^3+1^3+1^3\geqslant 3a, b^3+1^3+1^3\geqslant 3b \Rightarrow a^3+b^3+4\geqslant 3(a+b) \Rightarrow a+b\leqslant 2。$$

案例16：设$x,y\in\mathbf{R}^+$，且$x+2y=3$，求$\dfrac{1}{x^3}+\dfrac{2}{y^3}$的最小值。

分析：如果把其中一个 y 看作 z，上述问题等价于如下问题：

设 $x,y,z \in \mathbf{R}^+$，且 $x+y+z=3$，求 $\dfrac{1}{x^3}+\dfrac{1}{y^3}+\dfrac{1}{z^3}$ 的最小值。

利用三元基本不等式可得

$$\dfrac{1}{x^3}+1+1 \geqslant \dfrac{3}{x}, \dfrac{1}{y^3}+1+1 \geqslant \dfrac{3}{y}, \dfrac{1}{z^3}+1+1 \geqslant \dfrac{3}{z}$$

$$\Rightarrow \dfrac{1}{x^3}+\dfrac{1}{y^3}+\dfrac{1}{z^3}+6 \geqslant 3\left(\dfrac{1}{x}+\dfrac{1}{y}+\dfrac{1}{z}\right)=(x+y+z)\left(\dfrac{1}{x}+\dfrac{1}{y}+\dfrac{1}{z}\right) \geqslant 9$$

$$\Rightarrow \dfrac{1}{x^3}+\dfrac{1}{y^3}+\dfrac{1}{z^3} \geqslant 3。$$

故 $\dfrac{1}{x^3}+\dfrac{1}{y^3}+\dfrac{1}{z^3}$ 的最小值为 3。

（三）同构法

所谓"同构法"，是指经过恒等变形后，使得方程或不等式两边的结构相同。事实上，高中数学很多试题需要实施同构变换。比如，对于同时含有指数与对数的导数综合试题，倘若直接对参数分离，不仅过程复杂，而且难度较大，甚至无法分离。如果先实施一系列代数变换（如 $x=\ln e^x$，或 $x=e^{\ln x}$），使得等式或不等式两边结构完全相同，即同构形式：$f[g(x)] \geqslant f[h(x)]$；然后依据结构特征，构建一个可控的函数 $f(x)$；再借助函数 $f(x)$ 的单调性（如单调递增），将复杂问题等价转化为 $g(x) \geqslant h(x)$，并进一步转化为参数 $a \geqslant \varphi(x)$，实现变量 a 分离；最后就可以利用熟悉的函数 $\varphi(x)$ 最值得到 a 的取值范围。如果上述 $g(x) \geqslant h(x)$ 依然难以分离参数 a，我们可以重复上述步骤，将 $g(x) \geqslant h(x)$ 再一次实施同构变换得到 $w[g_1(x)] \geqslant w[h_1(x)]$，再借助函数 $w(x)$ 的单调性（如单调递增），得到 $g_1(x) \geqslant h_1(x)$，并进一步转化为 $a \geqslant \varphi_1(x)$，从而求出 a 的取值范围。我们把这个过程称为同构变换，这个新的函数称为同构函数。这类试题在近年来的高考及各地模拟试题中高频率出现，应该引起高度重视。构建同构函数是一种重要的思想方法，需要仔细观察其外形结构，深入分析其本质内涵，这有利于培养学生敏锐的观察能力、丰富的想象能力、灵活的构造能力和高超的创造能力。

案例 17：对任意 $x>0$，恒有 $a(e^{ax}+1) \geqslant 2\left(x+\dfrac{1}{x}\right)\ln x$，则实数 a 的最小值为（　　）。

A. $\dfrac{1}{e^2}$ B. $\dfrac{2}{e^2}$ C. $\dfrac{1}{e}$ D. $\dfrac{2}{e}$

分析：直接将实数 a 分离，难度较大，于是实施以下同构变换。

$$a(e^{ax}+1) \geq 2\left(x+\dfrac{1}{x}\right)\ln x \Leftrightarrow ax(e^{ax}+1) \geq 2(x^2+1)\ln x$$

$$\Leftrightarrow ax(e^{ax}+1) \geq (x^2+1)\ln x^2 \Leftrightarrow (e^{ax}+1)\ln e^{ax} \geq (x^2+1)\ln x^2。$$

由于上式两边结构相同，于是构建同构函数 $f(t)=(t+1)\ln t$，于是问题等价于

$$f(e^{ax}) \geq f(x^2)。$$

求导可知函数 $f(t)$ 在 $t\in(0,+\infty)$ 上单调递增，至此实现了变量分离，即

$$e^{ax} \geq x^2 \Rightarrow ax \geq 2\ln x \Rightarrow \dfrac{a}{2} \geq \dfrac{\ln x}{x}。$$

显然，$g(x)=\dfrac{\ln x}{x}$ 是熟悉的函数，求导可得该函数的最大值为 $g(e)=\dfrac{1}{e}$，即 $\dfrac{a}{2} \geq \dfrac{1}{e}$，则 $a \geq \dfrac{2}{e}$，因此答案为 D。

案例 18：对任意 $x\in(0,+\infty)$，都有 $k(e^{kx}+1)-\left(1+\dfrac{1}{x}\right)\ln x>0$，则实数 k 的取值范围为 _____。

分析：直接将实数 k 分离，难度较大，于是实施以下同构变换。

$$k(e^{kx}+1)-\left(1+\dfrac{1}{x}\right)\ln x>0 \Leftrightarrow kx(e^{kx}+1)-(x+1)\ln x>0$$

$$\Leftrightarrow (e^{kx}+1)\ln e^{kx} > (x+1)\ln x。$$

由于上式两边结构相同，于是构建同构函数 $f(t)=(t+1)\ln t$，于是问题等价于 $f(e^{kx})>f(x)$。

求导可知函数 $f(t)$ 在 $t\in(0,+\infty)$ 上单调递增，至此实现了变量分离，即

$$e^{kx} \geq x \Rightarrow kx \geq \ln x \Rightarrow k \geq \dfrac{\ln x}{x}。$$

显然，函数 $g(x)=\dfrac{\ln x}{x}$ 是熟悉函数，求导可得该函数的最大值为 $g(e)=\dfrac{1}{e}$，即 $k \geq \dfrac{1}{e}$。

(四)构造法

构造法是一种富有创造性的思维方法,充满着创造的智慧与优美,体现了数学思维的灵活性和创造性。构造法能优化学生思维品质,发展学生的智力,提高学生抽象思维能力、发散思维能力和解题能力,培养学生创新意识,激发学生创新能力。构造法因神奇的构造模型,往往获得新颖、独特、简单的解法,让学生豁然开朗、茅塞顿开。

长方体是最简单、最基本、最熟悉的空间几何体,是空间几何教学的载体,是实施线线、线面、面面平行与垂直的最佳模型。其实,长方体在代数方面也有非常突出的表现,只是很少人善于挖掘其中蕴含的代数素材。善于构造长方体,利用长方体蕴含的代数性质解决问题,能让人享受到数学之美。

性质1:若长方体的体对角线与共点的三条棱所成的角分别为 α,β,γ,则有 $\cos^2\alpha+\cos^2\beta+\cos^2\gamma=1 \Leftrightarrow \sin^2\alpha+\sin^2\beta+\sin^2\gamma=2$。

性质2:若长方体的体对角线与共点的三个面所成的角分别为 α,β,γ,则有 $\cos^2\alpha+\cos^2\beta+\cos^2\gamma=2 \Leftrightarrow \sin^2\alpha+\sin^2\beta+\sin^2\gamma=1$。

案例19:若 $\cos^2\alpha+\cos^2\beta+\cos^2\gamma=1$($\alpha,\beta,\gamma$ 均为锐角)。求证:$\cot^2\alpha+\cot^2\beta+\cot^2\gamma \geq \dfrac{3}{2}$。

分析:构造长、宽、高分别为 a、b、c 的长方体,利用性质1,则有 $\cot^2\alpha+\cot^2\beta+\cot^2\gamma \geq \dfrac{3}{2} \Leftrightarrow \left(\dfrac{a}{\sqrt{b^2+c^2}}\right)^2+\left(\dfrac{b}{\sqrt{c^2+a^2}}\right)^2+\left(\dfrac{c}{\sqrt{a^2+b^2}}\right)^2 \geq \dfrac{3}{2}$

$\Leftrightarrow \dfrac{a^2}{b^2+c^2}+\dfrac{b^2}{c^2+a^2}+\dfrac{c^2}{a^2+b^2} \geq \dfrac{3}{2} \Leftrightarrow \dfrac{2a^2}{b^2+c^2}+\dfrac{2b^2}{c^2+a^2}+\dfrac{2c^2}{a^2+b^2} \geq 3$

$\Leftrightarrow (\dfrac{2a^2}{b^2+c^2}+1)+(\dfrac{2b^2}{c^2+a^2}+1)+(\dfrac{2c^2}{a^2+b^2}+1) \geq 6$

$\Leftrightarrow \dfrac{a^2+b^2}{b^2+c^2}+\dfrac{a^2+c^2}{b^2+c^2}+\dfrac{b^2+c^2}{c^2+a^2}+\dfrac{b^2+a^2}{c^2+a^2}+\dfrac{c^2+a^2}{a^2+b^2}+\dfrac{c^2+b^2}{a^2+b^2} \geq 6$。

上式正是六元基本不等式。有趣的是,把 $\dfrac{a^2}{b^2+c^2}+\dfrac{b^2}{c^2+a^2}+\dfrac{c^2}{a^2+b^2} \geq \dfrac{3}{2}$ 中的 a^2,b^2,c^2 作不同的代换,可以命制出很多新颖的不等式。特别地,把 a^2,b^2,c^2 分别看作 a,b,c,就是第26届国际数学奥林匹克的竞赛题:若 $a,b,c \in \mathbf{R}^+$,则有 $\dfrac{a}{b+c}+\dfrac{b}{c+a}+\dfrac{c}{a+b} \geq \dfrac{3}{2}$。

案例20：若 $x, y, z \in \mathbf{R}^+$，且 $\dfrac{x^2}{1+x^2} + \dfrac{y^2}{1+y^2} + \dfrac{z^2}{1+z^2} = 1$，求证：$xyz \leqslant \dfrac{\sqrt{2}}{4}$。

分析：由外形结构联想三角换元，令 $x=\tan\alpha, y=\tan\beta, z=\tan\gamma$（$\alpha,\beta,\gamma$ 均为锐角），则有

$$\dfrac{x^2}{1+x^2} + \dfrac{y^2}{1+y^2} + \dfrac{z^2}{1+z^2} = 1 \Leftrightarrow \sin^2\alpha + \sin^2\beta + \sin^2\gamma = 1。$$

由此联想到上述性质2，构造长、宽、高分别为 a、b、c 的长方体，则有

$$xyz \leqslant \dfrac{\sqrt{2}}{4} \Leftrightarrow \tan\alpha\tan\beta\tan\gamma \leqslant \dfrac{\sqrt{2}}{4}$$

$$\Leftrightarrow \dfrac{a}{\sqrt{b^2+c^2}} \cdot \dfrac{b}{\sqrt{c^2+a^2}} \cdot \dfrac{c}{\sqrt{a^2+b^2}} \leqslant \dfrac{\sqrt{2}}{4}。$$

显然的，只要对所有分母运用重要不等式：$m^2+n^2 \geqslant 2mn$ 即可。

案例20源自第31届国际数学奥林匹克中国国家集训队试题。原解答过程繁杂，而此处构造长方体获得极其简单的解答，妙不可言。

构造法解决问题的关键就是寻找一个促使问题解决的辅助模型。对于这个辅助模型的寻找，一般来说，没有固定的程序可循，也没有固定的模式套用，更多的是靠对数学问题的透彻理解和对问题本质的认识，需要敏锐的观察力、丰富的联想力、高超的创造力，同时注意到数学中的对称、和谐等美感，从而精心构造辅助模型，尤其关注几何模型。正如法国数学家庞加莱感叹："感觉到数学的美，感觉到数与形的协调，感觉到几何的优雅，这是所有真正的数学家都清楚的真实的美的感觉。"

三 渗透数学思想

数学思想是数学的基本观点，是数学知识在更高层次上的抽象和概括，是开启数学知识宝库的金钥匙，是对数学规律的理性认识，是知识转化为能力的桥梁。在教学中，教师理应时时刻刻渗透数学思想。正如罗增儒教授一针见血地指出："数学概念是数学血肉的细胞，数学思想是数学肌体的灵魂。一个没有血肉、没有灵魂的人，即使穿上华丽的外衣，也只是'僵尸'；同样，没有数学概念做血肉，没有数学思想做灵魂，即使给解题穿上华丽的外衣，也只是'僵尸教学'。"

(一)数形结合思想

数学研究对象是数量关系和空间形式,因此"数"与"形"是事物的两个方面,有着十分密切的联系。正如有人感叹:"数形本是两相依,焉能分作两边飞。数缺形时少直观,形缺数时难入微。切莫忘,几何代数统一体,永远联系莫分离。"数形结合思想就是根据问题的条件和结论之间的内在联系,既要分析其代数意义,又要揭示其几何背景,使数量关系的精确刻画与空间形式的直观形象和谐地融为一体,使抽象思维与形象思维有机结合起来。数形结合的思想是一种极其重要的数学思想,包含"以形助数"和"以数辅形"两个方面,尤其关注"以数辅形"。

案例21:已知$x,y,z \in (0,1)$,求证:$x(1-y)+y(1-z)+z(1-x)<1$。

分析:构造边长为1的正三角形ABC,在边AB,BC,CA上分别取点F,D,E,使得$BF=x,CD=y,AE=z$。显然,$S_{\triangle BDF}+S_{\triangle CDE}+S_{\triangle AEF}<S_{\triangle ABC}$,化简得证。

(二)方程与函数思想

函数思想就是学会用变量和函数的观点并借助函数性质来考虑、研究和解决问题。方程思想就是学会转化已知和未知的关系,从问题的数量关系入手,将问题转化为数学模型(方程或方程与不等式的混合组)。方程与函数思想的最高境界就是善于构造恰当的函数与方程,并利用函数与方程的性质解决问题。

案例22:过双曲线$\frac{x^2}{a^2}-\frac{y^2}{b^2}=1(a>0,b>0)$的右焦点$F(c,0)$的直线交双曲线于点$M,N$,交$y$轴于点$P$,点$M,N$分$\overrightarrow{PF}$所成的比为$\lambda_1$、$\lambda_2$,则$\lambda_1+\lambda_2=\frac{2a^2}{b^2}$。类比这一结论,在椭圆$\frac{x^2}{a^2}+\frac{y^2}{b^2}=1(a>b>0)$中可以得到$\lambda_1+\lambda_2=$ _____。

分析:设过点F的直线为$y=k(x-c)$,代入椭圆方程得到

$(b^2+a^2k^2)x^2-2a^2k^2cx+a^2k^2c^2-a^2b^2=0$。

设$M(x_1,y_1),N(x_2,y_2)$,则

$x_1+x_2=\frac{2a^2k^2c}{b^2+a^2k^2},x_1x_2=\frac{a^2k^2c^2-a^2b^2}{b^2+a^2k^2}$。

过点M,N分别作x轴的垂线,垂足为D,E,则

$$\lambda_1 = -\frac{x_1}{x_1-c}, \lambda_2 = -\frac{x_2}{x_2-c}。$$

$$\Rightarrow \lambda_1 + \lambda_2$$

$$= \frac{2x_1x_2 - c(x_1+x_2)}{x_1x_2 - c(x_1+x_2) + c^2}$$

$$= -\frac{2a^2}{b^2}。$$

案例22源自2002年全国高考试题,此处巧妙地以λ_1、λ_2为两根构造一元二次方程,依据韦达定理解决问题。同时也说明尽管λ_1、λ_2在不断变化,但是$\lambda_1 + \lambda_2$始终为定值,从而诠释了解析几何中一个普遍现象:动中有静,静中有动,动静结合,交相辉映。

(三)化归与转化思想

化归与转化思想,是指在研究或解决数学问题时,借助观察、联想、分析、类比等思维方式,将问题转化为已经解决或者较容易解决的问题,进而使得原来的问题获得解决的一种解题策略。化归与转化思想的核心就是化难为易、化繁为简、化陌生为熟悉。解决数学问题的过程就是不断化归、转化的过程,因此数学处处充满化归与转化思想。值得指出的是,实施化归与转化时应确保每一次化归与转化都是等价的,这是运用化归与转化思想解决问题的一条重要原则。

案例23:求证:对任意实数x, y,恒有$x^2 + y^2 + xy \geq 3(x+y-1)$。

分析1:按x的降幂排列并配方可得

$$x^2 + y^2 + xy - 3(x+y-1) = x^2 + (y-3)x + (y^2 - 3y + 3)$$

$$= \left(x + \frac{y-3}{2}\right)^2 + \frac{3}{4}y^2 - \frac{3}{2}y + \frac{3}{4} = \left(x + \frac{y-3}{2}\right)^2 + \frac{3}{4}(y-1)^2 \geq 0。$$

分析2:同时按x, y的降幂排列可得

$$x^2 + y^2 + xy - 3(x+y-1) = (x^2 - 2x + 1) + (y^2 - 2y + 1) + (xy - x - y + 1)$$

$$= (x-1)^2 + (y-1)^2 + (x-1)(y-1) = \left[(x-1) + \frac{y-1}{2}\right]^2 + \frac{3}{4}(y-1)^2 \geq 0。$$

(四)分类与整合思想

分类与整合思想是以概念的划分、集合的分类为基础的解题思想,体现由

大化小、由整体化为部分、由一般化为特殊的解题方法。其研究方向是"分",但分类解决问题以后,还必须把它们整合在一起,这种方法就是分类与整合思想的解题过程。在解决问题时,要有分类意识,更要科学地分类,其中不重复、不遗漏是分类与整合思想的重要原则。

案例25:珠宝店丢失了一件珍贵珠宝。以下四人只有一人说真话,只有一人偷了珠宝。甲:我没有偷;乙:丙是小偷;丙:丁是小偷;丁:我没有偷。根据以上信息判断,说真话的人是_____,偷珠宝的人是_____。

分析:因为只有一人说真话,而一共四人,人数较少,因此逐个排除,即分类讨论。

假设甲说的是真话,即甲没有偷,由于丙说的是假话,故丁不是小偷;由于丁说的是假话,故丁是小偷,因而得出相互矛盾。假设乙说的是真话,即丙是小偷,但由于丁说的是假话,故丁是小偷,这样出现两个小偷,与题意矛盾。假设丙说的是真话,即丁是小偷,但由于甲说的是假话,故甲是小偷,这样出现两个小偷,与题意矛盾。基于上述分析可知丁是说真话的人,由于甲说的是假话,因此甲是小偷,所以偷珠宝的人是甲。

分类与整合思想在解题中占有重要地位,利用分类与整合思想解题不仅可以加深对数学基础知识和基本技能的理解,而且也有助于培养学生思维的严密性、逻辑性、批判性。

(五)特殊与一般思想

特殊与一般的辩证关系是普遍存在、对立统一的,它们之间的关系是哲学的,也是生活的,更是数学的。由特殊到一般,再由一般到特殊的反复过程就是人们所说的认识世界的基本过程。

案例25:求证:在四面体$ABCD$中必存在某个顶点,使得从它发出的三条棱可以构成一个三角形。

分析:我们选一条最长的棱,不妨设为AB(若最长的棱有数条则任选一条),即构造极端情况。如果从A,B各发出的三条棱可以构成三角形,则问题解决;若不然,则有

$AC+AD\leqslant AB,BC+BD\leqslant BA\Rightarrow(AC+BC)+(AD+BD)\leqslant 2AB$。

这显然是不可能的,因为在$\triangle ABC$及$\triangle ABD$中可得

$AC+BC>AB,AD+BD>AB\Rightarrow(AC+BC)+(AD+BD)>2AB$。

寻找极端位置、极端值是特殊与一般思想的具体体现。其实,案例25是1968年国际数学奥林匹克竞赛试题。上述解答就是当年保加利亚参赛选手给出的绝妙的极端法解答,因此该选手获得了1968年国际数学奥林匹克竞赛特别奖。

(六)有限与无限思想

希尔伯特认为,没有任何问题可以像无穷那样触动人的情感,很少有别的观念能像无穷那样激励理智产生富有成果的思想,然而也没有任何其他的概念能像无穷那样需要加以阐明。有限与无限既有联系又有区别,且相互依存。在一定条件下,有限与无限既能够相互转化又能够相互利用。正是这种相互依存、转化、利用的关系,构成了有限与无限思想的本质内涵。运用有限与无限的数学思想就可以把对无限的研究转化为对有限的研究,这是解决无限问题的必经之路(比如数学归纳法),而积累解决无限问题的经验,将有限问题转化为无限问题来加以解决,这是解决有限问题的方向,其中极限思想是这一思想的具体体现。

案例26:计算:$S = \frac{1}{2} + \frac{1}{2^2} + \frac{1}{2^3} + \cdots + \frac{1}{2^n} = $ _____。

分析:构造边长为1的正方形,其面积$S=1$。将正方形对折后再对折,如此不断反复折下去,每一次对折面积就缩小一半,依次得到

$$S_1 = \frac{1}{2}, S_2 = \frac{1}{2^2}, S_3 = \frac{1}{2^3}, \cdots, S_n = \frac{1}{2^n}。$$

由极限思想得

$$S = S_1 + S_2 + S_3 + \cdots + S_n = \frac{1}{2} + \frac{1}{2^2} + \frac{1}{2^3} + \cdots + \frac{1}{2^n} = 1。$$

构造正方形来解决问题,不仅体现了有限与无限的思想,同时也凸显了数形结合的思想。

(七)或然(偶然)与必然思想

辩证唯物主义认为,客观世界中的任何事物都具有偶然与必然的双重属性。必然性总是要通过大量的偶然性表现出来,偶然性是必然性的表现形式与补充。必然性和偶然性是辩证的统一,二者对立统一,相互转化。正确认识必然性与偶然性的辩证关系对于学习和研究数学有重要的指导意义。必然性是

规律性的主要特征,只有认识必然性才能真正把握规律性,在数学学习与研究活动中,不能抛开偶然性去追求必然性,也不能只停留在观察个别对象的偶然细节。新课改的精神和理念就是要培养学生透过大量的偶然性的表面现象去揭示其中蕴含的必然性规律。由现象认识本质、由个别到一般、由经验上升为理论,这正是或然(偶然)与必然思想的具体体现。

案例27:王军与张兵进行乒乓球决赛,在每局比赛中,王军获胜的概率为$\frac{4}{7}$。您作为王军的教练,王军是选择三局二胜制还是五局三胜制更有把握取胜?

这是一道探究性试题,只要计算王军参加三局二胜制和五局三胜制获胜的概率,取概率较大的赛制即可。

分析1:若王军参加三局二胜制比赛,只要王军获胜2局即可。王军获胜的概率为王军前2局全胜及前2局胜1局且第3局王军胜的概率之和,即

$$P_{(3\to 2)}=\frac{4}{7}\times\frac{4}{7}+\left(C_2^1\times\frac{4}{7}\times\frac{3}{7}\right)\times\frac{4}{7}=\frac{208}{7^3}=\frac{10192}{7^5}。$$

若王军参加五局三胜制比赛,只要王军获胜3局即可。王军获胜的概率为王军前3局全胜与前3局胜2局且第4局胜及前4局胜2局且第5局胜的概率之和,即

$$P_{(5\to 3)}=\left(\frac{4}{7}\right)^3+\left[C_3^2\left(\frac{4}{7}\right)^2\times\frac{3}{7}\right]\times\frac{4}{7}+\left[C_4^2\left(\frac{4}{7}\right)^2\times\left(\frac{3}{7}\right)^2\right]\times\frac{4}{7}=\frac{10624}{7^5}。$$

计算可得,王军选择五局三胜制更有把握取胜。

客观地讲,案例27是一道常见试题,几乎所有老师与学生都是上述解答过程。然而有极少数学生提供了以下解答过程(以下简称分析2)。

分析2:若王军参加三局二胜制比赛,则王军获胜的概率为

$$P_{(3\to 2)}=C_3^2\left(\frac{4}{7}\right)^2\times\frac{3}{7}+C_3^3\left(\frac{4}{7}\right)^3=\frac{208}{7^3}。 \quad ①$$

若王军参加五局三胜制比赛,王军获胜的概率为

$$P_{(5\to 3)}=C_5^3\left(\frac{4}{7}\right)^3\times\left(\frac{3}{7}\right)^2+C_5^4\left(\frac{4}{7}\right)^4\times\left(\frac{3}{7}\right)+C_5^5\left(\frac{4}{7}\right)^5=\frac{10624}{7^5}。 \quad ②$$

从外观上看似乎学生解答不合乎逻辑,因为上述①中出现3局连胜,有这种情形吗?因为前2局连胜,就应该结束比赛;上述②出现5局全胜,这在五局三胜制中是不可能出现的情形。为何结果一样呢?是巧合还是必然?

以三局二胜制为例,不妨记王军第1局、第2局、第3局获胜分别为事件A_1、

A_2、A_3,显然,$\overline{A_1}$、$\overline{A_2}$、$\overline{A_3}$ 分别表示王军第1局、第2局、第3局失利,因此分析1的本质就是事件 A_1A_2,$A_1\overline{A_2}A_3$,$\overline{A_1}A_2A_3$ 的概率之和;分析2的本质就是事件 $A_1A_2\overline{A_3}$,$\overline{A_1}A_2A_3$,$A_1\overline{A_2}A_3$,$A_1A_2A_3$ 的概率之和,依据独立事件的概率公式可得

$$A_1A_2\overline{A_3}+\overline{A_1}A_2A_3+A_1\overline{A_2}A_3+A_1A_2A_3=(A_1A_2\overline{A_3}+A_1A_2A_3)+\overline{A_1}A_2A_3+A_1\overline{A_2}A_3$$
$$=A_1A_2(\overline{A_3}+A_3)+\overline{A_1}A_2A_3+A_1\overline{A_2}A_3=A_1A_2+\overline{A_1}A_2A_3+A_1\overline{A_2}A_3。$$

由此说明分析1与分析2完全等价,且分析2的操作过程更为简单,并得到此类问题的一般规律:甲与乙进行乒乓球比赛,若每局甲获胜概率为 p,在 $2n+1$ 局 $n+1$($n\in \mathbf{N}_+$)胜制的比赛中,甲获胜的概率为 $P_{(2n+1\to n+1)}=C_{2n+1}^{n+1}p^{n+1}(1-p)^n+C_{2n+1}^{n+2}p^{n+2}(1-p)^{n-1}+\cdots+C_{2n+1}^{2n+1}p^{2n+1}$。

从一般到特殊、必然到偶然,往往蕴含着重要的结论和应用;从特殊到一般、偶然到必然,往往预示着重大的突破与发现。数学思想是数学灵魂,它对学生认知结构的发展起着重要作用。正如有学者所言:"数学思想,是数学内容的精髓,是知识转化为能力的桥梁。它使学习者在处理数学问题时又思又想,由思激疑,在思疑中启悟;由想反思,在思辨中省悟;由思导验,在体验中领悟。认识在启悟中升华,思维在省悟中开拓,能力在领悟中形成。数学思想的深刻领悟,是一种高尚的数学享受,是有益心智的精神漫步。"

第二章

提出教学主张

教学主张是基于个人特殊、独有的经历、体验、思考,而形成的对教育教学、课程改革、科研创新的一种坚定的、长期的、个性化的、独特的、稳定的见解、思想、理念,同时又具有一般的、普遍的借鉴意义和价值,借以表达对教育事业、学生情感上的热爱与理智上的自觉追求。教学主张是教育思想、教学理念的具体化,是个性化的教育思想和教学理念,因而教学主张就是教学观。教学主张指向教学、教改、教研等实践活动,是对教学、教改、教研的理性认识与理想追求。教学主张是教师"教育自觉"的关键标志,是教师迈向成熟、走向成功的核心因素。缺乏教学主张,或教学主张不鲜明,或教学主张不坚定,或教学主张含而不露,就算不上真正意义上的成功教师。教学主张是教师成长的基本动力,是教师保持影响力的重要因素,是教师成长道路上的通行证。教学主张既是名师教学风格的内核与品牌,也是教师教学特色的一张名片与标签。教学主张可以是国际公认的教育家思想提炼而成,比如,苏联教育实践家和教育理论家苏霍姆林斯基提出的"培养全面发展的人";誉为现代教育学奠基人的美国哲学家、教育家和心理学家杜威提出的"三中心论:儿童中心、经验中心、活动中心";我国伟大的教育家、思想家陶行知提出的"三大原理:生活即教育、社会即学校、教学做合一"。教学主张也可以是身边的教学名师提出的,比如,只要说起"情境教学",自然就想到李吉林老师;谈到邱学华,第一时间就联想到"尝试教学";提起魏书生,脱口而出"六步教学法"。此外,还有李希贵的"面向个体的教育",张思明老师的"数学课题学习",黄爱华老师的"大问题教学",徐斌老师的"无痕教学"等。

第一节 教学主张产生背景

教学主张既不是凭空臆造,也不是从天而降,而是教师在长期的教学实践中、教育思索中,一点一点地积累、一步一步地总结、一次一次地修改、一遍一遍地完善而提炼出来的。教学主张与国家的方针政策、从事的专业性质、任教的学科特性等密切相关。教学主张就是在解决教育教学中遇到的突出现象、遭遇的长期困惑中提炼出来的认识、举措与追求。比如,北京第二实验小学的华应龙老师针对学生在课堂回答问题中、数学作业中、数学考试中经常性容易出现差错的原因进行深度思考,从而提出"容错—融错—荣错"的"融错教育"教学主张。我的"理性数学"教学主张主要是基于政策背景(比如,新版数学课程标准的颁布)、学科背景(比如,数学学科的特性)、教学背景(比如,数学教材中的章头图、章引言)及问题背景(比如,数学教学中普遍存在不理性现象)等背景下提出的。

一 颁布新版教学课程标准

"课程标准"既是国家课程的基本纲领性文件,又是规定课程性质、目标、内容、实施建议的指导性文件,因此,"课程标准"是国家意志在教育领域的直接体现,承载着国家教育方针与教育思想。"课程标准"是教材编写、教学实施、学业评估和考试命题的依据,是评价管理和评价课程的基础,是国家对基础教育课程的基本规范和质量要求,是教材、教学和评价的出发点与归宿。具体而言,"课程标准"设定了学生在经过一段时间的学习后,在知识与技能、过程与方法、情感态度与价值观等方面应达到的基本要求,这实际上反映了国家对学生学习的期望。

我国中学数学课程标准经历了漫长的摸索、求证过程。1952年,我国颁布的《中学数学教学大纲(草案)》提出了"双基";1978年,我国颁布的《全日制十年制学校中学数学教学大纲(试行草案)》细化了"双基";1981年,我国颁布的《全日制六年制重点中学数学教学大纲(征求意见稿)》进一步细化了"双基";1986年,我国颁布的《全日制中学数学教学大纲》定位了"双基+三大能力";1988年,我国颁布的《九年制义务教育全日制初级中学数学教学大纲(初审稿)》界定了"双基";2001年,我国颁布的《基础教育课程改革纲要(试行)》提出了"三维目标";2003年,我国颁布的《普通高中数学课程标准(实验)》提出了"四基";2017年,我国颁布的《普通高中数学课程标准(2017年版)》预示着以核心素养为主的课程改革拉开序幕;2022年,我国颁布的《义务教育数学课程标准(2022年版)》标志着基础教育课程改革全面步入核心素养时代。

从"双基"到"三维目标",再到"四基",再到"核心素养",这一系列概念均呈现出清晰的传承与发展脉络。基于"四基"的数学教学就是基于数学核心素养的教学实践。相对于传统教学,数学核心素养的提出既不是对传统的全盘否定,也不是另辟蹊径,而是顺应时代潮流,实现教育理念的螺旋式上升。《普通高中数学课程标准(2017年版2020年修订)》是在对2003年版《普通高中数学课程标准(实验)》实施近15年来的已有经验和成功做法的基础上,紧密契合党的十八大、十九大精神,将"立德树人"确立为教育的根本任务,是对原标准在立德树人、核心素养培养方面的一次深刻升华。立德树人的本质就是培养什么人、怎样培养人、为谁培养人,关键在于"树人"。"立德"强调的是人之为人的根本,"树人"强调人才培养目标的全面性,坚持"树人为本,立德为先",欲树人先立德,树人以立德为基础,立德又会促进树人,因此从立德树人视角,立足为党育人、为国育才的目标。《普通高中数学课程标准(2017年版2020年修订)》目标体系可以分为三个层次:培养有"德"之人、有"才"之人、有"思"之人。这一变革标志着我国新一轮课程改革已经进入全面深化阶段。

修订课程标准是深化普通高中数学课程改革的重要环节,直接关系到育人质量的提升。其修订的内容与变化主要体现在明确定位、优化结构、功能清晰、确定学分、强化责任、提出素养、更新内容、研制标准、增强指导等。既然课程标准是一份指导性、纲领性文件,其主体内容包括哪些呢?以《普通高中数学课程标准(2017年版2020年修订)》为例,主要包含课程性质与基本理念、学科核心素养与课程目标、课程结构(设计依据、结构以及学分与选课)、课程内容(必修课程、选择性必修课程以及选修课程)、学业质量(学业质量内涵、学业质量水平以及学业质量水平与考试评价的关系)、实施建议(教学与评价建议、学业水平考试与高考命题建议、教材编写建议以及地方与学校实施课程标准的建议)等。

二 彰显数学学科特性

数学是研究客观世界数量关系和空间形式的一门科学,具有高度的抽象性、严谨的逻辑性、应用的广泛性、内在的辩证性等显著特性。事实上,不少教师在教学中,既没有阐述数学概念的抽象性,也没有诠释数学自身的逻辑性,也没有充分展示数学的应用性,更没有揭示数学知识的辩证性。

第一,高度的抽象性。数学通过数量关系和空间形式来反映客观现实,舍弃了与此无关的其他一切属性,表现出高度抽象的特点。数学学科本身是借助抽象而建立起来的,数学语言的符号化和形式化为学习和交流数学以及探索、发现新的数学问题提供了极大方便。虽然抽象性并非数学所特有,但数学的抽象性表现为多层次、符号化、形式化,这正是数学抽象性区别于其他学科抽象性的特征。数学是抽象的产物,没有抽象就没有数学,因此培养学生的抽象能力就自然成为数学课程的目标,这正是《普通高中数学课程标准(2017年版2020年修订)》将数学抽象作为六大核心素养之一的缘由。

第二,严谨的逻辑性。物理、化学、生物等学科中的结论常常可以借助实验加以检验,而数学的结论是否正确,主要依赖严谨的逻辑论证。数学家陈省身认为:"数学是一门演绎的学问,从一组公设,经过逻辑的推理,获得结论。"数学中的公理化方法实质上就是逻辑方法在数学中的直接应用。在数学公理系统中,命题都是由严谨的逻辑性联系起来的。从不加定义而直接采用的原始概念(比如,集合、平面等),通过逻辑定义的策略逐步建立起其他派生概念;由不加证明而直接采用作为前提的公理(比如,不在同一直线上的三点可以确定一个平面)出发,借助逻辑化演绎推理得出进一步的结论,即定理。这一过程将所有概念和定理组成一个具有内在逻辑联系的整体,从而构成了公理系统。解决数学问题理应有理有据,要经过严谨的逻辑推理和论证来寻求答案。如果说运算是数学的"童子功",那么推理则是数学的"命根子",因此提升学生的推理论证能力是数学课程关键目标之一,这也是《普通高中数学课程标准(2017年版2020年修订)》将逻辑推理作为六大核心素养之一的依据。

第三,应用的广泛性。马克思指出:"一种科学只有成功地运用数学的时候,才能达到真正完善的地步。"数学思维渗透在社会和生活的每一个角落,时时刻刻影响着人们的行为和思维模式,每个人都在有意无意地运用数学思维。数学属于最基础、最根本的学科之一,是自然科学之母,自然科学中的一切学科都要用到数学知识。随着现代科技的迅猛发展,数学更加紧密地渗透到其他学科,正如我国数学家华罗庚感叹:"宇宙之大,粒子之微,火箭之速,化工之巧,地球之变,生物之谜,日用之繁,无处不用数学。"在每门科学的研究过程中,定性研究最终要化归为定量研究来揭示它的本质,而数学恰好解决了每门科学在纯粹的量的方面的问题。因此,每门科学的定量研究都离不开数学这一必要而强大的工具。难怪克莱因感叹:"音乐能激发或抚慰情怀,绘画使人赏心悦目,诗歌能动人心弦,哲学使人获得智慧,科学可改善物质生活,但数学能给予以上的一切。"

第四,内在的辩证性。数学蕴含着丰富的唯物辩证法思想,揭示了辩证唯物主义的基本原理。数学的产生和自身的发展诠释了唯物主义观点。数学内容充满相互联系、运动变化、对立统一、量变到质变等辩证法的基本规律。比如,多与少、大与小、正数与负数、常量与变量、方程与不等式、必然与随机、近似与精确、收敛与发散、有限与无限等,它们都互为存在的前提,失去一方,另一方将不复存在,而且在一定条件下可以相互转化。数学思想也处处彰显辩证性。比如,数学中的极限思维就是为了研究和解决数学中"直与曲""有限与无限""均匀与非均匀"等矛盾问题而产生的,决定了极限方法的辩证性。另外,数学的发展过程也充满了唯物辩证性。比如,三次数学危机的产生和解决过程,就给了我们深刻的启示。在数学教学中,充分揭示蕴含在数学中的辩证法内容,是进行辩证唯物主义教育,使学生形成正确的数学观、树立正确的世界观、价值观和人生观的重要途径。

三 落实章头图、章引言

普通高中数学教材在每一章的开始都配有丰富多彩的章头图和言简意赅的章引言,彰显了数学学科图形和文字等特色。其实,章头图、章引言正是考量一位教师对整章概念、思想、方法、知识的把控能力。章头图、章引言对本章的核心概念、重要知识、学习内容起着提纲挈领、画龙点睛的作用。章头图、章引言要么叙述本章内容产生的背景,要么指导本章学习的方法策略,要么渗透本章知识学习过程中涉及的数学思想方法,要么介绍本章知识的应用材料,要么交代本章主要内容与结构,要么警示本章的重点、难点等。遗憾的是,大部分教师没有对此引起足够的重视,不少教师甚至对其视而不见,觉得章头图就是一幅普通图形,章引言只是一段开场白而已。

如果我们把数学教材中的每一章看作一篇数学文章,那么章头图与章引言分别就是这篇文章的标题与摘要,从这个意义上说,章头图就是整章知识的指南,章引言则是整章内容的精华。教授每一章之前,教师应引领学生观察章头图、阅读章引言,帮助学生了解本章知识背景、学习内容以及本章在整套教材中所处地位和作用。同时,教师还要充分挖掘和利用章头图、章引言的功能,优化学生认知结构,构建整体框架,抓住本章重点、难点,把握核心数学概念,激发学生学习本章的兴趣。

另外,章头图、章引言与本章起始课紧密相连,对后续内容的学习具有"先行组织者"的功能。正如浙江省台州市教育教学研究院李昌官老师认为:"单元起始课教学的功能与价值首先在于为本单元学习提供'先行组织者',是为本单元后续学习确定目标、设计路线、明确方法、提供动力。"[1]然而,在实际课堂教学中,忽视甚至无视章头图、章引言与起始课关联的现象比比皆是。教师往往未能明确阐述学习这一章的目的,从而导致本章与前后章节及知识间的割裂。

以"三角函数"为例。"新课标人教A版"《普通高中教科书 数学 必修第一册》第五章"三角函数"的章头图是一幅天体运动的图形。教材特意配置月亮围绕地球运转图形,旨在直观展现这一典型的"周而复始"现象,该现象贴近学生的日常经验。教师对照章头图,解释"朔(新月)→蛾眉月→上弦月→凸月→望(满月)→凸月→下弦月→蛾眉月→朔(新月)"这一完整周期,不仅能让学生真切地体会"周而复始""循环往复",还巧妙地将地理学、天文学等多学科知识进行了融合。教材借助章头图揭示了三角学的起源、发展与天文学之间不可分割的紧密联系。

"新课标人教A版"《普通高中教科书 数学 必修第一册》第五章"三角函数"的章引言指出:"现实世界中的许多运动、变化都有着循环往复、周而复始的规律,这种变化规律称为周期性。例如,地球自转引起的昼夜交替变化和公转引起的四季交替变化,月亮圆缺,潮汐变化,物体做匀速圆周运动时的位置变化,物体做简谐运动时的位移变化,交变电流变化等,这些现象都可以用三角函

---

[1] 李昌官.素养为本的高中数学单元起始课教学——兼谈"平面向量及其应用"单元起始课教学[J].中学数学教学参考(上旬),2020(7):21.

数刻画。"章引言还指出:"前面我们学习了函数的一般概念,并研究了指数函数、对数函数等,知道了函数的研究内容、过程和方法,以及如何用某类函数刻画相应现实问题的变化规律。本章我们将利用这些经验,学习刻画周期性变化规律的三角函数。"章引言进一步指出:"三角函数是怎样的函数？它具有哪些性质？如何利用三角函数模型刻画各种周期性变化现象？本章我们就来研究这些问题。"

章引言的第一段用学生熟悉的变化现象总体概述周期变化规律,提升学生学习三角函数的兴趣。第二段概括说明三角函数如同指数函数、对数函数,都是刻画客观世界变化规律的模型,教师在教学过程中可以类比指数函数、对数函数的研究内容、过程和方法来研究三角函数相关性质。同时指出三角函数既具有一般函数特征,又是一类特殊的函数,激发学生构建新的函数模型来刻画周期性变化规律的欲望。第三段提出本章要研究的问题,通过学习章引言,使学生对三角函数的内容、结构、研究过程与方法等有一个初步的整体认识,为后续学习三角函数奠定坚实的基础。

四 关注教学中的非理性

俗话说得好,有理走遍天下,无理寸步难行。数学是一门严谨的推理学科,讲理、认理、明理应该是数学教学的基本原则。遗憾的是,目前数学教学尤其是普通高中数学教育教学中普遍存在不少非理性现象,比如,随意处置教材、任意创设情境、无效探究教学,以及逻辑知识传授的缺失、史学求证意识的匮乏等。

第一,随意处置教材成为普遍现象。有的教师认为教材内容过于简单,盲目加深难度,导致学生苦不堪言,产生厌学情绪,甚至放弃学习数学。有的教师随意调换教材内容授课顺序。比如,先讲授《普通高中教科书 数学 选择性必修 第一册》的"空间向量与立体几何",再讲授《普通高中教科书 数学 必修 第二册》的"立体几何初步",甚至要求学生对于空间几何问题统一用建立空间直角坐标系的方式解决,这导致学生没有空间想象能力甚至基本没有空间感;再如,将《普通高中教科书 数学 选修性必修 第三册》的"计数原理"提前到《普通高中教科书 数学 必修 第二册》的"概率"前面去学习,这与"概率"教学的出发点、最终目标背道而驰。更有教师本末倒置,将教辅资料当教材主体、教材主体当教辅资料,认为教材可有可无,甚至完全脱离教材,这一现象愈演愈烈,严重削弱了教材本该具有的重要作用。

第二,任意创设情境营造轰动效果。数学高度抽象,因此创设恰当、必要的情境来辅助教学值得提倡。一个好的问题情境引入往往使学生心灵产生共鸣、思维产生共振,使学生体会到茅塞顿开、豁然开朗、怦然心动、妙不可言的感觉,从而使课堂充满生机勃勃的生命活力。然而,单纯追求情境本身或刻意营造轰动效果,忽视与数学本质联系的情境便失去了其应有的价值。比如,在教授"数学归纳法"时,若放弃教材推荐的多米诺骨牌游戏而反复展示高速公路上几十辆高速行驶的轿车连环剧烈碰撞的惨烈场景,就与数学归纳法的核心思想相去甚远,实属本末倒置。

第三,无效探究教学失去实际价值。数学概念的形成有一个漫长的过程,主张步步为营、层层推进的探究式教学,但并非所有的数学概念都要探究,更不是处处都探究、课课搞探究,时时讲探究,满教室都是一片探究声,似乎不探究就不算数学课堂。比如,在讲授虚数i的引入时,不少教师装模作样让学生探究,就是典型的无效探究。要知道一代又一代数学家经历漫长的探索才提出虚数i,学生怎么可能短短几分钟就能探究出虚数呢?令人啼笑皆非的是居然绝大部分学生能够"探究"出来!这种故弄玄虚,毫无意义地无效"探究"是对"探究式"教学的歪曲。

第四,逻辑知识传授的缺失导致思维混淆。逻辑是指思维的规律,数学逻辑用语是数学语言的重要组成部分,既是数学表达和交流的工具,也是日常学习和生活中必不可少的工具,正确使用逻辑用语是每一位学生应具备的基本素养。严谨的逻辑可以使学生正确理解数学概念、合理论证数学结论、准确表达数学内容,这就是新课标下新教材特意将"常用逻辑用语"这一知识模块提前到《普通高中教科书 数学 必修 第一册》第一章"集合与常用逻辑用语"的原因。集合是一种语言,集合知识是现代数学的基础。很多教师认为只有两个集合含有公共元素时才可以求交集,这是将集合间的关系和集合的运算混为一谈。不少教师在复习集合概念时,笼统地列出全集、子集、真子集、并集、交集、补集,这是缺少逻辑思维的结果。事实上,"集合"这一节有两个概念需要辨析,即集合间的关系、集合的基本运算,其中"全集""子集""真子集"是指集合间基本的关系,而"并集""交集""补集"则涉及集合的基本运算,是指运算的结果。

第五，史学求证意识的匮乏导致教学陷入误区。克莱因指出，数学史是数学教学的指南。如果不了解数学史，片面地认为数学就是单纯的知识与技能的简单堆砌，数学教学将失去意义。以三角学为例。不少网络上刊载的文章，甚至一些正规教辅资料都认为"任意角三角函数"是"锐角三角函数"的类比、推广，或者按照"锐角三角函数"教学模式来开展"任意角三角函数"教学，这是不了解三角学发展史，也没有领悟编写者的意图，更没有理解教材本质而导致的教学误区。最初的三角学内容总是依附于天文学理论之中。这不仅是因为天文观测、海洋航行、历法推算及宗教活动等实践的需要，也缘于宇宙奥秘对人类的巨大吸引力，这种诱人的"量天学问"催化了三角学的启蒙与发展。德国数学家雷格蒙塔努斯于1464年完成的《论各种三角形》是欧洲第一部独立于天文学的三角学著作，标志着三角学从天文学中独立出来。法国数学家韦达所做的平面三角与球面三角系统化工作，使得三角学得到进一步发展，对近代三角学的诞生起着极大的推进作用。瑞士数学家欧拉撰写的《无穷分析引论》是一部划时代的著作，标志着近代三角学的开始，宣告了三角学从原先静态研究的解三角形中脱离出来，演绎成为反映现实世界中周期运动变化的一门具有现代数学特征的学科。从三角学发展历史不难看出，任意角三角函数与锐角三角函数的确存在一定的渊源关系，在某种意义上可以把任意角三角函数看作锐角三角函数的进一步发展，但必须承认的是它们最原始的研究出发点确实是不同的。锐角三角函数是研究边、角等几何量之间关系而发展起来的，是解决三角形（尤其直角三角形）的工具，而任意角三角函数则是最本质、最经典的周期函数，是为了研究周期现象而构建起来的，是研究现实世界中周期变化现象最典型的函数模型。因此既不能把任意角三角函数看作锐角三角函数的简单推广，也不能把锐角三角函数看成任意角三角函数在锐角范围内的限制。基于三角函数是一类特殊的周期函数，因此三角函数的定义应该采用单位圆定义法而不是终边定义法。

当然，数学教学中还存在很多不合理、不讲理甚至毫无道理的现象。针对这些不理性现象，有学者一针见血地指出，以逻辑性著称的数学学科，本应最受学生欢迎，遗憾的是教师把原本最讲道理的数学搞成了"不讲理的学问"，使原本容易学的学科变成了令人惧怕、生厌的学科。正是因为数学教育教学中普遍存在不少非理性现象，才促使我提出"理性数学"教学主张，这也是我数十年数学教育教学中所追求的目标。

第二节 深度"对话"教材

教材是人类获得完整、系统、准确知识的载体,是教师教学的蓝本依据,也是学生研习的规范文本。教材与国家的基本教育制度紧密相连,承载着国家的教育思想和理念。教材是连接课程方案与教学实践的桥梁枢纽,是课程标准的具体体现与落实,是课程目标和教学内容的具体体现。教材凝聚着顶尖专家、一流学者及名家大师的集体智慧,教材是历经多方论证、去粗存精、反复斟酌、高度浓缩的精品,其科学性、合理性、严谨性、权威性是不言而喻的。因此,深度研究教材是进行教学设计、落实课程理念、达成教学目标、培养学科素质的基石。

教材是重要的课程资源,对教材的理解、钻研、开发是摆在教师面前紧迫而重要的课题。将电影《一代宗师》中经典台词"见自己、见天地、见众生"迁移到教学,就是教学中经历"教什么、怎样教、为何教"等三个阶段。"教什么"即为"见教材",这是课程观的体现;"怎样教"即为"见自己",这就是教师观;"为何教"即为"见学生",此乃学生观的彰显,正如任勇先生指出,教学中,要有教材,要信教材,但不唯教材,要活用教材,吃透教材,激活教材,改组教材,拓展教材。钻入教材是基础与前提,跳出教材是拓展和深化。钻入教材重在理解,跳出教材贵在应用,不断提高教材附加值,才能针对性地选择最佳教学策略,实现由"教教材"向"用教材教"的转变,引领学生从教材中吸取更多营养,使课堂真正走向高效魅力课堂。

数学教材是数学知识的精华与浓缩,往往言简意赅,有些过程未加以说明,常常会导致学生学习产生障碍,因此,教师要充当教材与学生之间的协调员,对教材所呈现的思维链进行加密和拓展,合理设置阶梯,给学生思维搭桥,实现学术形态向教育形态的转化,让学生知其然,更知其所以然,使教材变得丰满和易于接受。教材只是提供了基本的教学素材,并非教学内容的全部,要想取得理想的教学效果,教师要树立"用好教材,超越教材"的理念。教师不仅要忠实于教材,更要充分发挥主观能动性,创造性使用教材,充分挖掘教材的潜在价值。与教材深度"对话"是追求魅力课堂教学的前提,是实现"教教材"到"用教材教"

的基石。数学是讲理的,数学需要讲理,数学必须讲理,讲理就从天天接触的教材开始。

一、分析经典例题

教材中的例题都是经过精挑细选,具有典型性、代表性、启发性、拓展性。例题教学占有相当重要的位置,教好例题,特别是教好教材例题,不仅能加深学生对数学概念、公式、定理的理解,而且对培养学生发现问题、解决问题的能力以及抽象思维能力具有独特的功效。一般来说,对教材例题的分析,要么横向分析(即分析例题的多种解法),要么纵向分析(即涉及知识点、数学思想及方法),要么变式分析(即变式教学,也就是改变例题中的某些条件或者结论,使之成为一个新的命题)。

案例28:已知 $a,b,m \in \mathbf{R}^+$,且 $a<b$,求证: $\dfrac{a+m}{b+m}>\dfrac{a}{b}$。

这是教材中的一道经典例题,已经有二十多种证明方法。这个不等式中隐含着这样的生活常识:往一杯糖水中再加入一些糖,在保证溶解的前提下,糖水越来越甜,因此数学人形象地称之为"糖水不等式"。有趣的是,在建筑上,工程师称之为"明亮不等式",因为同时增加窗户与客厅面积,客厅光线越来越好;还有人称之为"芭蕾舞不等式",源于芭蕾舞演员踮起脚尖,这样肚脐到地面的距离与头顶到地面距离之比越来越大,演员在舞台上表演的舞姿更美。这个例题看似简单,实则功能强大,尤其在处理一些高难度数学问题时更加凸显其威力。

一个例题,特别是一个范例,如果停留在多解、多证,那么充其量只不过解决了一个问题。例题教学应该适当地、适时地进行深层的探索,挖掘出更深刻的结论,这就是例题教学中的变式教学。变式是一种探索问题的方法,能激发学生学习数学的兴趣,提升教师自身专业素养。其实,这个例题还有很多有趣、有用的变式。

变式1:若 $a,b,m \in \mathbf{R}^+$,且 $a>b$,则 $\dfrac{a+m}{b+m}<\dfrac{a}{b}$。

变式2:若 $a,b,m \in \mathbf{R}^+$,且 $a<b$,则 $\dfrac{b+m}{a+m}<\dfrac{b}{a}$。

变式3:若 $a,b,m \in \mathbf{R}^+$,且 $m<a<b$,则 $\dfrac{a-m}{b-m}<\dfrac{a}{b}$。

结合变式1,变式2,变式3可得以下变式。

变式4:若$a,b,m\in\mathbf{R}^+$,且$m<a<b$,则$\dfrac{a-m}{b-m}<\dfrac{a}{b}<\dfrac{a+m}{b+m}$。

变式5:若$a,b,m,n\in\mathbf{R}^+$,且$a<b,n<m$,则$\dfrac{a+n}{b+n}<\dfrac{a+m}{b+m}$。

变式6:若$a,b,m,n\in\mathbf{R}^+$,且$a>b,n<m$,则$\dfrac{a+n}{b+n}>\dfrac{a+m}{b+m}$。

只要作差就可以证明上述6种变式。联想到等比定理,还可以得到变式7。

变式7:若$a_1,a_2,b_1,b_2\in\mathbf{R}^+$,且$\dfrac{a_1}{b_1}<\dfrac{a_2}{b_2}$,则$\dfrac{a_1}{b_1}<\dfrac{a_1+a_2}{b_1+b_2}<\dfrac{a_2}{b_2}$。

运用推广的手法,猜想得到变式8。

变式8:若$a_i,b_i\in\mathbf{R}^+(i=1,2,3,\cdots,n)$,且$\dfrac{a_1}{b_1}<\dfrac{a_2}{b_2}<\dfrac{a_3}{b_3}<\cdots<\dfrac{a_n}{b_n}$,则$\dfrac{a_1}{b_1}<\dfrac{a_1+a_2+\cdots+a_n}{b_1+b_2+\cdots+b_n}<\dfrac{a_n}{b_n}$。

分析:设$\dfrac{a_1}{b_1}=k$,则

$a_2>kb_2,a_3>kb_3,\cdots,a_n>kb_n$

$\Rightarrow a_1+a_2+\cdots+a_n>k(b_1+b_2+\cdots+b_n)$

$\Rightarrow \dfrac{a_1}{b_1}=k<\dfrac{a_1+a_2+\cdots+a_n}{b_1+b_2+\cdots+b_n}$。

对于右端不等式也可以进行类似证明。

进一步探索、证明得到以下变式。

变式9:若$a_i,b_i\in\mathbf{R}^+(i=1,2,3,\cdots,n)$,且$\dfrac{a_1}{b_1}<\dfrac{a_2}{b_2}<\dfrac{a_3}{b_3}<\cdots<\dfrac{a_n}{b_n}$,则$\dfrac{a_1}{b_1}<\dfrac{a_1+a_2}{b_1+b_2}<\cdots<\dfrac{a_1+a_2+\cdots+a_n}{b_1+b_2+\cdots+b_n}<\dfrac{a_2+\cdots+a_n}{b_2+\cdots+b_n}<\dfrac{a_{n-1}+a_n}{b_{n-1}+b_n}<\dfrac{a_n}{b_n}$。

变式10:若$a,b,m\in\mathbf{R}^+$,且$a<b$,则$\dfrac{a}{b}<\dfrac{2a+m}{2b+m}<\dfrac{a+m}{b+m}$。

进一步推广得到变式11。

变式11:若$a,b,m\in\mathbf{R}^+,k>1$,且$a<b$,则$\dfrac{a}{b}<\dfrac{ka+m}{kb+m}<\dfrac{a+m}{b+m}$。

进一步还可以得到变式12。

变式12:若$a_i,b_i\in\mathbf{R}^+(i=1,2)$,且$\dfrac{a_1}{b_1}<\dfrac{a_2}{b_2}<1$,对任意$c_i\in\mathbf{R}^+$,则$\dfrac{a_1}{b_1}<\dfrac{a_1c_1+a_2c_2}{b_1c_1+b_2c_2}<\dfrac{a_2}{b_2}$。

进一步推广得到变式13。

变式13：若 $a_i, b_i \in \mathbf{R}^+ (i=1,2,3,\cdots,n)$，且 $\dfrac{a_1}{b_1}<\dfrac{a_2}{b_2}<\dfrac{a_3}{b_3}<\cdots<\dfrac{a_n}{b_n}<1$，对任意 $c_i \in \mathbf{R}^+$，则 $\dfrac{a_1}{b_1}<\dfrac{a_1c_1+a_2c_2+\cdots+a_nc_n}{b_1c_1+b_2c_2+\cdots+b_nc_n}<\dfrac{a_n}{b_n}$。

对于上述变式12及变式13，只要作差就可以给予证明。

由上述变式13进一步可得变式14。

变式14：设有限分数集合 $S=\left\{\dfrac{a_1}{b_1},\dfrac{a_2}{b_2},\dfrac{a_3}{b_3},\cdots,\dfrac{a_n}{b_n}\right\}\left(\dfrac{a_i}{b_i}>0, i=1,2,3,\cdots,n\right)$，则 $S_{\min}\leqslant\dfrac{a_1+a_2+a_3+\cdots+a_n}{b_1+b_2+b_3+\cdots+b_n}\leqslant S_{\max}$（当且仅当 $\dfrac{a_1}{b_1}=\dfrac{a_2}{b_2}=\cdots=\dfrac{a_n}{b_n}$ 等号成立）。

若从幂的角度来研究，还可以得到变式15。

变式15：设 $a>1$，且 $b, t, s \in R^+$，则 $\dfrac{a^t+b}{a^{t+s}+b}>\dfrac{a^{t+s}+b}{a^{t+2s}+b}$。

分析：逆用上述变式1可得

$$\dfrac{a^t+b}{a^{t+s}+b}=\dfrac{a^{t+s}+a^s b}{a^{t+2s}+a^s b}=\dfrac{(a^{t+s}+b)+(a^s-1)b}{(a^{t+2s}+b)+(a^s-1)b}>\dfrac{a^{t+s}+b}{a^{t+2s}+b}$$。

若从数论的视角来探索，还可以进一步得到以下变式。

变式16：若 $\dfrac{a_1}{b_1}, \dfrac{a_2}{b_2}$ 为最简真分数，且 $a_2b_1-a_1b_2=1$，则满足 $\dfrac{a_1}{b_1}<\dfrac{k}{n}<\dfrac{a_2}{b_2}$ 的最小正整数为 $n=b_1+b_2, k=a_1+a_2$。

分析：由已知条件 $\dfrac{a_1}{b_1}<\dfrac{k}{n}<\dfrac{a_2}{b_2}$ 可得 $b_1k>a_1n, a_2n>b_2k$。

故必然存在两个正整数 λ, μ 使得

$$\begin{cases} b_1k-a_1n=\lambda, \\ a_2n-b_2k=\mu \end{cases} \Rightarrow \begin{cases} n=\dfrac{b_1\mu+b_2\lambda}{a_2b_1-a_1b_2}=b_1\mu+b_2\lambda, \\ k=\dfrac{a_1\mu+a_2\lambda}{a_2b_1-a_1b_2}=a_1\mu+a_2\lambda \end{cases}$$。

当 λ 与 μ 都同时取最小正整数1时，n 与 k 也同时取得最小值，即 $n=b_1+b_2, k=a_1+a_2$。

变式17：若 $\dfrac{a_1}{b_1}, \dfrac{a_2}{b_2}$ 为最简真分数，且 $a_2b_1-a_1b_2=1$，则满足 $\dfrac{a_1}{b_1}<\dfrac{k}{n}<\dfrac{a_2}{b_2}$ 有唯一的正整数 k 使得 n 取得最大值时，必有 $n=2b_1b_2, k=a_1b_2+a_2b_1$。

分析：利用变式16证明过程得到结论为

$$\begin{cases} n=\dfrac{b_1\mu+b_2\lambda}{a_2b_1-a_1b_2}=b_1\mu+b_2\lambda, \\ k=\dfrac{a_1\mu+a_2\lambda}{a_2b_1-a_1b_2}=a_1\mu+a_2\lambda_\circ \end{cases}$$ ①

上式代入已知条件,并加以适当变形为

$$\dfrac{a_1}{b_1}=\dfrac{2a_1b_2}{2b_1b_2}<\dfrac{a_1\mu+a_2\lambda}{b_1\mu+b_2\lambda}<\dfrac{2a_2b_1}{2b_1b_2}=\dfrac{a_2}{b_2}\circ$$

此时,为了使k取得唯一的值,则有

$$k=a_1\mu+a_2\lambda=2a_1b_2+1=2a_2b_1-1_\circ$$

将$a_2b_1=a_1b_2+1$代入上式得到

$$k=2a_1b_2+1=a_1b_2+(a_1b_2+1)=a_1b_2+a_2b_{1\circ}$$

即取$\mu=b_2$,$\lambda=b_1$,并代入①得到

$$n=b_1\mu+b_2\lambda=2b_1b_{2\circ}$$

当n再增大时,k就不是唯一,故此时的n就是最大值。

变式18:若$\dfrac{a_1}{b_1}$,$\dfrac{a_2}{b_2}$为最简真分数,且$a_2b_1-a_1b_2=1$,则满足$\dfrac{a_1}{b_1}<\dfrac{k}{n}<\dfrac{a_2}{b_2}$有唯一的正整数$n$使得$k$取得最大值时,必有$n=a_1b_2+a_2b_1$,$k=2a_1a_{2\circ}$

二 拓展典型习题

数学概念的内涵与本质往往蕴含在教材的习题中,这一点尤其应该引起教师的高度关注。重视概念、追求本质的前提是研究教材、理解教材。钻研教材的角度之一就是挖掘与再利用教材习题的潜在功能。挖掘教材习题功能一般包括习题的多种解法与应用;条件和结论互换,命题是否成立;加强与弱化命题的条件和结论,能否得到正确的命题;能否进一步推广、引申、拓展;能否改变成其他命题;能否联想、类比其他知识模块,使之具有发散功能;等等。

案例29:观察等式:$\sin^2 30°+\cos^2 60°+\sin 30°\cos 60°=\dfrac{3}{4}$,$\sin^2 20°+\cos^2 50°+\sin 20°\cos 50°=\dfrac{3}{4}$,$\sin^2 15°+\cos^2 45°+\sin 15°\cos 45°=\dfrac{3}{4}$。分析各式共同点,写出能反映一般规律的等式,并对等式的正确性给予证明。

分析1:通过观察可以得到一般规律:

$$\sin^2\alpha + \cos^2\beta + \sin\alpha\cos\beta = \frac{3}{4}\left(\beta - \alpha = 2k\pi + \frac{\pi}{6}, k \in \mathbf{Z}\right).$$

借助半角公式、积化和差公式都可以证明上述结论。

分析2：分析1的结论还可以通过构造对偶式证明。

设 $M = \sin^2\alpha + \cos^2\beta + \sin\alpha\cos\beta$，$N = \cos^2\alpha + \sin^2\beta + \cos\alpha\sin\beta$，则

$M + N = 2 + \sin(\alpha+\beta)$，$M - N = \cos 2\beta - \cos 2\alpha + \sin(\alpha-\beta) = -\sin(\alpha+\beta) - \frac{1}{2}$

$\Rightarrow 2M = \frac{3}{2} \Rightarrow M = \frac{3}{4}$。

事实上，三角函数中处处充满对偶式。比如，两角和与差的正弦（余弦、正切）公式及和差化积公式、积化和差公式等。

从文学角度来说，对偶是指字数相同、句法相似的两句成双作对排列的一种修辞手法。运用类比的方法，在解决数学问题时，往往根据题中所给条件（等式、不等式）的结构特征，构造一个（或几个）与之地位（作用、功能、性质等）完全相同（相似）、彼此之间存在内在的关联的式子称为对偶式。有效利用对偶式的特征，充分发挥它们之间的协同作用（如加、减、乘、除等运算），寻找衔接点，架设解题通道，从而使问题获得巧妙、快捷解决。

教材是根本，是根据课程标准编写而成，是供教师和学生研习的重要材料，是最经典的、最标准的、最权威的示范性文本，是许多专家、学者等权威人士长期积累的精华。因此，教师要钻研教材、吃透教材、整合教材、发散教材，充分发挥教材中习题的示范性、典型性、拓展性、探究性功能。同时，教师还要重视课本，紧扣教材，深思熟虑教材中给出的每一个习题，挖掘其中所蕴含的数学思想、数学方法并加以应用。

三　研究重要公式

数学之"理"凸显在深化数学原理与公式，还原数学本质与本源。高斯指出，数学中的一些美丽定理和公式具有这样的特性：它们极易从事实中归纳出来，但证明却隐藏得极深。教材中的公式、定理教学考验了一名教师的专业功力与素养，彰显了一名教师的教学风格与理念。

案例30：在等差数列 $\{a_n\}$ 中，S_n 为其前 n 项的和，求证：$S_n = na_1 + \frac{n(n-1)}{2}d$。

证法:$S_n = a_1 + a_2 + a_3 + \cdots + a_{n-2} + a_{n-1} + a_n$,$S_n = a_n + a_{n-1} + a_{n-2} + \cdots + a_3 + a_2 + a_1$

$\Rightarrow 2S_n = (a_1 + a_n) + (a_2 + a_{n-1}) + \cdots + (a_{n-1} + a_2) + (a_n + a_1)$

$\Rightarrow 2S_n = (a_1 + a_n)n$

$\Rightarrow S_n = \dfrac{n(a_1 + a_n)}{2}$。 ①

根据等差数列通项公式 $a_n = a_1 + (n-1)d$ 可得

$S_n = na_1 + \dfrac{n(n-1)}{2}d$。 ②

数学公式关键在于辨析。上述公式①与②本质上一致,都是等差数列的前 n 项求和公式。其中,公式①主要适用于已知 a_1 与 a_n 的数列;公式②适用于已知 a_1 与 d 的数列。如果教学到此结束,那么应该说完成了片段教学基本任务,但仅仅只是照本宣科式地教"教材",远远没有达到"用教材教"的层次。对于公式教学,还要进行变式公式教学。上述公式①与②都需要已知首项 a_1,如果没有首项 a_1 呢?联想到等差数列性质,我们可以将上述公式①拓展为:

$S_n = \dfrac{n(a_1 + a_n)}{2} = \dfrac{n(a_2 + a_{n-1})}{2} = \cdots = \dfrac{n(a_k + a_{n-k+1})}{2}$。 ③

上述公式③意味等差数列的求和未必需要首项。在条件许可的前提下,已知任何项都可以实施求和,这正是数学计算与数学运算的本质区别。数学是研究客观世界数量关系和空间图形的一门科学,因此数学公式往往可以从数与形的视角来完善公式。

事实上,上述公式①类似于梯形的面积公式,据此构造上底为 a_1,下底为 a_n 的等腰梯形,此时求等差数列的前 n 项和,其中的 n 相当于梯形的高。既然可以将抽象的代数转化为直观的图形,那么我们可以进一步将几何图形还原为更加具体的实物(情境化),即将梯形的第一层摆放 a_1 支铅笔,第二层摆放 a_2 支铅笔,…,第 n 层摆放 a_n 支铅笔。由于每一层铅笔数目相差 d 支铅笔(假设这些字母都是正整数,且代数式有意义),则数列求和相当于所有铅笔的数量。(如图2-1)

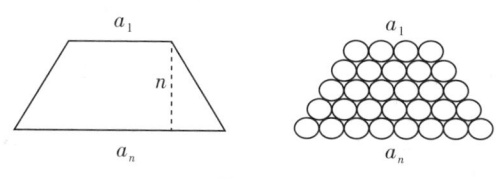

图2-1

再来研究公式①。公式①中的分母2,从代数视角是由于倒序求和,这个2源于"算二次"原理,即富比尼原理。换句话说,我们也可以再构造一个全等的梯形,并将一个梯形顺放、一个梯形倒过来放,从而构成平行四边形,这里的倒过来摆放,正是上述"倒序求和"中"倒"字的由来,原来"倒"不仅仅是指把数据倒过来,还可以将图形倒过来摆放。(如图2-2)

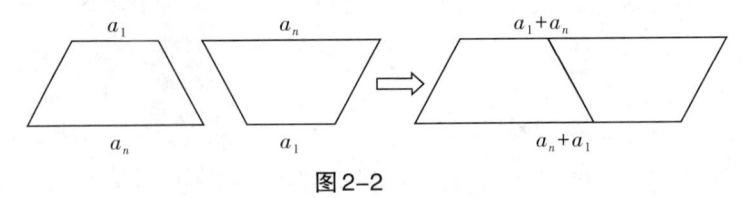

图2-2

类似于上述研究公式①,我们也可以这样来研究公式②。从公式②外形结构来看,分为两部分之和,即 na_1 与 $\dfrac{n(n-1)}{2}d$ 之和,这又意味着什么呢?前面已经探究了等差数列求和相当于一个等腰梯形,因此,我们可以这样将等腰梯形分割为一个平行四边形与一个等腰三角形之和,其中平行四边形与等腰三角形的高均为 n,此时三角形底边为 $a_n - a_1$,即 $(n-1)d$。(如图2-3)

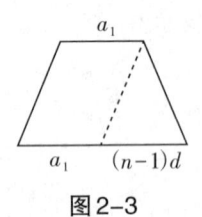

图2-3

我们知道数列本身就是特殊的函数,因此还可以从函数视角来审视公式②。

$$S_n = na_1 + \dfrac{n(n-1)}{2}d = \dfrac{d}{2}n^2 + \left(a_1 - \dfrac{d}{2}\right)n。 \qquad ④$$

公式④表明非常数等差数列前 n 项和是关于 n 的二次函数,于是点 (n, S_n) 是二次函数图像上孤立的点,依据二次函数的性质,当公差 $d>0$,二次函数图像开口向上有最小值;当公差 $d<0$,二次函数图像开口向上有最大值,由此引出等差数列前 n 项和取得最小值时的 n 满足 $\begin{cases} a_n \leq 0, \\ a_{n+1} \geq 0; \end{cases}$ 等差数列前 n 项和取得最大值时的 n 满足 $\begin{cases} a_n \geq 0, \\ a_{n+1} \leq 0。 \end{cases}$

再一次审视公式④,发现这个二次函数的常数项为零,而常数项为零的二次函数图像必过原点,这就恰好印证当$n=0$时,前0项的和不存在。紧接着继续研究非常数的等差数列的充要条件。由上述分析发现非常数的等差数列的前n项和是一个关于n的常数项为零的二次函数,其逆命题成立吗?也就是说若上述④成立,能否得到数列为等差数列?回答是肯定的,论证如下:

$$S_n = \frac{d}{2}n^2 + \left(a_1 - \frac{d}{2}\right)n \Rightarrow a_n = \begin{cases} S_1 = a_1, & (\text{当}n=1) \\ S_n - S_{n-1} = \frac{2n-1}{2}d + \left(a_1 - \frac{d}{2}\right), & (\text{当}n \geq 2) \end{cases}$$

$$\Rightarrow a_n = \frac{2n-1}{2}d + \left(a_1 - \frac{d}{2}\right) \Rightarrow a_{n+1} - a_n = \frac{d}{2}$$

$\Rightarrow$ 数列$\{a_n\}$为等差数列。

由此得到性质1。

性质1:若非常数的数列$\{a_n\}$为等差数列,则$S_n = an^2 + bn(S_n \neq 0)$。

倘若$S_n = an^2 + bn + c(ac \neq 0)$,那么可以得到$a_n = \begin{cases} S_1 = a+b+c(n=1), \\ S_n - S_{n-1} = (2n-1)a + b(n \geq 2)。\end{cases}$

由此得到性质2。

性质2:若$S_n = an^2 + bn + c(ac \neq 0)$,则数列$\{a_n\}$不是等差数列,但从第二项开始依然为等差数列。

我们已经知道非常数的等差数列的通项公式为:$a_n = a_1 + (n-1)d = nd + (a_1 - d)$。其实,我们还可以将求和公式变形得到$\frac{S_n}{n} = \frac{d}{2}n + \left(a_1 - \frac{d}{2}\right)$。由此得到性质3。

性质3:已知等差数列$\{a_n\}$,则(n, a_n)、$\left(n, \frac{S_n}{n}\right)$分别是落在斜率为$d$、$\frac{d}{2}$的直线上的孤立的点。

正是因为这些点均落在同一条直线上,于是我们可以借助共线向量知识得到性质4。

性质4:已知等差数列$\{a_n\}$,若$S_n = m, S_m = n(m \neq n)$,则$S_{m+n} = -(m+n)$。

数学教学,尤其公式、定理教学有三条主线。传授数学知识(概念、公式、定理等)是一条明线,用文字(或符号、或图形)明明白白写在教材中,反映着知识之间纵向联系。渗透数学思想方法是一条暗线,反映着知识之间横向联系,常常隐藏在知识背后,需要加以分析、提炼才能显露出来。还有一条主线,那就是提升数学学科核心素养。上述等差数列求和过程涉及数形结合思想、化归与转化思想、特殊与一般思想、分类与整合思想,当我们运用上述公式①与②解决问题时,可以将公式视为方程,这显然涉及函数与方程思想。数学方法是处理、探索、解决问题的技术手段和工具。"方法"指向"实践",是理论应用于实践的中介,比如代入法、消元法、换元法、配方法等。从等差数列求和公式推理过程可以提炼出配对法、分组法、倒序法、代入法、类比法、数形结合法、算二次法、割补法等。等差数列求和公式推理过程可以培养数学抽象、逻辑推理、数学建模、数学运算、直观想象和数据分析,因此"等差数列求和公式"是高中数学中的经典案例。

四 对比新、旧教材

数学之"理"彰显在教材。教材承载着培根铸魂、启智增慧、润心育德的重任,数学教材是落实数学课程标准、实现教学计划的重要载体。教师要想用好一套数学教材,必须理解整套教材的编写意图、知识体系、结构特点及教材的呈现方式。就一节课而言,必须确定它在整套教材中的坐标,明确它在本单元的地位,以及与其相关内容的联系。尤其在新、旧课标交替之际,深度对比新旧教材,是研究课标与理解教材的重要举措。

《普通高中数学课程标准(实验)》将高中数学分为必修与选修课程,其中必修课程由5个模块组成,选修课程由4个系列构成。《普通高中数学课程标准(2017年版2020年修订)》将高中数学课程分为必修、选择性必修和选修课程。函数、几何与代数、概率与统计、数学建模活动与数学探究活动构成新课程四条主线框架。函数位列四大主线之首,旨在突出函数特殊地位与价值,强调函数是高中数学的核心概念,彰显函数是数学教学的永恒主题。

课程标准是编写教材的依据,教材是课程标准的具体体现。随着新课标的实施,以及新版教材的使用,摆在一线教师面前最紧迫的课题就是如何吃透它们。通过对比《普通高中课程标准实验教科书 数学1 必修》(人民教育出版社,2004,以下简称"旧教材")与《普通高中教科书 数学 必修 第一册》(人民教育出版社,2019,以下简称"新教材")中"函数零点存在定理",甄别它们之间的细微差别,领悟新版课程标准精神,理解教材编写意图,吃透"新教材",把握"函数零点存在定理"精髓,落实新课改理念,精准实施"函数零点存在定理"教学。

(一)新、旧教材在"函数"上的宏观变化

1."新教材"全局构建"大函数观"

幂函数、指数函数、对数函数主要描述增长模型,诠释增长速度差异:"对数增长、直线上升、指数爆炸";三角函数主要彰显周期变化规律的模型。其实,无论幂函数、指数函数、对数函数,还是三角函数,其本质都是刻画客观世界中变量关系和规律的数学模型。基于此,"新教材"特意将从"旧教材"中"剥离"出来的"三角函数"重新回归"函数大家庭",借以凸显函数整体性,从全局上集中研究函数性质,引领学生构建"大函数观",这是大概念(函数)教学的具体体现。

2."新教材"处处彰显"逻辑严谨"

"旧教材"按照指数函数、对数函数、幂函数的次序编排,而"新教材"则按照幂函数、指数函数、对数函数的次序。"新教材"特意将幂函数前置有何目的？教材主要通过 $y=x$, $y=x^2$, $y=x^{-1}$, $y=x^3$, $y=x^{\frac{1}{2}}$ 等5个函数研究幂函数的性质,而 $y=x$ (正比例函数), $y=x^2$ (二次函数), $y=x^{-1}$ (反比例函数)正是初中已经研究过的常见的、主要的、熟悉的函数,借助学生已有经验、原有知识,达到夯实基础、无缝对接,起到拾级而上、理性推进(即引导学生从初中指数幂的视角观察5个特殊函数解析式中的底数、指数的共性,得出它们都具有"幂"的形式,由此引出幂函数)的效果。正如"新教材"在"主编寄语"指出:"数学的特点是逻辑严谨,从概念到性质再到应用环环相扣,前面知识未理解,后续学习就必然会遇到实质性困难……"

3."新教材"时时重视"例题权威"

"旧教材"将"函数的零点"编排在第三章"函数的应用",与第二章"基本初等函数(Ⅰ)"分离,教学实践与专家学者的论证都已证明其框架结构松散,衔接不够紧凑。"新教材"则将"函数的零点"作为第四章"指数函数与对数函数"的具体应用,编排合理,一气呵成,这正是"新教材"第143页例1中含有对数函数"$\ln x$"的原因,表明例1既要体现前面学过的指数与对数函数,又要体现函数性质的综合应用,二者兼顾,温故知新;既要借助函数局部性质[区间(2,3)]探索整体性质[区间(0, +∞)],又要注重函数特征来判断方程解的存在,还要体现函数观点来研究方程解的基本方法,突出函数零点与方程解之间的有机联系,一

题多用,和谐促进。这再一次昭示了教材例题的普适性、经典性、全面性、权威性。

(二)新、旧教材"零点"内容的对比

对于"函数零点存在定理",初看"旧教材"与"新教材"似乎没有明显差异,但经过一轮教学实践发现,二者之间不仅有一系列变化,而且差异较大。(如表2-1)

表2-1 新、旧教材"零点"内容的对比

	"旧教材"	"新教材"
为了探究方程的根与函数零点之间的关系而设置的"思考"栏目	一元二次方程 $ax^2+bx+c=0(a\neq 0)$ 的根与二次函数 $y=ax^2+bx+c(a\neq 0)$ 的图像有什么关系?	我们已经学习了用二次函数的观点认识一元二次方程,知道一元二次方程的实数根就是相应二次函数的零点。像 $\ln x+2x-6=0$ 这样不能用公式求解的方程,是否也能采取类似的方法,用相应的函数研究它的解的情况呢?
提出函数零点概念	对于函数 $y=f(x)$,我们把使 $f(x)=0$ 的实数 x 叫作函数 $y=f(x)$ 的零点。	对于二次函数 $y=ax^2+bx+c$,我们把使 $ax^2+bx+c=0$ 的实数 x 叫作二次函数 $y=ax^2+bx+c$ 的零点。
借助符号语言"⇔"凸显实数根、交点、零点三者之间关系	函数 $y=f(x)$ 的零点就是方程 $f(x)=0$ 的实数根,也就是函数 $y=f(x)$ 的图像与 x 轴的交点的横坐标。所以方程 $f(x)=0$ 有实数根 ⇔ 函数 $y=f(x)$ 的图像与 x 轴有交点 ⇔ 函数 $y=f(x)$ 存在零点。	函数 $y=f(x)$ 的零点就是方程 $f(x)=0$ 的实数解,也就是函数 $y=f(x)$ 的图像与 x 轴的公共点的横坐标。所以方程 $f(x)=0$ 有实数解 ⇔ 函数 $y=f(x)$ 有零点 ⇔ 函数 $y=f(x)$ 的图像与 x 轴有公共点。
借助文字语言描述实数根、交点、零点三者之间关系	由此可知,求方程 $f(x)=0$ 的实数根,就是确定函数 $y=f(x)$ 的零点。一般地,对于不能用公式法求根的方程 $f(x)=0$ 来说,我们可以将它与函数 $y=f(x)$ 联系起来,利用函数的性质找出零点,从而求出方程的根。	由此可知,求方程 $f(x)=0$ 的实数解,就是确定函数 $y=f(x)$ 的零点。一般地,对于不能用公式求解的方程 $f(x)=0$,我们可以把它与相应的函数 $y=f(x)$ 联系起来,利用函数的图像与性质找出零点,从而得到方程的解。

续表

	"旧教材"	"新教材"
判断函数存在零点的一般性结论	如果函数 $y=f(x)$ 在区间 $[a,b]$ 上的图像是连续不断的一条曲线,并且有 $f(a) \cdot f(b)<0$,那么,函数 $y=f(x)$ 在区间 (a,b) 内有零点,即存在 $c \in (a,b)$,使得 $f(c)=0$。这个 c 也就是方程 $f(x)=0$ 的根。	如果函数 $y=f(x)$ 在区间 $[a,b]$ 上的图像是一条连续不断的曲线,且有 $f(a) \cdot f(b)<0$,那么,函数 $y=f(x)$ 在区间 (a,b) 内至少有一个零点,即存在 $c \in (a,b)$,使得 $f(c)=0$,这个 c 也就是方程 $f(x)=0$ 的解。
应用结论解决例1	求函数 $f(x)=\ln x+2x-6$ 的零点个数。	求方程 $\ln x+2x-6=0$ 的实数解的个数。
为了断定例1只有1个零点而设置的"旁白"栏目	你能给出这个函数是增函数的证明吗?	为什么由图和 $f(2) \cdot f(3)<0$ 还不能说明函数 $f(x)$ 只有一个零点?你能证明函数 $y=f(x)$ 是增函数吗?

(三)新、旧教材"零点定理"存在的差异

1.提出零点概念的"时机"存在本质差异

"旧教材"借助第三章"函数的应用"中的"方程的根与函数的零点"的"思考"栏目提出的问题,通过分析一元二次方程的实数根和二次函数图像与 x 轴的交点之间的关系,归纳、提炼得到函数零点概念。而"新教材"则从初中的一次函数的观点出发,类比一元二次不等式与二次函数图像之间的关系,在第二章"一元二次函数、方程和不等式"中的"二次函数与一元二次方程、不等式"第一次提出"二次函数的零点概念",并在第四章"指数函数与对数函数"中的"函数的零点与方程的解"进一步研究一般函数零点。

如果说"旧教材"引出函数零点概念是直奔主题式的"现炒现卖",那么"新教材"相当于分阶段"有预谋地"将"零点"概念前置,为后续深入研究一般函数的零点奠定基础。"新教材"这样处理是基于学生已有认知水平、知识结构等因素考量,采用类比、归纳手段,有利于初、高中知识过渡与衔接,达到分散难点的目的。教学实践证明,"新教材"的设置比"旧教材"更科学,不仅有利于学生学习,也有利于教师开展教学。

2.提出零点内容的章节"标题"存在差异

(1)语言次序存在差异

"旧教材"标题为"方程的根与函数的零点",由此得到方程$f(x)=0$有实数根 ⇔ 函数$y=f(x)$的图像与x轴有交点 ⇔ 函数$y=f(x)$存在零点;而"新教材"标题为"函数的零点与方程的解",由此得到方程$f(x)=0$有实数解 ⇔ 函数$y=f(x)$有零点 ⇔ 函数$y=f(x)$的图像与x轴有公共点。可以看出,新、旧教材的语言顺序明显不同。尽管上述三个结论之间相互等价,可以双向推理,其实在这里还是大有讲究。"新教材"突出函数的核心地位,并提醒一线教师教学时应将重心放在借助函数的性质来研究方程的解,而不是由方程的解来研究函数的性质,这是"新教材"与"旧教材"根本区别,也是"新教材"将"旧教材"的标题从"方程的根与函数的零点"修改为"函数的零点与方程的解"的真正原因。

(2)"方程的根"与"方程的解"存在差异

"旧教材"标题为"方程的根与函数的零点",因此"旧教材"在本节中从头到尾都是汉字"根",而"新教材"标题为"函数的零点与方程的解",因此"新教材"几乎都是"解",只是涉及一元二次方程时才用"根"替代"解"。造成"根"与"解"一字之差的原因是什么?教材编写者到底是有意为之还是无意失误呢?"根"与"解"能否相互替换呢?

解铃还须系铃人。《义务教育教科书 数学 七年级 上册》(人民教育出版社,2012)第三章"一元一次方程"中指出:"解方程就是求出使方程中等号左右两边相等的未知数的值,这个值就是方程的解。"据此,我认为"方程的解"出身"正宗",有据可查、有据可依。

数学是极其严谨的,因为严谨性是数学的生命。《义务教育教科书 数学 九年级 上册》第二十一章"一元二次方程"中指出:"使方程左右两边相等的未知数的值就是这个一元二次方程的解,一元二次方程的解也叫作一元二次方程的根。"教材具有准确性与权威性,据此,我认为"方程的解"比"方程的根"更为恰当、精准、规范。由于一元二次方程具有熟知的求根公式,加上一元二次方程使用的高频性、普遍性,因此,《义务教育教科书 数学 九年级 上册》(人民教育出版社,2013)特别标注:"'一元二次方程的解'也叫作一元二次方程的根。"这正是"新教材"将"旧教材"中的"实数根""方程的根"悄悄地全部修改为"实数解""方程的解"的原因所在。事实上,"旧教材"不够严谨,多次出现前后不一致乃至自相矛盾的现象。比如,"旧教材"3.1.2的标题为"用二分法求方程的近似解",此处的"方程的近似解"中的"解"就与3.1.1"方程的根与函数的零点"中的"根"不一致。而"新教材"自始至终都用"解"。从本质上讲,"新教材"其实是在用无声的文字语言指出"旧教材"中存在的瑕疵。

3."公共点"与"交点"含义存在差异

"旧教材"反复提到"函数$y=f(x)$的图像与x轴有交点",强调的是"交点",而"新教材"则是"函数$y=f(x)$的图像与x轴有公共点",二者之间的含义相同吗? 其实,此处含义有明显差异。"公共点"侧重描述"状态",即是否存在公共点;而"交点"偏重说明"个数",即确定多少个交点。细心的读者应该注意到无论是"旧教材"的"交点"还是"新教材"的"公共点",其前面还有一个关键汉字"有",此处"有"即"存在",说明三者之间"存在"一定的内在关联。值得特别注意的是,此处符号语言"⇔"强调的正是"状态"等价,而非"个数"等价,即方程有实数解意味着函数有零点,也就标志函数图像与x轴有公共点。倘若"⇔"强调的是"个数"等价,那么上述结论就应该修改为:方程$f(x)=0$有N个不同实数解 ⇔ 函数$y=f(x)$存在N个零点 ⇔ 函数$y=f(x)$的图像与x轴有N个不同交点。这样的表述,既不符合"函数零点存在定理"这一节的本质与精髓,也显得臃肿,背离数学学科追求简单美的原则。

4."思考"栏目中提出的问题存在差异

"旧教材"3.1.1"方程的根与函数的零点"中的"思考"栏目刻意提出问题:"一元二次方程$ax^2+bx+c=0(a\neq0)$的根与二次函数$f(x)=ax^2+bx+c(a\neq0)$的图像有什么关系?"而"新教材"4.5.1"函数的零点与方程的解"中的"思考"栏目顺势提出问题:"我们已经学习了用二次函数的观点认识一元二次方程,知道一元二次方程的实数根就是相应二次函数的零点。像$\ln x+2x-6=0$这样不能用公式求解的方程,是否也能采取类似的方法,用相应的函数研究它的解的情况呢?"

俗话说得好,没有对比就没有伤害。"旧教材"提出的问题既不自然,又缺乏深度;而"新教材"提出的问题既自然、流畅,又有梯度、深度,同时为后续"顺势"引出例1留下伏笔。虽然"旧教材"与"新教材"的例1基本相同,但"旧教材"显得突兀(突然冒出"$\ln x+2x-6=0$"),而"新教材"则显得自然流畅。

5. "旁白"栏目中提出的问题存在差异

"旧教材"3.1.1"方程的根与函数的零点"中的"旁白"栏目提出这样的问题："你能给出这个函数是增函数的证明吗？"而"新教材"4.5.1"函数的零点与方程的解"中的"旁白"栏目提出问题："为什么由图和$f(2)\cdot f(3)<0$还不能说明函数$f(x)$只有一个零点？你能证明函数$y=f(x)$是增函数吗？"图形具有直观性，有利于培养直观素养。尽管数学学科六大核心素养各有侧重，但它们并不是孤立存在的，而是你中有我，我中有你，相互促进，和谐发展。"新教材"正是在直观图像难以或无法完全、准确地确定只有一个零点的前提下，才需要从逻辑推理的视角进一步研究零点个数。这正是"新教材"在"旧教材""旁白"提出问题的基础上，进一步添加"为什么由图和$f(2)\cdot f(3)<0$还不能说明函数$f(x)$只有一个零点？"的缘由，这样的"旁白"才有说服力，才有针对性，才有因果关联。

6. 例1的表述与内涵存在差异

"旧教材"3.1.1"方程的根与函数的零点"中的例1是这样表述的："求函数$f(x)=\ln x+2x-6$的零点个数。"而"新教材"4.5.1"函数的零点与方程的解"中的例1是这样表述的："求方程$\ln x+2x-6=0$的实数解的个数。"它们之间存在细微差异，前者"求函数的零点的个数"，后者"求方程的实数解的个数"。单纯从字面上看，似乎"旧教材"的表述比"新教材"更恰当，因为本节内容是探究函数的零点。其实不然，这是断章取义的结果。"旧教材"中的"函数"是就事论事的"短视"局部观，而"新教材"中的"方程"则是着眼整体布局，关注"长远"的全局观（因为下一节研究的是"用二分法求方程的近似解"）。深度解读教材要树立大局观、整体观，尤其关注前后呼应。正所谓哪里有需求，哪里就有动力。新、旧教材之所以不约而同地设置例1，就是为了借助例1来"应答"（以"新教材"为例）："一般地，对于不能用公式求解的方程$f(x)=0$，我们可以把它与相应的函数$y=f(x)$联系起来，利用函数的图像和性质找出零点，从而得到方程的解。"这段话的核心不是直接面对"零点"，而是面对"不能用公式求解的方程时应该如何处理"。"呼应"不仅要求要有"应答"，而且还要精准地"应答"，否则，就不是真正意义上的"呼应"。从这个意义上来讲，"旧教材"中的例1确实有"呼应"，但"应答"不够精准甚至胡乱"呼应"；而"新教材"中的例1准确无误地呼应"思考"栏目中"像$\ln x+2x-6=0$这样不能用公式求解的方程"，这就是"新教材"将"旧教材"中的例1"函数"修改为"方程"的缘由。

7."连续不断的一条曲线"与"一条连续不断的曲线"存在差异

我们应该发现,对于"函数零点存在定理"描述中,"旧教材"为"连续不断的一条曲线","新教材"为"一条连续不断的曲线",如果二者相同,那么"新教材"为何"悄悄地"修改"旧教材"呢?如果二者有区别,区别又在哪儿呢?

从语文学科的语境视角而言,二者没有本质区别,只不过前者重点强调"连续不断",后者重点强调"一条";从语文学科的逻辑结构来看,这里涉及多重定语语序。一般而言,表述数量词前置,因此"一条连续不断的曲线"比"连续不断的一条曲线"更为规范、恰当。

站在数学学科层面,前者是一个整体概念,即要求函数 $y=f(x)$ 的图像在定义域上是连续不断的一条曲线,才有资格讨论函数零点,这显然与事实相违背。因为函数 $f(x)=\ln|x|$ 在定义域 $(-\infty,0)\cup(0,+\infty)$ 上确实存在零点,而且有两个零点,但是其函数图像并不是连续不断的而是由两段曲线组成。据此我们有理由认为函数零点如同函数的单调性一样,属于局部性质,而不是像函数的周期性、奇偶性那样属于整体性质。正是出于这种考量,在"函数零点存在定理"教学过程中,教师首先应引导学生在整个定义域上,发现一条(某一段)连续不断的曲线,从而确定一个合理的闭区间,并在此前提下研究函数的零点。这就隐含着函数的零点属于函数定义域某个范围内的局部性质。因此,"新教材"首先强调"一条"暗示函数的零点研究是一个由局部到整体的研究过程。从这个意义上来看,"旧教材"的表述不够严谨、精准。

综上所述,无论是出于语文学科的多种考量,还是基于数学学科自身的本质需求,"新教材"比"旧教材"的论述更为规范、恰当、严谨、精准。正所谓细微之处见功底,毫厘之间定乾坤。

8.描述"连续函数""连续不断"存在差异

我们知道"连续函数"属于高等数学专业术语,中学阶段并没有给予严格定义与证明,仅仅只是描述而已。如何描述才能做到既到位又不越位,既形象直观又凸显本质呢?一直以来考验着一线教师的专业功力,更是彰显教材编写者的智慧。

新、旧教材都是通过二次函数 $f(x)=x^2-2x-3$ 的图像发现函数 $f(x)=x^2-2x-3$ 在区间 $[-2,1]$ 及 $[2,4]$ 上有零点,并通过计算得到 $f(-2)\cdot f(1)<0, f(2)\cdot f(4)<0$,从而归纳、提炼得到"函数零点存在定理"。"旧教材"自始至终没有对"连续不断"

给出任何解释或说明,只是说:"同学们可以任意画几个函数图像,观察图像,看看是否能得出同样的结果。"而"新教材"则在"旧教材"的基础上指出:"可以发现,在零点附近,函数图像是连续不断的,并且'穿过'x轴。函数在端点$x=2$和$x=4$的取值异号……""零点附近"再一次说明了零点属于函数的局部性质,另外,"穿过"二字形象生动地将"函数图像连续不断"刻画得惟妙惟肖,为归纳、提炼"函数零点存在定理"奠定了坚实的基础,同时为下一节"用二分法求方程的近似解"做好了必要的铺垫。这为数学教师教授新课时提供了"榜样"。

(四)教学启示

深度研究教材,尤其是新课标下的新教材是一线教师的当务之急。对比新、旧教材不是喊喊口号,更不是走走过场。一线教师既要研究它们的共性,更要逐字逐句甄别它们之间的细微差异。

(1)把握新、旧教材的共性部分

无论"旧教材"还是"新教材","函数零点存在定理"的教学重点都是函数零点与方程的关系,"函数零点存在定理"的应用,用函数建立数学模型解决实际问题的基本过程。教学难点都是"函数零点存在定理"的导出过程,选择恰当的函数模型分析和解决实际问题。教学流程都是按照"一明一暗"两条线展开,其中"明线"是传授知识,即按照"零点概念→导出定理(研究方程的解的个数提供理论依据)→了解定理(精致定理,可以从正反例子让学生明确"函数零点存在定理"的条件)→应用定理(让学生掌握详细具体的操作过程)"展开;"暗线"是渗透数学思想,即函数与方程(零点定义的本质)、数形结合(代数运算与函数图像之间的关系)、特殊与一般(从熟悉的、特殊的二次函数到一般的、普遍的连续函数)、或然(偶然)与必然(从一元二次方程到一般方程;从二次函数到一般函数)等数学思想,宗旨就是培养学生直观想象、数学运算等能力。

(2)甄别新、旧教材的细微差异

"函数零点存在定理"中"如果"二字包含五层意思:一是表明"在闭区间$[a,b]$上连续不断"与"$f(a)\cdot f(b)<0$"是使用该定理的先决条件;二是表明这两个条件必须同时满足,二者缺一不可;三是表明这两个条件是使用该定理的充分而非必要条件;四是表明使用该定理的流程是先确认这两个条件,再在此基础上才能确定零点存在的结论成立;五是表明该定理为研究方程的解提供了理论

依据,但不能判断函数无零点或零点个数。细心的读者应该注意到"旧教材"在叙述该定理中使用"……有零点",而"新教材"则是"……至少有一个零点",这体现了"新教材"不仅着重强调存在零点(存在性),而且隐含着"究竟有多少个零点(具体数量)",这正是"新教材"为何标注"旁白"的原因所在。

另外,为了精准表达含义,"新教材"将"旧教材"中的"存在零点"修改为"至少有一个零点"。同时,在探究函数$f(x)=x^2-2x-3$零点所在区间时,"新教材"将"旧教材"中的"区间$[-2,1]$"精确为"区间$[-2,0]$",这为下一节"用二分法求方程的近似解"奠定了基础。这些看似不起眼的差异,倾注了"新教材"编写者难以想象的时间与精力,以求"新教材"更加精致、精准、精确。

理性数学——我的永恒追求

第三节 深刻反思概念教学

　　数学概念深奥、抽象，深度分析概念是教师功力最为突出的表现。在教学过程中感到某个概念不自然，感觉强加于人时，那么只要想它的背景、它的形成过程、它的应用以及它与其他概念的联系，就会发现实际上是水到渠成、浑然天成的产物，不仅合情合理，甚至很有人情味。因此，深度"对话"教材、精致数学概念是追求魅力课堂教学的前提，是实现"教教材"到"用教材教"的基石。数学是严谨科学，数学需要讲理；数学是逻辑思维，数学必须讲理；数学是高雅艺术，数学理应讲理。说理就是以生为本，顺应知识增长规律；说理就是以人为本，尊重生命成长轨迹。只有明理、讲理，才能将数学知识"冰冷、苦涩"的学术形态转化为"火热、生动"的教育形态，让数学通过其教育形式，展现出其巨大的魅力，体现数学的价值，深刻诠释其本质。这一过程不仅感染学生，唤醒他们对知识的渴望，还激励他们不断探索，提升学习兴趣，激发强烈的求知欲望。同时，数学优化了学生的思维品质，促进了智力的发展，为核心素养的培养奠定了坚实的基础。最终，这一切都旨在追求生命的深层意义，实现个人的人生价值，为学生未来的终身发展及社会发展所需要的必备品格与关键能力，构筑起坚实的基石。

一、数学概念及其教学

　　人类在认识客观世界的过程中，从感性认识上升到理性认识，把所感知事物的共同本质抽象出来，加以概括而形成概念。概念具有内涵和外延，并且随着主观、客观世界的发展而变化。数学概念则是人脑对现实对象的数量关系和空间形式的本质特征的一种反映形式（比如，函数是刻画客观世界变化规律的模型；概率是研究随机现象蕴含规律性的科学），即一种数学的思维形式。数学概念是建立数学法则、公式、定理的基础，是分析问题、解决数学问题的前提，是形成数学思想、数学方法的出发点，也是运算、推理、判断和证明的基石，更是数学思维、交流的工具。数学是逻辑思维的科学,是训练学生思维不可或缺的学科。数学概念教学是数学教学的核心环节,整个数学知识体系建立在概念基础之上。数学教学难就难在概念教学,被学术界誉为"冰冷的美丽"。数学高度抽象就在于其概念是数学家历经艰辛探索的结晶,是高度浓缩的产物。因教材篇幅等诸多因素限制,导致经历漫长岁月研究得出的概念呈现在教材中仅仅一句话、或一个符号而已,比如,"负数"概念看似简单,其实早已历经1000多年的探索,后又经过1000多年才被人接受。

数学概念的学习有两种基本的获得方法,相应地,数学概念教学也有概念形成与概念同化两种方式。其中,概念形成的教学过程包括以下四个关键步骤:分化出一类事物中不同例子的属性;概括出它们的共同属性并提炼出本质属性;概括形成概念并用定义表示;将新概念的本质属性推广到一切同类事物。概念同化的教学过程包括以下四个主要步骤:提炼定义,揭示概念的本质属性;借助分类,突出概念的本质属性;积极同化,建立新旧概念联系;通过强化,形成新的认知结构。

二 数学概念教学状况

长期以来,数学教师重解题技巧,轻概念生成,追求概念教学最小化和习题讲解最大化,导致学生对基本概念死记硬背、机械记忆、不求甚解。直接后果表现为:学生在没有真正理解概念情况下匆忙去解题,使得他们只会模仿,一旦遇到新情况、新问题就束手无策,进而导致学生陷入无休止的题海之中。针对这种现象,有识之士不断呼吁重视概念教学。其中,李邦河院士指出,数学从根本上是玩概念的,不是玩技巧的。由此说明数学概念在数学教学中占有绝对重要的地位。概念教学就是要以概念的产生、发展过程为载体,让学生经历完整的数学研究过程。没有引入过程,没有揭示数学本质,更没有渗透数学思想方法的概念教学是非常危险的,这种"掐头去尾"式的概念教学误人子弟。

新课程改革已有20多年,但概念教学"涛声依旧",依然是"穿新鞋走老路"。这种怪圈年复一年,且有愈演愈烈之势,生机盎然的数学概念教学被异化为"定义—注意—题型—强化"的"八股"模式。概念是数学的细胞,是思维的载体。然而,片面追求升学率,一切为了考试分数等眼前利益,忽视理性精神、数学能力、核心素养和全面发展等长期利益,三年课程两年教完,甚至一年半讲完,这一系列现象造成教师在教学过程中轻视概念引入,重视概念应用,对概念一掠而过,忽视了揭露概念关键特征。比如,概念教学缺乏自然性,生硬抛出概念,强加于学生;不重视基本概念、核心数学思想方法的教学,缺少必需的归纳、抽象、概括活动;重结果轻过程,缺少一以贯之的逻辑思考和数学推理活动;解题教学局限于"题型+技巧",学生机械重复、模仿记忆;等等。这些都与"能力为重、素养优先、全面发展"的要求相违背,对"建设人力资源强国"的战略目标不利,更对创造性人才培养不利。

《普通高中数学课程标准(2017年版2020年修订)》将高中数学课程分为必修、选择性必修和选修课程。函数、几何与代数、概率与统计及数学建模活动与数学探究活动等四条主线贯穿于必修、选择性必修和选修之中。无论从新课标、新教材,还是从新高考,对数学概念教学要求越来越高,对数学概念考查力度越来越大,这无疑加大了概念理解与教学难度。目前中学数学概念教学主要存在抛开教材、哗众取宠、过度情境、偏离数学、缺少剥离、难以提炼、华而不实、追求轰动、不懂历史、误人子弟、故弄玄虚、无效探究、放弃习题、好高骛远、缺乏反思、浅尝辄止、不顾事实、自作主张、跨越过大、生搬硬套、割断联系、制造裂痕、缺乏素养、僵尸教学、舍弃理性、缺少人文等误区。

三、数学概念教学策略

高中数学概念数量多,抽象化程度高,甚至有些概念是高等数学的"下放"。为了便于学生容易接受、理解、掌握数学概念,2015年,我将高中数学概念划分为以下类型:基础型概念(比如,集合、平面等),核心型概念(比如,函数、概率等),高频型概念(比如,离心率、函数零点等),易错型概念(比如,空集、函数单调性等),孤独型概念(比如,回归分析、独立性检验等),深奥型概念(比如,残差分析、变量间相关关系等)。在实施概念教学时,首要步骤是明确概念的定位,并据此为不同类型的概念采取相应的教学策略。2016年,我提出正面突破、严谨推理、有意差错、事后补救等四种概念教学策略,这些教学策略在实际应用中取得了很好的教学效果。

所谓正面突破,就是选择最为直接的、面对面的、针锋相对的手段,从根本上解决问题的一种有效策略。概念教学要返璞归真、一针见血,核心概念教学更要舍得花时间、舍得花力气。数学中有些概念(比如,正态分布)需要直面正视,采取正面突破策略。在具体实施过程中,不仅要分析概念的本质与内涵,而且必须厘清学生心中的困惑,这正是凸显教师数学专业功底的具体体现。

所谓严谨推理,就是基于数学学科的严谨性特征而进行的逻辑推理方式。严谨性是数学学科的生命所在,是数学学科区别于其他学科的显著标志。概念是创新的起点,是智力的源泉,因而概念教学是数学教学核心。概念教学就是要揭示数学本质,渗透数学思想,提炼数学方法。概念教学就是要以概念产生、发展过程为载体,让学生经历完整的数学研究过程。因此,数学概念教学必须严格、规范,只有这样学生才能精准、全面、深入领悟概念。

所谓有意差错,就是教师依据自身对概念理解、把握及教学实践经验,预判学生学习某一特定概念及应用概念过程中可能出现的偏差乃至错误而"特意预设"并"故意生成"错误,让学生在辨析中纠正,在纠正中完善,在完善中精致概念。有意差错不仅是一种早期介入、干预、预防、防范的教学策略,也是一种智慧与勇气,更是一门艺术。有意差错能够充分暴露学生的思维过程,同时错误也是概念教学中重要的教学资源,预设并在课堂教学中及时发现、暴露学生出现的典型错误,引发学生思考,引导学生反思,让学生的思维在错误中"拨乱反正",厘清概念,走出误区,生成新思维。华东师范大学陈桂生教授指出:"关于有意识地给出一个带有错误的命题,让学生把老师驳倒,徐特立在许多年前就提出过类似的设想。只是从来未闻有谁做过这种尝试。"任勇先生早在1992年就积极倡导并勇于践行有意差错概念教学策略,取得了很好的教学效果。有意差错有利于深刻分析概念本质与特征,有利于厘清概念内涵与外延,有利于优化学生数学思维品质,有利于培养并激发学生创造能力。

所谓事后补救,就是教师新授概念后,面对学生作业或者考试中出现的普遍性、典型性错误,尤其是涉及概念方面的错误,教师切忌暴躁如雷、烦躁不安,而应心平气和、循循善诱地与学生深入沟通并鼓励学生充分分析思维过程及错误根源,把这些典型错误归类、整理,将这些真实的、一手的"错误素材"视为难得的、宝贵的教学资源。一方面,教师深刻反思概念教学的失误之处,努力提高自身业务水平;另一方面,教师顺着学生思路,追根溯源,深究错误起因、深挖错误根源、深思错误预防,从本源上找出"元凶"、铲除"土壤"、肃清"根基",真正厘清概念、吃透概念,以免学生再犯同样错误。

黑格尔有言："错误本身乃是达到真理的一个必然环节。"错误是正确先导，错误是通向成功阶梯。教师应该把学生的错误视作珍贵资源，借机通过正反案例来辨析概念。哲学家波普尔说过："错误中往往孕育着比正确更丰富的发现和创造因素。"在对数学概念进行正面突破时，还要注重有意差错来深度分析概念，适当、有意识地预设经典错误案例，加深对概念理解与把握，培养思维批判性、缜密性及深刻性。事实证明，准确、恰当、适时的有意差错，有利于导入概念，有利于厘清概念，有利于巩固概念，有利于应用概念。正如心理学家盖耶感叹："谁不考虑尝试错误，不允许学生犯错误，就将错过最富有成效的学习时刻。"有意差错只是概念教学的一种策略而已，是一种必要补充，因此数量过多、频率过滥的有意差错反而冲淡了概念本质，失去了概念本来面目，甚至误导学生。

我们应该认识到中学数学中的概念教学绝大部分都是采取正面突破、严谨推理为主，这有利于学生从一开始就能真正理解概念的本来面目，有利于培养学生数学抽象、逻辑推理、数学建模、数学运算、直观想象以及数据分析等数学核心素养，为适应学生终身发展和社会发展所必备品格与关键能力奠定坚实的基础。当然，对于某些特定的数学概念，甚至需要多管齐下，以便把握重点、突破难点。总之，概念教学不仅要从正面阐述概念内涵、外延等本质属性，还要从反面案例中分析概念，适当地、有意识地在学生出现错误后采取"事后补救"。如果将数学概念新授课看作正面引导，倡导"惩前毖后"，那么"事后补救"就是反面纠正，实施"治病救人"。从反面分析概念，加深对概念的理解与把握；从概念的反面突破，培养学生思维的批判性、缜密性及深刻性。让学生了解产生错误的原因以及破解错误的方法与策略，以在今后的学习中有机结合正反两方面，对症下药。基于此，2022年，我在申报数学概念教学方面的国家级基础教育教学成果奖时，进一步提炼出"正面突破、严谨推理"为主，"有意差错、事后补救"为辅的概念教学策略，即从正面情境引入中抽象概念本质，在论证提炼过程中诠释概念重点、难点，在事先"预设差错"的认知冲突中巩固概念，在后续纠正错误的思维碰撞中精致概念。

四 核心概念深度辨析

新课标下新高考数学试题全面贯彻德智体美劳全面发展的教育方针，有效落实立德树人根本任务,完美诠释"一核、四层、四翼"高考评价体系。新高考试题在聚焦数学素养、考查关键能力、突出数学本质、重视理性思维的同时,尤其关注数学基础知识、基本概念考查。

案例31:有6个相同的球,分别标有数字1,2,3,4,5,6。从中有放回地随机抽取两次,每次取1个球。甲表示事件"第一次取出的球的数字是1",乙表示事件"第二次取出的球的数字是2",丙表示事件"两次取出的球的数字之和是8",丁表示事件"两次取出的球的数字之和是7",则(　　)。

A.甲与丙相互独立　　　　　　B.甲与丁相互独立

C.乙与丙相互独立　　　　　　D.丙与丁相互独立

案例31考查了核心概念,对核心概念教学具有显著的引导作用。

(一)亡羊补牢未为晚——得分极低缘由

案例31创设"有放回摸球"情境,主要考查事件相互独立性,彰显"四翼"中的基础性。客观地讲,本题属于考查基本概念、应用基本方法的基础题型。然而,统计数据表明得分率较低。相关问卷调查结果表明:其一,教师普遍用解题教学替代概念教学,导致学生缺乏"造血"功能,这是概念教学长期以来存在的老大难问题;其二,教师不舍得花时间深入研究新、旧课标的变化,缺乏对比新、旧教材意识;其三,教师专业功底欠缺,难以深度分析概念本质,导致独立事件、互斥事件与条件概率关系模糊不清,甚至混为一谈。

(二)打破砂锅问到底——追寻命题历程

高考试题是命题专家精心谋略、反复打磨的智慧结晶。只有明白每一道试题的来龙去脉,才能达到引导教学目的。本题是如何命制的呢?事实上,绝大部分高考试题的"根"在课标、教材之中,这是公开的秘密。

1."根"就在《普通高中数学课程标准(2017年版2020年修订)》中

案例32:将一枚均匀骰子相继投掷两次,请回答以下问题:

(1)写出样本点和样本空间;

(2)用A表示随机事件"至少有一次掷出1点",试用样本点表示事件A;

(3)用$A_j(j=1,2,3,4,5,6)$表示随机事件"第一次掷出1点,第二次掷出j

点";用 B 表示随机事件"第一次掷出 1 点",试用随机事件 A_i 表示随机事件 B;

(4)用 C 表示随机事件"点数之和为 7",并求 C 发生的概率。

2."根"也在《普通高中教科书 数学 必修 第二册》(苏教版)中

案例33:一只不透明的口袋内装有9张卡片,上面分别标有 1~9 这 9 个数(1张卡片上标1个数)。"从中任抽取1张卡片,结果卡片号或为1或为4或为7"记为事件 A,"从中任抽取1张卡片,结果卡片号小于7"记为事件 B。试判断 A,B 是否为相互独立事件。

3."根"还在《普通高中教科书 数学 必修 第二册》(人教版)中

案例34:一个袋子中有标号分别为 1,2,3,4 的4个球,除标号外没有其他差异。采用不放回方式从中任意摸球两次。设事件 A = "第一次摸出球的标号小于3",事件 B = "第二次摸出球的标号小于3",那么事件 A 与事件 B 是否相互独立?

至此不难发现命题专家用案例31中的"6个相同的球,分别标有数字1,2,3,4,5,6"等价置换案例32中的"一枚均匀骰子";案例31中的"有放回地随机抽取两次"等价置换案例32中的"将一枚均匀骰子相继投掷两次";案例31中的"第一次取出的球的数字是1"等价置换案例32中的"第一次掷出1点";案例31中的"两次取出的球的数字之和是7"等价置换案例32中的"点数之和为7"。高考命题专家正是以案例32为"根",将案例32与案例33、案例32与案例34"嫁接",从而命制出案例31。案例31有力地说明课程标准中的案例、教材中的例题、习题往往成为命题专家命制试题的"抓手"。正所谓"题在书外,根在书(课标、教材)内"。

(三)拨开云雾见天日——得到相关结论

结论1:事件 A 与事件 B 互斥 $\Leftrightarrow A \cap B = \varnothing$。特别地,不可能事件与任意事件互斥,必然事件与不可能事件之外的任意事件均不互斥。

结论2:对于事件 A 与事件 B,且 $P(A)>0, P(B)>0$,若事件 A 与 B 互斥,则事件 A 与 B 不独立。特别地,必然事件、不可能事件与任意事件都是相互独立。

结论3:对于事件 A 与事件 B,且 $P(A)>0, P(B)>0$,则有事件 A 与 B 相互独立 $\Leftrightarrow P(AB)=P(A)P(B) \Leftrightarrow P(B|A)=P(B) \Leftrightarrow P(A|B)=P(A) \Leftrightarrow P(B|\overline{A})=P(B) \Leftrightarrow P(A|\overline{B})=P(A)$。

值得说明的是,借助结论1并通过集合运算可以判断是否为互斥事件。借助结论2可以快速判断互斥事件与独立事件之间关联,因为事件A与事件B互斥,推出事件A与事件B不相互独立;事件A与事件B相互独立,推出事件A与事件B不互斥。结论3为判断独立事件提供了多种不同的路径。

(四)横看成岭侧成峰——列举不同解法

对于上述案例31,为了便于叙述,不妨用E,F,G,H分别表示事件甲,事件乙,事件丙,事件丁。由题意可得

样本空间$\Omega=\{(m,n)|m,n=1,2,3,4,5,6\}$,即$n(\Omega)=36$;

事件$E=\{(1,n)|n=1,2,3,4,5,6\}$,即$n(E)=6$;

事件$F=\{(m,2)|m=1,2,3,4,5,6\}$,即$n(F)=6$;

事件$G=\{(2,6),(6,2),(3,5),(5,3),(4,4)\}$,即$n(G)=5$;

事件$H=\{(1,6),(6,1),(2,5),(5,2),(3,4),(4,3)\}$,即$n(H)=6$;

事件$EG=\varnothing$,即$n(EG)=0$;事件$EH=\{(1,6)\}$,即$n(EH)=1$;

事件$FG=\{(6,2)\}$,即$n(FG)=1$;事件$GH=\varnothing$,即$n(GH)=0$。

依据古典概型计算公式得到

$$P(E)=\frac{n(E)}{n(\Omega)}=\frac{1}{6}, \quad P(F)=\frac{n(F)}{n(\Omega)}=\frac{1}{6}, \quad P(G)=\frac{n(G)}{n(\Omega)}=\frac{5}{36},$$

$$P(H)=\frac{n(H)}{n(\Omega)}=\frac{1}{6}, P(EG)=0, P(EH)=\frac{1}{36}, P(FG)=\frac{1}{36}, P(GH)=0。$$

解法1(直接公式法):由上述分析可得

$P(E)\cdot P(G)\neq P(EG), P(E)\cdot P(H)=P(EH),$

$P(F)\cdot P(G)\neq P(FG), P(G)\cdot P(H)\neq P(GH)$。

说明事件E与事件H相互独立,即事件甲与事件丁相互独立,故答案选B。

解法2(条件概率法):依据条件概率计算公式可得

$$P(H|E)=\frac{P(EH)}{P(E)}=\frac{n(EH)}{n(E)}=\frac{1}{6}, P(H)=\frac{n(H)}{n(\Omega)}=\frac{6}{36}=\frac{1}{6}$$

$\Rightarrow P(H|E)=P(H)$。

说明事件E发生没有影响事件H发生的概率,即事件甲与事件丁相互独立,故答案选B。

解法3(结论排除法):由于事件$EG=\varnothing, GH=\varnothing$,说明事件$E$与事件$G$互斥,

事件G与事件H不独立。依据前面的结论可知事件E与事件G不独立,事件G与事件H不独立,从而排除选项A与D。作为单选选择题,选项B与C必有一个正确、一个错误。由于事件EH与事件FG包含样本点个数相同(均为1个),但是事件F与事件G包含样本点个数不同,而事件E与事件H包含样本点个数相同,说明事件E与事件G相对于事件F与事件G来说没有受到"影响",可以排除选项C,故答案选B。

解法4("独立"本源法):一方面,在事件E发生前提下,即$E=\{(1,n)|n=1,2,3,4,5,6\}$,此时事件H即事件H|E所包含的基本事件仅仅只有$\{(1,6)\}$,因此在事件E发生的前提下,事件H发生的概率为$P(H|E)=\frac{1}{6}$。

另一方面,在事件E不发生前提下,即$\overline{E}=\{(m,n)|m=2,3,4,5,6,n=1,2,3,4,5,6\}$,表明事件$\overline{E}$包含30个基本事件,此时事件H即事件$H|\overline{E}$包含5个基本事件:$\{(2,5),(3,4),(4,3),(5,2),(6,1)\}$,于是在事件E不发生前提下,事件H发生概率为$P(H|\overline{E})=\frac{P(\overline{E}H)}{P(\overline{E})}=\frac{n(\overline{E}H)}{n(\overline{E})}=\frac{5}{30}=\frac{1}{6}$,这就说明事件E不发生时,事件H发生的概率还是为$\frac{1}{6}$。说明事件E发生与不发生,事件H发生的概率恒为定值,这正是独立性的本质,即事件甲与事件丁相互独立,故答案选B。

上述解法1直接套用公式,这是判断独立事件最基本的方法;解法2立足于条件概率,表明条件概率与独立事件之间的内在联系;解法3借助结论,简单快捷,适合选择题,尤其单选;解法4回归独立事件的本源,即一个事件发生与不发生,另一个事件发生的概率恒定不变。事实上,两个事件相互独立的本质含义是其中一个事件的是否发生不会影响到另一个事件是否发生。值得特别说明的是,此处"其中一个事件的是否发生"包括这个事件发生与不发生两种情况;"不会影响到另一个事件是否发生"真正含义是"一个事件的是否发生不会影响到另一个事件发生的概率(结果),而不是表面的现象(过程)"。

第四节 尝试提炼教学主张

教学主张是教师区别于他人教学的重要特征,是教师个人接受教育经历、教育理论积淀、个人思维方式、教学认识、教学情感、教学经验、教学信念和教学风格共同作用的"化合物",因而其是极富个人色彩的。[①]

一 专家论述教学主张

(一)成尚荣教授的论述

我国现代教育专家成尚荣教授指出,名师应当有也必须有自己的教学主张。教学主张是名师"教育自觉"的关键性标志。名师应当是思想者,是反思性实践家。思想者、反思性实践家存在的价值之一,就在于思想,而教学主张正是对教育教学深刻思考后所形成的一种见解、一种思想,不仅表达了对事业、对学生热爱,情感上的自愿,也表达了理智上的自觉。教学主张是名师成熟、成功的核心因素。它在很大程度上表达着教师成熟的程度和专业发展的深度。教学主张是名师产生和保持影响力的重要原因,是具有影响力的名师与一般名师显著的区别。

成尚荣教授认为,教学主张是一种个性化的教学见解,它坚定地指向教学改革的实践。教学主张是对教学、对教学改革的一种坚定的见解。这种见解是个性化的、独特的、稳定的。另外,教学主张坚定地指向教学改革的实践,但又是实践经验的理性概括和提炼。可以说,教学主张在理论与实践中搭建了一座桥梁,闪烁着理性的光芒。

(二)王天平教授的论述

教育部西南基础教育课程研究中心副主任、西南大学教育学部王天平教授

---

① 罗莎莎,靳玉乐.教师教学主张的同质化现象及其规避[J].教育理论与实践,2020,40(10):56.

认为,教学主张是教师对如何开展教学活动所持的个人化教学见解,是优秀教师专业发展重要标志。教师自主提炼教学主张的方式有抽取教学实践知识、澄清教学观念系统、外显教学活动图式。教师自主提炼教学主张的流程包含厘定方向、提取概念、建构语义、拓展模式、检测理论。

王天平教授认为人们对教学名师、卓越教师、未来教育家等一个重要判断标准是此人是否拥有自己的教学主张和教学思想,但提炼教学主张是一个非常复杂的系统工程,除了考量当下教师提炼教学主张的实际情况,参考一些成功的实践方式,更多的是从教师自身的教学经验、理论水平、研究能力、语言表达等方面进行深层次挖掘。王天平教授主张以教学经验持续增长促进教学主张的顺利浮现、以自觉学习理论支持教学主张准确剥离、以教学学术研究实现教学主张规范构建、以准确的言语表达加强教学主张系统精炼、以适切专业指导克服教学主张提炼的障碍等基本条件提炼教学主张。

(三)余文森教授的论述

福建师范大学教育学院余文森教授认为,提炼教学主张,就是引领教师从教学经验走向教学理论,从教学思考走向教学思想。教学主张是名师教学的内核和品牌,是区别于其他教师的重要特征。教学主张是名师的教学思想、教学信念,也是名师的"个人理论",同时也是教育精神和学科文化的一种体现。教学主张的研究包括理论研究和实践研究两部分。理论研究包括对教学主张的概念和内涵进行界定、对教学主张的理论基础和依据进行说明、对教学主张的具体观点和内容进行阐述。实践研究包括教学主张的教材化研究、教学化研究、人格化研究,其本质在于把教学主张及其蕴含的思想、智慧有机地融入教材、教学和教师人格之中,使教学主张实践化、可视化、人格化,这一研究也就是所谓的行动研究。

余文森教授指出,教学主张是名师钻研和解读教材的独特视角,是名师发现、挖掘教材新意的探测器,用教学主张来解读教材,才能赋予教材个性和生命;教学主张是名师引领和统领教学的灵魂,是教学活动的导航器,它使名师的教学活动深深地"烙上"自己的色彩和痕迹,从而展现出独特的"韵味""格调""风貌"。从实际来看,成熟的教学主张不仅是名师教学特质、个性的内核和前提,也是教师教学深度、高度的基础和保证,可以有效防止教学同质化和平庸化。

余文森教授还认为,教育主张形成的路径有两条,第一条是归纳的路径,其特点是实践导向、"兴趣"驱动、做事逻辑;第二条是演绎的路径,其特点是理论导向、"课题"驱动、学理逻辑。就教学主张的形成而言,归纳路径是一条缓慢积累、滴水穿石、内力积聚的发展道路;演绎路径是一条自觉、激进、短平快的发展道路。实际上,两条路径并不是截然分开的独立路径,它们之间是相互交叉、你中有我、我中有你的关系。多数名师教学主张的形成走的是综合路径,既有演绎又有归纳,关键在于适合各自的发展特点。

二 提炼教学主张视角

基于个人的实践经历与理论研究,有专家学者认为教师可以从学科、教育及儿童等视角来提炼主张。

第一,学科视角。每门学科都有其特殊性,它表现为学科的本质、性质、特点、功能和任务。具体地讲,每个学科对学生的发展价值,除了一个领域的知识以外,从更深的层次看,至少还可以为学生认识、阐述、感受、体悟、改变这个自己生活在其中并与其不断互动着的、丰富多彩的世界(包括自然、社会、人、职业、家庭、自我、他人、群体、实践、交往、反思、学习、探究、创造等)和形成、实现自己的愿望,提供不同的路径和独特视角,发现的方法和思维的策略,特有的运算符号和逻辑;提升一种唯有在这个学科的学习中才可能获得的经历和体验;提升独特的学科美的发现、欣赏和表达能力。[1]

教师一定要清晰所教学科的精神特质是什么,这样的精神特质对于学生的发展来说究竟意味着什么。只有抓住所教学科的精神特质才能真正彰显这门学科对于学生发展的价值。学科性是教师提炼自己教学主张的基本视角和重要途径。很多名师的教学主张就是基于对学科特点、功能和精气神的深刻洞察、把握和领悟而提炼出来的。比如,"语用语文""文化语文""感性语文""有思想的教学""智慧数学"等教学主张,它们都彰显了学科的精神内涵和价值追求。

第二,教育视角。真正的教学是教人而不是教书。语文教师不是教语文而是用语文教人,数学教师不是教数学而是用数学教人。各门学科的性质、任务有所不同,但育人、培养人的使命和任务是一样的,所以人才是教育的共同对

---

[1] 叶澜.重建课堂教学价值观[J].生物学教学,2003,28(2):5.

象。正如叶圣陶先生教诲:"我如果当中学教师,绝不将我的行业叫作'教书'……我与从前书房里的老先生其实是大有分别的。他们只须教学生把书读通,能够去应考试,取功名,此外没有他们的事儿;而我呢,却要使学生能做人,能做事,成为健全的公民……我无论担任哪一门功课,自然要认清那门功课的目标,如国文科在训练思维,养成语言文字的好习惯,理化科在懂得自然,进而操纵自然之类;同时我不忘记各种功课有个总目标,那就是'教育'——造成健全的公民。每一种功课犹如车轮上的一根'辐',许多的辐必须集中在'教育'的'轴'上,才能成为把国家民族推向前进的整个'轮子'。"[1]

王建华教授认为:"人是一切事物有意义和价值的源头。没有人就没有一切……无论何时,教育必须首先要去培养一个人,然后才是培养一个律师或医生,而不能相反。教育的最终目的是人性的实现,是让人成为人而不是把人变成工具。"[2]这意味着教学主张的提出要符合教育教学规律和培养目标要求,体现教育教学的永恒价值和终极使命,不要为教育教学的一些表面现象和短期效应所迷惑。教育性是教师提炼自己教学主张的核心视角和主要途径,"真善美意韵的语文教学""人格语文""人文素养导向的历史教学""和谐教学:我的数学教学追求""科学素养旨趣的物理教学"等主张都是强调和体现以人为本的教育价值。

第三,儿童视角。教师既要有自己的学科专业,又应有超越学科的专业——"第一专业"。"第一专业"具有在先性、前提性、统领性和牵引性,这'第一专业'就是儿童研究。教师在"第一专业"发展中,逐步成为儿童研究者,成为儿童研究专家,以至成为儿童教育家,这既是教学改革的走向,又是教师专业发展的伟大目标。美国当代著名教育学家爱莉诺·达克沃斯明确指出,不仅儿童研究是教学的基础和前提,而且教学本身就是一种儿童研究,教学的过程就是儿童研究的过程,儿童研究的目的是"诞生精彩的观念"。这里涉及两个问题,一是教师要研究儿童,研究儿童是怎样学习、思考和发展的,教学过程既是教师引导、组织儿童学习的过程,又是教师观察、研究儿童学习的过程;二是儿童的学习过程也是儿童自己研究的过程,这个过程绝不仅仅是学生接受书本和教师的知识和观点的过程,而且是学生发现知识和诞生精彩观念的过程。

---

[1] 叶圣陶.如果我当教师[M].长沙:湖南人民出版社,2022:90-95.
[2] 王建华.论人类的教育[J].清华大学教育研究,2014,35(2):29.

当然,提炼教学主张还有其他视角和途径。就上述视角和途径而言,彼此也不是截然分开,而是相互融合,只是侧重点不同而已。教学主张的提炼要有一定的高度,但也要防止大而空;要有一定的厚度(内涵),但也要防止泛而全。教学主张的文字表达要力求简洁、有力、富有个性。一个好的教学主张,一定有一个醒目的题目,且合理准确;一定要说明主张"为什么",即提出的背景和依据;还要解读主张"是什么",即给主张下定义;最后如何实施主张,即"怎么做",结合具体的课堂教学展开阐述。

三 提出理性数学教学主张

任何教师的教学主张既不是一蹴而就,也不是从天而降,而是在长期的教学实践基础上,在不断地反思质疑中,在持续的理论引领下,一步一步地、一个阶段一个阶段地提出、修改、发展、完善的。这一过程往往伴随着多次循环往复,且每次都在不断提升,不断深化,不断重构,最终提炼出属于自己个人的、具有鲜明特色的教学主张。

(一)名家教学主张经历阶段

南京市江浦实验小学的任荔老师认为,中小学课堂存在的亟待解决的问题是教师提炼教学主张的"催化剂"。教师在对问题的反思中寻找突破口,进而提炼自己的教学主张。任荔老师主要从直面课堂"顽疾"、扎根课堂"第一现场"、实现价值的"同频共振"等方面着手,提出了"五有课堂"的教学主张。清华大学附属小学的窦桂梅老师通过不断地回顾与反思,提出了"语文立人"的教学主张,她常常这样说:"我是教语文的,我是教人学语文的,我是用语文教人的。"江苏省南通师范学校第二附属小学的李吉林老师将理论与实践融会贯通,诠释了教育教学人生中的"中心思想",并在大量的实践基础上,从"情境教育""情境课程""精神坐标""思想基座"等多个层面深化与重构,提出了"情境教学研究"的教学主张。上海市嘉定二中钱梦龙老师长期从事语文教学,总结出"三主四式"语文导读法的操作程序和理论体系,提炼出"语文导读"的教学主张。数学专家于永正老师基于追求教学本质、教育本质、生命本质,提炼出"重情趣、重感悟、重积累、重迁移、重习惯"的"五重教学"教学主张。当代教育名家魏书生先生提出"六步教学"教学主张,即定向、自学、讨论、答疑、自测、自结。中国当代著名的小学数学教学专家邱学华老师通过40多年的思考研究和教学实践,形成持之以恒、一以贯之的教育教学的"灵魂",提炼出具有中国特色的"尝试教学"教学主张。

(二)我的教学主张经历阶段

教学主张是名师教学思想与教学信念的显性表达。其提炼过程并非一帆风顺,教学主张的名称往往需经过多次推敲,而其内涵的刻画也会随着时间的推移而不断深化。这一过程伴随着教学经验的不断积累、教学能力的显著提升、教育理论的日益完善、教研成果的积极转化、个人胸怀与视野的逐渐扩大,以及在专家学者引领下的持续提炼、深化、拓展、完善与超越。如此,教学主张方能更加成熟、丰富,具有更强的指导意义和实践价值。我的教学主张经历了朦胧期的数学解题教学、萌芽期的解决数学问题、形成期的数学概念教学、成熟期的理性数学教学、定型期的理性数学等五个阶段。

1.主张的朦胧期:数学解题教学

在1987—1993年期间,初为人师的我,没有如今的师傅带教,学校也很少组织教研活动,更没有外出学习、观摩的机会。一本教材、一支粉笔、一块黑板就是我的全部家当,我的课堂教学也基本上就是"一个人口若悬河、一群人默默无闻"的"填鸭式""满堂灌""一言堂"的传统教学方式。教学内容以题型归纳、经验总结的解题教学为主,侧重解题结果,较少涉及为何这样解题及解题依据。从新授到复习、从课内到课外,破解数学题目成为教学主旋律,主导着教学工作的方向。课堂教学,尤其数学概念教学则处于"一个定义、二项注意、三道例题、N套强化"的机械化解题教学框架之中,显得颇为生硬且缺乏深度。

2.主张的萌芽期:解决数学问题

在1994—2004年期间,我的教学理念从纯粹的解题教学逐步转向理解教材。随着教学经验的积累,教材研究的深入,我逐步明白解题不是数学教学的全部。数学教学不应仅停留在解题而应聚焦解决数学问题,于是我开始关注数学概念与实施概念教学。我怀揣着对辨析并完善数学概念的深切渴望,开始暗自模仿身边的特级教师,尝试追踪概念演变过程与渗透思想方法,同时经常提醒自己要有解决问题的意识。在这一过程中,我的课堂教学也悄然发生了转变,从纯粹的解题逐步过渡到想说理由但又说不清道理的困惑、焦虑阶段。

3. 主张的形成期:数学概念教学

在2005—2014年期间,我的教学模式、教学理念、教学思想深深地受到当代教育名家、著名数学特级教师任勇先生的熏陶。另外,在2011—2013年期间,我有幸前往东北师范大学附属中学、天津市南开中学、东北育才学校等名校观摩、跟岗,从而开始关注学生数学思维品质的培养。在东北师范大学数学与统计学院郭民教授、秦德生教授等导师长达两年的指导下,我首次暗暗地提出"概念教学"这一教学主张,促成了教学主张从具体操作性的"解题教学"优化到数学教学核心环节的"概念教学"。

4. 主张的成熟期:理性数学教学

在2015—2020年期间,我的"概念教学"这一教学主张遭遇了"瓶颈"。我意识到,概念是数学教学核心环节,但数学教学并不仅仅只有"概念教学",比如,如何在解题教学中优化学生理性思维品质;如何在定理公式教学中培养学生理性精神;如何在数学运算过程中加强学生算理的阐述;如何在逻辑论证过程中提升理性思辨能力;等等。为此,我经过不断地实践、思索,逐步认识到概念教学固然重要,但数学教育更要承担着优化思维、发展智力、提升素养的使命。无论是新授课型的概念教学,还是巩固精致概念课型的例题教学,还是复习总结课型的解题教学,我都力求形成一种常态化的说理与论证推理模式。正是基于这样的学科视角与深刻理解,我开始酝酿"理性数学教学"的新主张。最终,在第十三届"苏步青数学教育奖"颁奖活动暨中学数学教育论坛上,我第一次明确提出了"理性数学教学"的教学主张。

5. 主张的定型期:理性数学

在2021—2024年期间,我成为厦门市首期卓越教师培育对象并在西南大学接受为期三年的培养。期间,有幸得到理论导师陈婷教授与实践导师康世刚研究员手把手、面对面的精心指导,并系统、全面、理性地借鉴、赏析了其他学科名师的教学主张。

2022年10月,我当选国家级教学名师,并于同年12月,确认为福建省高层次A类人才。作为国家级教学名师及省级高层次人才,我深感肩负的责任更大、使命更加光荣。我开始深刻反思"理性数学教学"主张,并坚持数学教育立德树人的根本任务,为党育人、为国育才的根本目标。在此过程中,我渴望能将这一教学主张从学科视角的"理性数学教学"演绎为教育视角的"理性数学"。

2022年4月,我有幸受邀在中国数学会数学教育分会首届学术年会上做90分钟关于数学概念教学专题报告;2022年10月,我被聘为中国数学会数学教育分会中学数学教育工作组核心成员;2023年,我被聘为全国学科教育联盟数学学科核心专家。这些经历不仅为我提炼、践行、丰富"理性数学"教学主张提供了极其宝贵的、难得的机遇,而且名家大师们谦卑的为人、渊博的学识、敬业的精神感染、激励着我,让我的"理性数学"教学主张深深烙印在教育教学、日常生活、为人处世之中。作为一名有着近40年教龄的教师,我更加迫切渴望丰富并完善"理性数学"主张,并为之而努力拼搏。

第三章

阐述教学主张

　　教学主张是教师在教学过程中所坚持的教学原则,是教师有效开展课堂教学活动的指导思想和方法论。教学主张是教师的教学思想,是教师结合自己的教学经验和理论学习总结出来的一种教学观点。教学主张是教育教学过程中的理念和目标,是教育业务中的活动纲领,反映了教师的教育理念、教学思想和教学风格。教学主张蕴含着教师对教学规律的深刻把握、对教学对象的精深理解、对教学追求的理性概括的一种见解、一种思想,是优秀教师专业发展的重要标志。教师在丰富的教学实践经验基础上,在借鉴其他名师成熟的教学主张过程中,在深厚的学科理论素养支撑下,提炼出自己的教学主张后,需要进一步概述教学主张的理论依据,释义教学主张的本质,阐述教学主张的内涵,方能凸显教学主张的特色。

第一节 概述教学主张理论

福建教育学院郭春芳等学者认为教学主张理论依据应该从教育学、课程与教学论、哲学、认识论、社会学、心理学等学科去寻找。理性数学的"理"体现在理论支撑，基于理论的高度，理智地、全面地、辩证地对课堂中、教学中、科研中出现的问题做出理性的分析，才能真正找到解决问题的方法。没有理论的分析，仅仅停留在肤浅的经验层面，难以深入问题的本质与本源，因此必须加强理论素养的积淀。我提出、提炼、完善"理性数学"教学主张的主要理论依据为美国斯坦福大学教育学家舒尔曼提出的学科教学内容知识理论、美国哥伦比亚大学心理学家伍德沃斯提出的跨学科教学理论、加拿大多伦多大学认知心理学家杰弗里·辛顿提出的深度学习理论及中国学生发展核心素养研究首席专家、北京师范大学认知结构理论学者林崇德提出的学科核心素养理论。

一 学科教学内容知识理论

（一）学科教学内容知识

早先，人们普遍认为，只要拥有丰富的学科内容知识（CK：Content Knowledge）就是好教师。20世纪70年代以前的美国教师资格认证制度的"范式缺失"充分说明仅有CK远不算优秀教师，教师还必须熟练掌握一般教学法知识（PK：Pedagogical Knowledge）。只有当PK与CK特殊整合并高度融合，教师才能将自己所掌握的学科知识转化成学生理解的教学形态知识，这正是舒尔曼于1986年提出学科教学内容知识（PCK：Pedagogical Content Knowledge）理论的缘由及最初的界定，PCK是教师独一无二的知识与领域。

数学学科教学内容知识（MPCK：Mathematics Pedagogical Content Knowledge）是从PCK中演绎出来且专门论述数学学科教学内容知识的，是数学学科知识（MK：Mathematics Knowledge）与PCK的完美结合。MPCK就是三个基本集合MK、PK、CK的公共部分。教学经验越丰富，MK、PK、CK越大，其交集部分也越大，形成学科教学知识就会越丰富，实施数学教学效果更好，因此数学学科教学内容知识(MPCK)是数学教师从事专业教学所应具备的核心知识,它是区分学科专家与教学专家的分水岭,是衡量新手教师和专家教师、低效教师和高效教师的分界线。

舒尔曼提出PCK理论后,立即引起世界各国学者的高度关注。我国起步相对较晚,白益民指出,学科教学知识不是专业学科知识和一般教学法的简单综合,也不是随着这两种知识的获得而自然获得。徐碧美认为,PCK把学科知识加工转化为学习者能够理解的表征方式,转化过程要求教师对学科知识有足够的理解,同时具备关于学习者、课程、环境和教学法的知识。范良火把数学教师的PCK定义为关于表达数学概念和过程的方式的知识,认为PCK的来源有教师接受正规职业前作为学习者的经验、职前培训经验及在职经验。刘清华认为,教师PCK可以通过不同渠道获得发展,其中最重要的来源是教学经验和反思,其次是作为学生时的经验、有组织的专业活动、教科书与教学参考书等。

对于MPCK的发展,安淑华等人认为,MPCK包含三个因素:内容知识、课程知识和教学知识(包括学生思维、教学环境和教学策略等)。徐章韬等人认为,学科知识和学科教学知识是成功教学背后的两个决定因子,以期寻求学科知识和学科教学知识是如何有机融合。黄毅英等人认为,MPCK是数学教师从事专业教学所应具备的核心知识,并以韦恩图为基础,构建了MPCK的一般模型。他们认为,数学教师开展概念教学应具备三类知识即MK、PK、CK。在实际开展教学时,教师一般需要综合运用这三类知识,才能把学术形态的数学知识有效地转化为教育(教学)形态的数学知识,从而达到帮助学生理解数学的目的。他们还指出,数学教学应从数学知识结构解读、引入数学史、渗透数学文化、学与教的过程中常见的疑点、困惑等方面着力。汤炳兴等人认为,应拓展本体性知识,朝着高等数学思维转变;提高贯彻探究能力,在自身学习过程中学会"做数学";学一点数学史知识。童莉指出,教师的数学知识向数学教学内容知识转化,最终生成MPCK的过程是一个动态的建构过程,它需要教师在真实的教学情境中自主建构。教师的教学认知发生场地主要在课堂,MPCK的发展也是来源于课堂教学,因此,在课堂教学中,必须以教师自身已有的数学知识和经验为背景去进行主动建构。童莉将MPCK称为"教师的数学学科教学内容知识",它包括教师所知道的、所理解的、所使用的数学教学内容知识这三个层面的含义,具体由两核心、五成分构成。(1)特定数学内容与教学联合的知识,包括:①怎样按有意义的顺序来组织和呈现数学内容;②为了促进学生的理解应该提供哪些形式的表达方式(解释、图形、符号、情境和操作等)。(2)特定数学内容与学生联合的知识,包括：①学生在特定数学内容的学习中会遇到什么困难；②学生有哪些看法或误解；③教师所使用的教学方法是怎样处理学生的困难和误解的。李渺、宁连华认为,MPCK 是由 MK、PK、CK 及 TK(教育技术知识)融合而成,并将MPCK 划分为微观层面和宏观层面。

尽管研究者对数学学科教学知识的结构持有不同意见,但对其本质的认识却是一致的,即 MPCK 是最能体现数学教师专业性的独特知识,它不是某一类单独的知识或简单的程序性知识,而是一种复合型的知识,是一种融合的知识,是具有情境性的实践智慧。教师具备这种知识能够帮助学生实现学术形态数学知识向教育教学形态数学知识的转化。更为重要的是,这种知识是完全可以传播的。

显然,教学实践的反思与交流是 MPCK 得以传播、发展的最主要并且最有效的途径。可见,基于数学课堂的概念教学的 MPCK 案例研发及教学设计对于数学教师发展 MPCK 具有重要的意义。对于作为研究者的一线教师而言,案例研发及教学设计的过程既是反思与提炼的过程,也是重构与生成的历程。

杨秀钢从数学教学观、学生理解的知识、数学课程的知识和数学教学方法与策略的知识等方面分析了数学教师的 PCK。徐芳芳以导数知识为例,研究影响高中数学教师学科知识与学科教学知识的主要因素。柳笛运用案例研究法对 6 名数学教师关于函数内容的教学进行课堂观察、深度访谈,以数学内容知识、学生理解的知识、效果反馈的知识和教学策略的知识为 PCK 分析框架,探寻职业初入的高中数学教师与有经验的高中数学教师在学科教学知识方面的差异以及学生对教师学科教学知识的观点。李秉彝指出,MPCK 研究不能仅仅停留在理论与研究层面,还要关注实效,必须在课堂教学中给予实证。李渺又通过分析 2 名教师对"函数单调性"教学活动的安排,指出优秀教师 MPCK 的特点包括按照"知识发生、发展过程"来呈现学习内容,开展"促进学生思维参与的教学对话"来了解学生学习情况。著名数学教育家张奠宙指出,将数学的"学术形态"转变为"教育形态"(教学形态),是数学学科教学知识研究的主要任务之一。也就是说要针对特定主题进行 MPCK 案例研发及教学设计,探寻特定主题MPCK 的内涵和表现形式。他还指出,MPCK 研究需要倡导"草根式"研究,让一线数学教师有话语权,结合数学课程改革与课堂教学,走中国特色的研究之路。

(二)学科教学内容知识理论应用

案例35:现有以下三个命题:

甲:掷1枚质地均匀的骰子。事件M:"出现点数为奇数";事件N:"出现点数为偶数";

乙:袋中有大小相同的5个红色球、5个黄色球,依次不放回地摸出2个球。事件M:"第1次摸到红球";事件N:"第2次摸到红球";

丙:分别抛掷2枚硬币。事件M:"第1枚正面向上";事件N:"2枚结果相同"。

其中事件M与事件N相互独立的有(　　)个。

A.3　　　　　　B.2　　　　　　C.1　　　　　　D.0

(命题专家给出的答案为D)

1.争论焦点

对于上述甲,容易判断事件M与事件N是对立事件,显然不是独立事件。

对于上述乙,因不放回,显然事件M发生对事件N有影响,故事件M与事件N不是独立事件。

对于上述丙,教师之间产生较大分歧,争议焦点在于:事件M的发生对事件N的发生是否有"影响"。

一部分教师的观点(观点1):将"事件的相互独立性"编排在"条件概率"之后,也就是说"事件的相互独立性"是紧接着"条件概率"之后学习的。而条件概率的本质就是事件M的发生对事件N的发生有直接"影响",故而形象地记作$P(N|M)$,因此独立事件的核心就是事件M的发生对事件N的发生没有"影响"。简而言之,事件之间没有"影响"就是独立事件,这是一线教师普遍观点。正是从这个指导思想出发,对于上述丙,在事件M发生前提下,事件N只发生"正面、正面"一种情况,从而认定"影响"了事件N发生,因此判定丙中事件M与事件N不是相互独立,故答案为D。

另一部分教师的观点(观点2):两个事件是否独立,不能仅仅凭表面是否"影响",而是要通过具体的计算才能确定,即需要验证:

$$P(MN)=P(M)P(N). \qquad ①$$

若满足上述①,则相互独立;否则,不是相互独立。

事实上，由计算易得

$P(MN)=\frac{1}{4}, P(M)=\frac{1}{2}, P(N)=\frac{1}{2}$。

显然满足上述①，说明上述丙中的事件M与事件N相互独立，故答案为C。

2.理性分析

从表面上看，争议的焦点似乎答案到底是选C还是D的问题，其实质在于厘清判断独立事件的标准是什么，以及这一判断所依托的理论依据是什么。

(1)模棱两可——质疑是研究的原动力

没有事件M时，事件N包含"正面、正面"与"反面、反面"两种情况。而在事件M发生的前提下，事件N只能发生"正面、正面"这一种情况。事件M的发生对事件N的发生确实有"影响"，这是不可否认的。但上述观点2是通过定量计算，符合独立性定义，显然是正确的，不容置疑。

(2)精准定义——概念教学的首要原则

美国伍鸿熙教授认为概念教学有五个相关联的基本原则，其中首要原则就是概念必须精确定义。遇到棘手问题，尤其涉及概念问题，一线教师首先想到的是仔细、慎重、全面查阅该概念的原始定义。

定义：设A,B为两个事件，若$P(AB)=P(A)P(B)$，则称事件A与事件B相互独立。

定理：设A,B为两个事件，$P(A)>0,P(B)>0$。若A,B相互独立，则$P(B|A)=P(B)$；反之亦然。

上述定义与定理为判断独立事件提供了理论依据，同时也是具体操作步骤，即依据$P(A)>0,P(B)>0$，则有

事件A,B相互独立$\Leftrightarrow P(AB)=P(A)P(B)$。　　　　　　　　②

上述②并不奇怪，因为数学定义中很多就是充要条件。据此可知上述观点2正确，毫无疑问答案应该为C，也就是说上述丙中的事件M与事件N相互独立。

(3)深度研究——看清"影响"的本来面目

定量分析具有精确、严谨特征，但由于定量分析需要进行详细推理、运算，因此过程略显复杂。相对而言，定性分析简单、明了，但遇到较为复杂的问题就容易因表面现象蒙蔽而出现错误。其实，上述观点1是定性分析，上述观点2才

是定量分析。那为何定性分析容易出现错误呢？到底问题出在哪儿呢？

"影响"是指对别人的思想或行动起作用。具体到数学概念"独立事件"中的"影响"又该如何界定呢？

其实，我们平常所说的事件 M 发生是否"影响"事件 N，不能仅仅从表面上看，不要以为事件 N 所含基本事件个数在表面上的减少就是受到了"影响"。上述观点1就是受表面诱惑，即"所含基本事件个数较少"而导致错误。当总的基本事件个数减少（即样本空间缩小）时，概率计算公式中分母变小，其分子同时也在相应减少。当分子、分母同时减少，只要其比值不变，我们就认为不受"影响"，即独立事件。

以上述丙为例，由计算可得

$$P(N|M)=\frac{1}{2}=\frac{2}{4}=P(N)\Rightarrow P(MN)=P(M)P(N)。$$

上述分子、分母确实发生变化，即表面上似乎有"影响"，但发生的是"成比例"变化，因而没有改变最终比值，即概率没有受到"影响"，故为相互独立。

综上所述，独立事件中的"影响"并不仅仅是指"过程"，而是最终"结果"；独立事件中的"影响"尽管影响了"表象"，但只要不妨碍最终结果即本质，依然是独立事件；独立事件中的"影响"并不仅仅是指表面的基本事件个数（即样本空间）变化，而是指最终概率是否满足上述②。对于具体的独立事件相关问题，不能仅凭定性分析下结论，还要进行定量分析。从定性分析到定量分析是实施宏观到微观的必由之路，更是实现"估值"到"精算"的必经之道。因此，上述②既是判断独立事件的理论依据，也是判断独立事件的具体操作过程。

3. 感悟体会

(1)扪心自问——错误不是学生"专利"

数学"学习"和"错误"是一个相伴过程，"错误"是数学研究中的永恒话题。有些教师以为这是学生的"专利"，其实教师也不例外。从认知角度分析，教师在概念教学过程中犯错误是难免的。教师也是在不断地犯错、不断地纠错中成长的。正是因为教师对数学概念的理解可能出现偏差甚至错误，因此对数学概念的把握愈加精准，教师才会变得更加成熟。

"错误素材"是难得的、宝贵的教学资源。"照照镜"——教师深刻反思概念教学的失误之处，诚恳看作检查自己教学效果的一面镜子；"治治病"——顺着错误思路,深究错误起因、深挖错误根源、深思错误预防,从本源上找出"元凶"、铲除"土壤"、肃清"根基",真正厘清概念、吃透概念。正如黑格尔指出:"错误本身乃是达到真理的一个必然的环节。"概念教学不仅是教学生的过程,更是教师提高自身业务水平,尤其是夯实自身功底的绝佳历程。难怪不少名家大师说:"听听数学概念课就知道一名数学教师业务功力。"

(2)追根溯源——越辩论越清晰

数学显著特征之一就是高度抽象,这就决定数学概念的深奥。数学概念需要辨析,越辩越明、越争越清。在集体备课中,教师之间需要辩论;在实施教学中,师生之间、生生之间需要辩论;在公开教学中,教师与专家、专家与学者之间需要辩论。概念既可以从"正面"辨析,也可以从"反面"辨析,即借助错误案例分析,在"错误"中"辨析",在"反例"中"争论"。对于有些概念,反面案例更能一针见血地分析概念内涵,其效果甚至远远胜过正面案例。

(3)概念教学——本质是"玩"概念

李邦河院士指出,数学根本上是玩概念的,不是玩技巧。由此说明概念教学在数学教学中占据举足轻重的地位。章建跃博士指出,对数学概念教与学的研究,是数学教育心理学的主要任务之一。没有对概念内涵的把握,对概念的性质研究就会成为无本之木、无源之水、无米之炊。从定性到定量地展开研究而获得数学概念的性质,这是"玩概念"的重要一步。只有这样才能构建概念与概念之间的纵横网络,才能真正理解概念。

(4)哲学原理——升华MPCK理论

自舒尔曼提出PCK理论以来,数学教学知识的研究便逐渐从泛学科的PCK研究中独立出来,专门聚焦于MPCK的理论研究。MPCK已成为数学教师从事专业教学不可或缺的核心知识体系,为其教学实践提供了坚实的理论依据。数学概念的教学,不仅需要具备数学眼光,更需融入哲学视野,以哲学的深邃与统领力为指引。站在哲学的高度,我们能够高屋建瓴地指导具体的数学学科教学,这正是MPCK理论得以升华与创新的关键所在。

独立事件中的"影响"折射了哲学原理:运动(如样本空间变化)是绝对的,静止(如比值不变)是相对的。动中有静、静中有动、动静结合、和谐统一。正是因为独立事件中蕴含着这一哲学原理,教材编写人员才在编写教材时特意将"事件的相互独立性"紧紧安排在"条件概率"之后。这也从侧面说明了独立事件可以看作特殊条件概率,即在事件 M 发生的前提下,对事件 N 发生的"影响"

很小(比值相差很小),当"影响"小到几乎可以忽略不计时,我们就认为是独立,这正是辩证法量变到质变原理的具体体现。同样的道理,我们也可以将互斥事件看作特殊独立事件,即当事件 M 发生对事件 N 发生不仅有影响而且影响很大,大到足以让另一个事件不可能同时发生时,我们就认为是互斥。

通过事物之间普遍联系观点,深刻揭示这些概念之间的内在关联,这正是概念教学的重中之重,其中渗透了转化与化归、有限与无限、或然(偶然)与必然等数学思想。像这样的案例在高中数学中处处可见,比如,切线是割线的极限位置就彻底解决了一直困扰师生"切线与曲线的公共点个数问题"。其实切线与曲线的公共点可以是一个、两个乃至无数个。换句话说,切线的判定与公共点个数毫无关系。这一观点进一步阐释了初中所学的"切线与圆只有一个公共点"的特例,它只是表明,圆作为一种特殊曲线在切线性质上的独特表现。再如,圆台上底面无限缩小的极限位置就是圆锥特例、圆台上下底面逐步相等时就是圆柱特例,这样就将三者紧紧联系在一起,从而有效地解决了学生记不住三者的侧面积、全面积、体积等一堆公式的烦恼。又如,圆锥曲线的原始定义,可概括为动点到两个定点距离的和(差)为定值的点的轨迹是椭圆(双曲线)。定义本身就蕴含着运动中有静止,静止之中又时刻在运动,因此几乎所有的解析几何综合问题的最后落脚点都是涉及定值、定点问题就不足为怪。还如,一直"折磨"一线教师的"任意角三角函数"为何与"解三角形"被教材编写人员"活生生"拆开并被编排在不同的模块之中,就是因为任意角三角函数的产生并不是因为解三角形的需要,更不是初中锐角三角函数的推广,而是为了描述客观世界无处不在的周而复始、循环往复的周期现象。说到底,任意角三角函数是为研究"周期现象"而生,而圆周运动则是最佳的模型,因此新课标教材采用"单位圆定义法"而摒弃长期以来并被大家熟悉的"终边定义法"就是顺应时代的发展、顺应课改的理念。这就是章建跃博士在很多文章、著作及讲座中一直呼吁一线教师回归三角函数本质的缘由所在。

由此可见,在实施数学概念教学中不仅要渗透数学思想方法,更要加强辩证唯物主义哲学原理的有机融合,特别是联系与发展的观点、运动与静止的观点、量变与质变的观点,从而为MPCK理论注入新鲜血液,为数学概念教学奠定坚实基础。

二 跨学科融合教学理论

(一)跨学科融合教学理论

长期以来,传统的分科教学课程体系导致了学科之间的彼此孤立、相互分离。新时代的发展需要培养具有跨学科视野的复合型人才,这样的教育导向有利于学生对知识体系的整体性理解和把握,从而强化教育和真实世界的有机联系。随着时代的发展,信息的融通,人与人之间的联系更为紧密。当今社会处于知识经济时代,科技发展出现了新特征,表现为建立在高度分化基础上的高度综合,而且综合发展的趋势越来越占主导地位。[①]有人认为,现实生活中的问题都具有跨学科性,如果进行合理的判断与分析,就要依靠全面的知识。

"跨学科"(Interdisciplinary)这一概念的提出是一个历史发展的过程,其最早出现在20世纪20年代美国社会科学研究理事会的会议速记中,另外,最早公开使用"跨学科"一词的是哥伦比亚大学著名心理学家伍德沃斯。伍德沃斯认为,跨学科是超越一个已知学科边界而进行的涉及两个或两个以上学科的研究领域。布鲁斯等人认为,跨学科不是学科的自成一体运作形式,而是通过不同学科视角综合处理同一问题,并提供系统性结果。西南大学教育学部艾兴教授指出:"跨学科主题学习本质上是基于课程目标,依据教材,用主题、任务、问题等进行课程内容和教学方式的重构。跨不是目的,高质量学习才是跨学科主题学习的目标。"学者张华认为,跨学科既是不同学科之间彼此融合的价值追求与时代精神,又是一种强调互动建构、合作探究的学科研究的知识论与方法论。

国外对跨学科教学的研究起步较早、发展较快、成果较多。20世纪60年代,欧美一些国家已经开始探索跨学科融合式教学,如美国政府在《共同核心州立标准》中提出了跨学科读写教学。2002年,德国许多州都在进行基于跨学科教学理念的新一轮教学计划和教学大纲改革。2016年,芬兰正式确立了以"跨学科学习任务的建立和七种横向跨学科能力的培养"为目标的课程改革目标。20世纪80年代,我国开始引入交叉学科、跨学科教学、STEM以及STEM+衍生教育。发展至今,"跨学科"已经形成跨学科研究与跨学科教学等两大具有代表性的领域。另外,跨学科教学作为一种创新教育模式非常契合我国创新性发展对人才培养的现实需求,旨在培育学生跨学科素养。近年来,我国对跨学科教学、

---

① 华志远.以高中数学为主导的跨学科教学探索与思考[J].数学通报,2022,61(6):30.

跨学科学习、跨学科融合高度重视，出台了一系列指导性文件。2014年，教育部颁布的《关于全面深化课程改革 落实立德树人根本任务的意见》指出，开展跨学科主题教育教学活动，将相关学科的教育内容有机整合，提高学生综合分析问题、解决问题能力。随着我国课改的稳步推进，知识之间的关联愈加密切，2022年，教育部印发的《义务教育课程方案和课程标准（2022年版）》完善了跨学科主题教学方案，彰显了核心素养导向的跨学科课程实施，指出跨学科融合是提升教学质量，优化思维品质，提升核心素养的抓手。华东师范大学课程与教学研究所所长崔允漷教授认为，新课程中的跨学科主题学习是以科目之跨为起点、以主题整合为抓手、以实践学习为路径、以素养培养为旨归。

　　跨学科教学是世界范围内的教育改革前沿性课题。重视学科的交汇与融合，不仅是教育发展的必然趋势，也是教育进步的时代特点。跨学科教学遵循整体主义课程哲学观，跨学科教学的理论内核在于建构主义。认识论是跨学科教学的目标先导，正如美国学者指出，跨学科教学需要全面解析认识论、现象、假说、概念、理论和方法等基本要素。跨学科教学即为跨越学科界限的教学，是指以一个学科为中心，在这个学科中选取一个中心主题，运用不同的学科知识，基于各个学科的内在逻辑，展开对所指向的共同主题进行加工和设计教学，形成多学科融合。也有学者认为，跨学科教学的核心特征表现在跨越单一学科的基础之上，围绕一个主题展开设计与实施。还有学者认为，跨学科教学是一种以主题或议题为载体，融合两门以上学科的知识、方法等，以问题解决为导向的教学活动。鲍克斯·曼斯勒提出："跨学科学习是个人和群体将两个或两个以上学科或已确立的领域中的观点和思维方式整合起来的过程。"跨学科教学旨在促使学生获得学以致用的知识，提升其综合能力与跨学科素养。事实上，核心素养本来就包含特定学科核心素养与跨学科素养。

　　《普通高中数学课程标准（2017年版2020年修订）》在"基本理念"中提出要"强调数学与生活及其他学科的联系，提升学生应用数学解决实际问题的能力"。以数学为主导的跨学科课程，首先要围绕数学的主干知识及核心思想方法展开，同时要结合各类课程内容，找到数学与其他学科的交汇点，促进各类知识和方法的相互连接和融合。比如，平面向量就是典型的跨学科融合。一方面，向量本来就是从物理学中的力、位移、速度、加速度等矢量抽象而得到，这有利于学生通过熟悉的物理学知识深入理解向量的含义与功能。另一方面，将向量知识应用于解决物理学中的具体问题，又能反过来加深对向量概念的理解，实现学科知识间的相互促进与深化。其实,跨学科融合与教学远远不止这些,较为经典的就是近年来火热的STEM课程(即数学与科学、技术、工程融合)。这就要求数学人用数学的眼光、数学的思维、数学的语言,观察、思考、表达充满理性的世界。

(二)跨学科融合教学理论应用

足球运动属于中小学体育学科范畴,作为数学人,从数学的视角,足球并不是真正意义上的球,而是由若干个正多边形缝合、黏合、拼接而成的凸多面体。

1.从数学学科视角研究足球

(1)凸正多面体仅仅只有五种

凸正多面体是指多面体各个面都是全等的正多边形,并且各个多面角[指有公共端点且两两不共线的$n(n \geq 3, n \in \mathbf{N}^*)$条射线,以及相邻两条射线间的平面部分所组成的图形]都是全等的多面角。对于凸多面体,欧拉发现了著名的欧拉公式:

$V+F-E=2$。

其中,V表示凸多面体顶点的个数,F表示凸多面体面的个数,E表示凸多面体棱的条数。假设凸正多面体的每个顶点都有m条棱,每个面都是正n边形,则有

$\dfrac{Fn}{2}=E$,$\dfrac{Vm}{2}=E \Rightarrow F=\dfrac{2E}{n}$,$V=\dfrac{2E}{m}$。

将它们代入欧拉公式得到

$\dfrac{2E}{m}+\dfrac{2E}{n}-E=2 \Rightarrow \dfrac{1}{m}+\dfrac{1}{n}=\dfrac{1}{2}+\dfrac{1}{E}$。

注意到V、F、E均为正整数,显然$\dfrac{1}{E}>0$,所以

$\dfrac{1}{m}+\dfrac{1}{n}>\dfrac{1}{2}$。

上式表明m与n不可能同时大于3,否则,

$\dfrac{1}{m} \leq \dfrac{1}{4}$,$\dfrac{1}{n} \leq \dfrac{1}{4} \Rightarrow \dfrac{1}{m}+\dfrac{1}{n} \leq \dfrac{1}{2}$。

这就产生矛盾!

同时,注意到每个顶点的棱数m与多边形的边数n必须满足$m \geq 3$,$n \geq 3$,否

则不能成为多面体,这就说明m与n至少有一个等于3。

当$m=3$时,结合$\frac{1}{m}+\frac{1}{n}>\frac{1}{2}$可得

$\frac{1}{n}>\frac{1}{2}-\frac{1}{3}\Rightarrow\frac{1}{n}>\frac{1}{6}\Rightarrow 3\leqslant n<6\Rightarrow n=3$,或$n=4$,或$n=5$。

当$n=3$时,结合$\frac{1}{m}+\frac{1}{n}>\frac{1}{2}$可得

$\frac{1}{m}>\frac{1}{2}-\frac{1}{3}\Rightarrow\frac{1}{m}>\frac{1}{6}\Rightarrow 3\leqslant m<6\Rightarrow m=3$,或$m=4$,或$m=5$。

将m与n组合在一起得到以下多种情况:

①当$m=3,n=3$时,代入$\frac{1}{m}+\frac{1}{n}=\frac{1}{2}+\frac{1}{E}$得到$E=6$,从而$F=\frac{2E}{n}=4,V=\frac{2E}{m}=4$,即为正四面体,说明正四面体每个面都是正三角形;

②当$m=4,n=3$时,代入$\frac{1}{m}+\frac{1}{n}=\frac{1}{2}+\frac{1}{E}$得到$E=12$,从而$F=\frac{2E}{n}=8,V=\frac{2E}{m}=6$,即为正八面体,说明正八面体每个面都是正三角形;

③当$m=5,n=3$时,代入$\frac{1}{m}+\frac{1}{n}=\frac{1}{2}+\frac{1}{E}$得到$E=30$,从而$F=\frac{2E}{n}=20,V=\frac{2E}{m}=12$,即为正二十面体,说明正二十面体每个面都是正三角形;

④当$m=3,n=4$时,代入$\frac{1}{m}+\frac{1}{n}=\frac{1}{2}+\frac{1}{E}$得到$E=12$,从而$F=\frac{2E}{n}=6,V=\frac{2E}{m}=8$,即为正六面体(正方体),说明正六面体每个面都是正四边形;

⑤当$m=3,n=5$时,代入$\frac{1}{m}+\frac{1}{n}=\frac{1}{2}+\frac{1}{E}$得到$E=30$,从而$F=\frac{2E}{n}=12,V=\frac{2E}{m}=20$,即为正十二面体,说明正十二面体每个面都是正五边形;

⑥当$m=4,n=4;m=5,n=4;m=4,n=5;m=5,n=5$时,分别代入$\frac{1}{m}+\frac{1}{n}=\frac{1}{2}+\frac{1}{E}$,发现$E$不存在,即不存在这样的正多面体。

由上述论证可知凸正多面体只有正四面体、正六面体、正八面体、正十二面体、正二十面体五种。

(2)足球由12个正五边形与20个正六边形围成

足球是由正五边形(黑色)与正六边形(白色)围成。设有x个正五边形,y个正六边形,则面数$F=x+y$,棱数$E=\frac{5x+6y}{2}$,顶点数$V=\frac{5x+6y}{3}$,依据欧拉定理可得

$$\frac{5x+6y}{3}+(x+y)-\frac{5x+6y}{2}=2 \Rightarrow x=12。$$

由于黑色周围都是5块白色,白色周围由黑白相间(3黑3白)围住,则有

$$\frac{6y}{2}=5x \Rightarrow y=20。$$

其中等式"$\frac{6y}{2}=5x$"较为抽象,还可以这样解释:黑色共有12×5=60条棱,这60条棱必须与白色缝合在一起(构成多面体)。对于白色来说,每块白色的6条边中,有3条边与黑色的边缝在一起,另3条边则与其他白色的边缝在一起,所以白色所有边的一半是与黑色缝合在一起的,因此白色应该共有60×2=120条边,由120÷6=20,所以共有20块白色,即20个正六边形。

当然,随着科技进步及审美能力提高,足球色彩、质料及缝合技术更加绚丽多彩,但是足球由12个正五边形(黑色)与20个正六边形(白色)构成空间体却始终如一。

2.从其他学科视角欣赏足球

(1)美术学科

美术教师相较于一般人,在诸多方面展现出独特的优势,尤其是在视角、色彩与形状的理解上。从空间几何的角度来看,足球被归类为多面体;从色彩的角度来看,它则是由黑白两色构成的,其中黑色为正五边形,白色为正六边形,且遵循着特定的规律——每块黑色正五边形周围都环绕着五块白色正六边形,而每块白色正六边形则由三块黑色与三块白色正多边形所包围。近看足球发现,每条边(棱)都是2个相邻正多边形(面)的公共边(棱);每个顶点都是相邻3个正多边形(1黑2白)的公共点。这样的设计,不仅赋予了足球独特的外观,也使其在运动中展现出非凡的动态美感。

(2)物理学科

正五边形每个内角是108°,正六边形每个内角为120°,由于足球每个顶点都是1个正五边形和2个正六边形共有,因此每个顶点周围度数120°+120°+108°=348°。然而1个周角是360°,这样接近于周角却又小于周角,以便充气后成为多个平面构成"类球"(注意:足球其实不是真正的球!)曲面,有利于增大脚与球的接触面而减少力的损耗,有利于与气流磨合在一起而减少阻力,增加运行的稳定性和精准度,这就是设计成正五边形和正六边形的缘由。

如果直接用正四面体作为足球,每个面都是正三角形,且每个顶点均为3个正三角形共有,那么每个顶点周围度数为3×60°=180°;如果直接用正六面体作为足球,每个面都是正四边形,且每个顶点均为3个正四边形共有,那么每个顶点周围度数为3×90°=270°;如果直接用正八面体作为足球,每个都是正三角形,且每个顶点均为4个正三角形共有,那么每个顶点周围度数为4×60°=240°;如果直接用正十二面体作为足球,每个面都是正五边形,且每个顶点均为3个正五边形共有,那么每个顶点周围度数为3×108°=324°;如果直接用正二十面体作为足球,每个面都是正三角形,且每个顶点均为5个正三角形共有,那么每个顶点周围度数为5×60°=300°。如上述设计方法,每个顶点周围度数都远远小于360°,导致足球无论怎样充气,都会变成"尖尖的"。当足球运动员的脚接触到"尖尖的足球"时就很容易受伤,况且"尖尖的足球"在草坪上也很难滚动,难以展现足球的优美曲线。

(3)地理学科

最早设计足球时,除了综合考量受力、角度、速度等要素外,足球作为图形还蕴含了独特的"数"之象征。地球上原本有七大洲,但因南极洲严寒难耐,难以居住,故常仅计六洲。若进一步将南美洲和北美洲视为一体,则成五大洲,这正是"五大洲"说法的由来。足球上的五边形设计,正是寓意着足球爱好者遍布这五大洲,足球成为跨越国界、种族与文化的世界共通语言。至于为何选用正五边形与正六边形,以及黑白两色,则深刻体现了在足球面前人人平等的理念,不论肤色、贫富、体型大小,皆能共享这份运动的乐趣与激情。

数学具有多学科背景,要求数学教师不仅具备数学家的逻辑,还要具备哲学家的思维、政治家的思想、文学家的语言、历史学家的厚重。正如摩根·尼斯感叹:"理想的数学教师是一个美好的事物。这样的教师,应是一位纯粹数学家、应用数学家,一位历史学家、社会学家、教育社会学家,一位教育家、数学教育家、数学哲学家,一位心理学家、政治家、有魅力的演讲家和领导者,甚至是一位医生、神父、作家。"这是每一位数学教师追求的最高理想境界。

三 深度学习理论

(一)深度学习理论

深度学习(DL:Deep Learning)的概念源自计算机科学、人工智能和脑科学(人工神经网络)的研究与发展,亦称深层神经网络(DNN:Deep Neural Networks)。在教育领域中,瑞典学者费伦斯·马顿与罗杰·萨尔乔等率先开始对深度学习的实践研究。他们认为深度学习是一种围绕挑战性学习内容展开的过程,学生在此过程中全身心投入、积极体验成功、实现全面发展。这一过程充盈着学生的情感、意志、精神与兴趣。它要求学生主动探索、深刻反思、勇于创新,不仅限于对知识的理解、批判、迁移与应用,更旨在塑造积极的情感态度与价值观。深度学习强调提升学生的学习参与感、学习愉悦感与学习成就感,激发学生以高阶思维的发展和实际问题的解决为导向,促使他们积极地、主动地学习新知识、新思想,并将之与既有认知结构相融合。同时,学生还需具备将已有知识灵活迁移至新情境中的能力,从而不断拓展自身的知识边界与思维深度。

进入21世纪,加拿大的辛顿教授课题组发表了一篇关于深度学习的文章,掀起了21世纪深度学习在学术界的浪潮。随后,一大批优秀的教育界学者投入深度学习的研究。比蒂等学者提出,深度学习主要表现为对于学习内容的批判性理解。加拿大艾根教授领导的深度学习项目组对深度学习的核心理念与实施策略进行了深入探索。美国杜宾斯基等人试图对皮亚杰的"自反抽象"理论进行拓展,并基于建构主义视角,提出了APOS理论(APOS理论指出学习数学概念需要经历操作、过程、对象及图式等四个阶段,这四个阶段不仅构建了数学模型,解释了数学概念学习的内在机制,还明确了概念构建的层次结构,强调了从构建过程到最终成果的系统性发展)。此外,美国学者威廉等人在美国建立了多所深度学习的实验学校,进一步推动了深度学习实践在基础教育领域的广泛应用与探索。

对于深度学习的研究,美国及欧洲等走在前列,取得了较为丰富的研究成果。尽管我国学者起步相对滞后,但北京师范大学教育学部郭华教授在深度学习方面的研究成果对一线教师更具有启发性和可操作性。他认为:"所谓深度学习,就是指在教师引领下,学生围绕着具有挑战性的学习主题,全身心积极参与、体验成功、获得发展的有意义的学习过程。在这个过程中,学生掌握学科的核心知识,理解学习的过程,把握学科的本质及思想方法,形成积极的内在学习动机、高级的社会性情感、积极的态度、正确的价值观,成为既具独立性、批判性、创造性又有合作精神、基础扎实的优秀的学习者,成为未来社会历史实践的主人。"①

深度学习的性质是教学,而非自学。换言之,深度学习就是好的教学,包含学生积极主动学习。教师的引导和帮助是先决条件,只有在教师主导作用充分发挥的前提下,学生作为主体的主动学习才能真正发生。深度学习的内容是指具有挑战性的学习单元。学习单元具有学科结构化的整体性、形成学科整体观念的挑战性、掌控学科教学内容及难度的全局规划性。深度学习的过程指向学习真正、真实地发生。教师先将教学内容转化到学生现有水平,讲授时通过师生互动,引导学生全身心地主动思考,从现有水平达到更高层次水平,这样的过程就是"两次倒转"。深度学习的任务与目的是培养未来社会实践的主人。深度学习不仅仅是停留在培养高阶思维,而是促进学生作为具体的社会历史实践主体的成长和发展,旨在培养能够走向未来社会历史实践的主人,这正是深度学习的目的。

"深度学习"是个新词,但深度学习并不是新东西,本质就是"真"教学。教师的深度学习是为了教学,教学是培养人的社会活动,要以学生的成长为宗旨。因此,郭华教授指出深度学习应该具有五大特征:活动与体验(学生的学习机制)、联想与结构(经验与知识的相互转化)、本质与变式(对学习进行深度加工)、迁移与应用(在教学活动中模拟社会实践)、价值与评价("人"的成长的隐性要素)。

具体到数学学科,一些研究者指出,深度学习应该具备主动理解与批判接受、激活经验与建构新知、知识整合与深层加工、把握本质与渗透思想、有效迁移与问题解决等主要特征。目前中小学一线教师基本上停留在接纳深度学习阶段,难以将数学概念,尤其像概率统计等核心、疑难概念与深度学习有机结合。针对深度学习下的概念教学的论著、文献较少。贾兵等人指出,深度数学概念教学应基于价值引领、真实情境、高质量问题而展开。范良火认为,数学概念的教学过程是充分展示概念抽象、提炼与生成的过程。罗增儒认为,数学概念是数学教学灵魂,必须以深度学习作为概念教学的理论支撑。郭民从数学教学观、课程知识和教学方法与策略的知识等方面分析了数学概念与深度学习、

---

① 郭华.深度学习及其意义[J].课程·教材·教法,2016,36(11):27.

核心素养之间的联系。李祎等人认为,基于APOS理论,深化概念教学关键在于采取相应的教学策略。李尚志认为,函数、概率、统计等数学概念是中学数学概念的核心概念,也是中学数学的疑难概念,应该着力于概念的推理论证过程。汪晓勤指出,数学概念教学应该在追寻数学史、数学文化的背景下实施,有助于提升学生数学学科核心素养与深度学习。章建跃认为,数学教育的根本目标在于优化学生思维,应该着力于数学概念的教学。徐章韬等人认为,落实核心素养与实施数学概念教学是数学概念教学成功的决定因素,应该进一步融合核心素养与数学概念教学的紧密关联。史宁中认为,数学教育的根本目的是立德树人,以生为本,应该着力于培养数学学科核心素养。刘月霞认为,深度学习的目标在于走向核心素养。刘孝宗提出架构知识结构、课程整合、切割高难度等三个促进深度学习的策略和建议。任勇认为,数学概念教学应该在深度学习、核心素养等理论指导下实施,尤其像概率统计等疑难概念更应该着力于提升学生数学建模、数学抽象素养及数学运算素养。对于数学深度学习,目前成果主要聚焦于实践探索,理论研究尚有待深入。王钦敏总结出深度学习的内涵的认识趋于异化,主要呈现"三说",即学习层次说(将学习方式分为识记、理解、应用、分析、综合、评价,其中深度学习分为应用、分析、综合、评价)、学习过程说(认为深度学习注重新旧知识经验的联系与融合,通过迁移有效解决实际问题)、学习结果说(认为深度学习注重独立思考与反思批判,达到更高的认知层次,具有高阶思维能力)。兰岚认为,深度学习是学生在理解的基础上,把握知识间的有机联系,做出决策或解决问题的学习。深度学习是学生精神意志和情感多重因素共同作用的结果。课堂教学的最终目的是培养学生的核心素养,深度学习是学生核心素养培养的必要条件,教师的教学行为直接影响着学生深度学习的生成,课堂教学中的深度学习需要进行整体性重构,而深度学习就是一种整体的学习状态。

(二)深度学习理论应用

网络上流传着这样一则笑话。某节目主持人追问某型导弹拦截率有多高,一位参加节目的人信心满满地称:"该型导弹拦截率大概是七成,我三发拦你一发,拦截率210%了,怎么会拦不到? 所以不要一发一发打,我们直接三发齐射,那样拦截概率就能达到210%!"

概率论是研究随机现象规律的科学。概率是一种度量,用来刻画随机事件发生的可能性大小。任何事件的概率介于0~1之间。其中,不可能事件的概率为0,必然事件的概率为1,随机事件概率大于0而小于1。也就是说概率不可能大于1,这是基本常识。"拦截概率就能达到210%"意味着概率为2.1,显然违背常理。

1.深度理解概率概念

案例36:假设一枚导弹拦截特定目标的概率为70%,试问齐射三枚同样导弹拦截该目标成功的概率是多少?

首先,必须清楚何为"拦截成功"? 只要其中一枚导弹拦截成功,或其中二枚导弹拦截成功,或三枚导弹全部拦截成功,都可以算作导弹拦截成功。据此得到以下两种正确解法。

正确解法1:先给三枚拦截导弹分别编码为导弹1、导弹2、导弹3,其拦截成功分别记为事件A_1、A_2、A_3,则

$P(A_1)=0.7, P(A_2)=0.7, P(A_3)=0.7$。

其对立事件概率为

$P(\overline{A_1})=1-P(A_1)=0.3, P(\overline{A_2})=1-P(A_2)=0.3, P(\overline{A_3})=1-P(A_3)=0.3$。

设仅一枚导弹拦截成功,仅二枚导弹拦截成功,仅三枚导弹拦截成功分别为事件B_1、B_2、B_3,显然事件B_1、B_2、B_3是互为互斥事件。

①当其中一枚导弹拦截成功时,即事件B_1发生,此时包括导弹1拦截成功且导弹2与导弹3都失败(设为事件C_1);导弹2拦截成功且导弹1与导弹3都失败(设为事件C_2);导弹3拦截成功且导弹1与导弹2都失败(设为事件C_3),则事件C_1、C_2、C_3互为互斥事件,于是

$B_1=C_1+C_2+C_3$。

依据互斥事件概率加法公式可得

$P(B_1)=P(C_1+C_2+C_3)$

$\Rightarrow P(B_1)=P(C_1)+P(C_2)+P(C_3)$

$\Rightarrow P(B_1)=P(A_1\overline{A_2}\overline{A_3})+P(\overline{A_1}A_2\overline{A_3})+P(\overline{A_1}\overline{A_2}A_3)$。

由于事件A_1、A_2、A_3为相互独立事件,依据独立事件概率乘法公式可得

$P(B_1)=P(A_1)P(\overline{A_2})P(\overline{A_3})+P(\overline{A_1})P(A_2)P(\overline{A_3})+P(\overline{A_1})P(\overline{A_2})P(A_3)$

$\Rightarrow P(B_1)=0.7\times0.3\times0.3+0.3\times0.7\times0.3+0.3\times0.3\times0.7=0.189$。

②当其中二枚导弹拦截成功时,即事件B_2发生,此时包括导弹2与导弹3拦

截成功但导弹1拦截失败(设为事件D_1);导弹3与导弹1拦截成功但导弹2拦截失败(设为事件D_2);导弹1与导弹2拦截成功但导弹3拦截失败(设为事件D_3),则事件D_1、D_2、D_3互为互斥事件,于是

$B_2=D_1+D_2+D_3$。

依据互斥事件概率加法公式可得

$P(B_2)=P(D_1+D_2+D_3)$

$\Rightarrow P(B_2)=P(D_1)+P(D_2)+P(D_3)$

$\Rightarrow P(B_2)=P(A_2A_3\overline{A_1})+P(A_3A_1\overline{A_2})+P(A_1A_2\overline{A_3})$。

由于事件A_1、A_2、A_3为相互独立事件,依据独立事件概率乘法公式可得

$P(B_2)=P(A_2)P(A_3)P(\overline{A_1})+P(A_3)P(A_1)P(\overline{A_2})+P(A_1)P(A_2)P(\overline{A_3})$

$\Rightarrow P(B_2)=0.7\times0.7\times0.3+0.7\times0.7\times0.3+0.7\times0.7\times0.3=0.441$。

③当三枚导弹同时拦截成功时,即事件B_3发生,也就是导弹1、导弹2与导弹3拦截同时都成功。由于事件A_1、A_2、A_3互为独立事件,依据独立事件概率乘法公式可得

$B_3=A_1A_2A_3$

$\Rightarrow P(B_3)=P(A_1A_2A_3)$

$\Rightarrow P(B_3)=P(A_1)P(A_2)P(A_3)$

$\Rightarrow P(B_3)=0.7\times0.7\times0.7=0.343$。

设导弹拦截目标成功为事件E,则$E=B_1+B_2+B_3$。依据互斥事件概率加法公式可得

$P(E)=P(B_1+B_2+B_3)$

$\Rightarrow P(E)=P(B_1)+P(B_2)+P(B_3)$

$\Rightarrow P(E)=0.189+0.441+0.343=0.973$。

正确解法2:由题意可知每枚导弹拦截成功概率都是0.7,齐射三枚导弹相当于3次独立重复试验(即三重伯努利试验),依据独立重复试验概率计算公式可得

$P(E)=C_3^1 0.7^1(1-0.7)^2+C_3^2 0.7^2(1-0.7)^1+C_3^3 0.7^3=0.973$。

事实上,导弹拦截要么成功,要么失败,二者必居其一,这正是概率中的对立事件,据此可以得到以下两种间接解法。

正确解法3:"拦截成功"意味着三枚导弹至少有一枚拦截成功。换句话说,导弹1拦截失败,导弹2拦截失败,同时导弹3拦截也失败,这才算拦截彻底失

败,据此可得

$\overline{E}=\overline{A_1}\,\overline{A_2}\,\overline{A_3}$。

由于事件A_1、A_2、A_3互为独立,则$\overline{A_1}$、$\overline{A_2}$、$\overline{A_3}$也互为独立,依据独立事件概率乘法公式可得

$P(\overline{E})=P(\overline{A_1}\,\overline{A_2}\,\overline{A_3})$

$\Rightarrow P(\overline{E})=P(\overline{A_1})P(\overline{A_2})P(\overline{A_3})$

$\Rightarrow P(\overline{E})=0.3\times0.3\times0.3=0.027$。

注意到事件E与$\overline{E}$互为对立事件,即$E+\overline{E}=\Omega$(必然事件),则有

$P(E+\overline{E})=1$

$\Rightarrow P(E)=1-P(\overline{E})$

$\Rightarrow P(E)=1-0.027=0.973$。

正确解法4:事实上,由于使用三枚相同的拦截导弹且拦截成功概率均为0.7,即每一枚导弹拦截失败的概率为0.3,于是发射三枚同样导弹相当于3次独立重复试验,依据独立重复试验概率计算公式可得三枚导弹拦截都失败的概率为$C_3^3 0.7^0\times 0.3^3=0.027$,因此拦截成功的概率为$1-0.027=0.973$。

2.深度分析概率概念

针对案例36,有以下三种典型的错误解法。

错误解法1:"拦截成功"等同导弹1拦截成功,导弹2拦截成功,同时导弹3拦截也成功,于是得到

$E=A_1 A_2 A_3$ ①

$\Rightarrow P(E)=P(A_1 A_2 A_3)$ ②

$\Rightarrow P(E)=P(A_1)P(A_2)P(A_3)$ ③

$\Rightarrow P(E)=0.7\times0.7\times0.7=0.343=34.3\%$。

错误解法2:"拦截成功"就是导弹1拦截成功,或者导弹2拦截成功,或者导弹3拦截成功,于是得到

$E=A_1+A_2+A_3$ ④

$\Rightarrow P(E)=P(A_1+A_2+A_3)$ ⑤

$\Rightarrow P(E)=P(A_1)+P(A_2)+P(A_3)$ ⑥

$\Rightarrow P(E)=0.7+0.7+0.7=3\times0.7=2.1=210\%$。

错误解法3:由于每一枚导弹拦截失败的概率为0.3,因此三枚导弹拦截失

败的概率为0.3×3=0.9,所以拦截成功的概率为1-0.9=0.1=10%。

3.深度追踪错误原因

对于错误解法1,由于事件A_1、A_2、A_3相互独立,仅从局部看,①到②、②到③都是正确的,其本质就是独立事件概率乘法公式的具体应用,但①本身错误。因为生产、生活经验告诉我们,只要有一枚导弹拦截成功,特定目标就会被摧毁,并不一定需要三枚导弹同时击中,而上述①等价于三枚导弹同时拦截成功,这与客观事实矛盾,这正是"四基"中特别强调"积累基本活动经验"的缘由。

对于错误解法2,首先必须明确④是正确的,这是毫无疑问的。主要原因在于错误地应用了随机事件概率加法公式。如果事件A_1、A_2、A_3相互互斥,那么⑤到⑥也是正确的,这正是互斥事件概率加法公式的应用。然而,事件A_1、A_2、A_3相互独立但并非互斥,因此直接应用互斥事件概率加法公式显然是错误的,即⑤到⑥错误,于是得到正确解法5。

正确解法5:"拦截成功"视为要么导弹1拦截成功,要么导弹2拦截成功,要么导弹3拦截也成功,于是得到

$E=A_1+A_2+A_3$ ⑦

$\Rightarrow P(E)=P(A_1+A_2+A_3)$ ⑧

$\Rightarrow P(E)=P(A_1)+P(A_2)+P(A_3)-P(A_1A_2)-P(A_2A_3)-P(A_3A_1)+P(A_1A_2A_3)$ ⑨

$\Rightarrow P(E)=P(A_1)+P(A_2)+P(A_3)-P(A_1)P(A_2)-P(A_2)P(A_3)-P(A_3)P(A_1)+P(A_1)P(A_2)P(A_3)$

$\Rightarrow P(E)=0.7+0.7+0.7-0.7\times0.7-0.7\times0.7-0.7\times0.7+0.7\times0.7\times0.7=0.973$。

值得说明的是,上述⑧到⑨就是一般随机事件概率加法公式。当事件A_1、A_2、A_3相互互斥时,则$P(A_1A_2)=P(A_2A_3)=P(A_3A_1)=P(A_1A_2A_3)=0$,此时⑧到⑨转化为上述②到③,因此互斥事件概率加法公式仅仅只是一般概率加法公式的特例而已。

对于错误解法3,其结果显然不正确。因为一枚导弹拦截成功的概率为0.7,发射导弹数量越多,拦截的概率相对应该更高,怎么可能三枚导弹拦截成功率低于一枚呢。错误原因在于0.3×3的本质是0.3+0.3+0.3,即

$\overline{E}=\overline{A_1}+\overline{A_2}+\overline{A_3}$ ⑩

$\Rightarrow P(\overline{E})=P(\overline{A_1}+\overline{A_2}+\overline{A_3})$ ⑪

$\Rightarrow P(\overline{E})=P(\overline{A_1})+P(\overline{A_2})+P(\overline{A_3})$ ⑫

$\Rightarrow P(\overline{E})=0.3+0.3+0.3=0.9$。

因为 $\overline{E}$ 与和事件 $\overline{A_1}+\overline{A_2}+\overline{A_3}$ 并不等价，而是等价积事件 $\overline{A_1}\overline{A_2}\overline{A_3}$，故⑩本身错误。⑪到⑫犯了错误解法 2 同样的错误。错误解法 3 完全混淆独立事件、互斥事件、和事件、积事件等基本概念及应用独立事件概率乘法公式与互斥事件概率加法公式先决条件。

4.深度学习编拟试题

综合上述正确解法与错误解法，我们可以将案例 36 改编成以下试题。

题 1：(单选题)假设一枚导弹拦截特定目标的概率为 0.7，则三枚同样的导弹拦截该目标成功的概率是(　　)。

A.2.1　　　　B.0.973　　　　C.0343　　　　D.01

题 2：假设一枚导弹拦截特定目标的概率为 0.7，则四枚同样的导弹拦截该目标成功的概率是_____。

题 3：假设一枚导弹拦截特定目标的概率为 0.7，要使得拦截该目标成功的概率达到 99.99%，则至少需要_____枚同样的导弹拦截该目标。

题 4：假设有 n 种型号的拦截导弹，其拦截成功率分别为 $p_1, p_2, \cdots, p_n$。现在齐射 n 种型号的拦截导弹各一枚拦截目标，试问拦截该目标成功的概率是多少？

分析：仿照上述正确解法 3 可知拦截该目标成功的概率为

$P(E)=1-P(\overline{E})=1-P(\overline{A_1}\overline{A_2}\cdots\overline{A_n})=1-P(\overline{A_1})P(\overline{A_2})\cdots P(\overline{A_n})$

$\Rightarrow P(E)=1-(1-p_1)(1-p_2)\cdots(1-p_n)$。　　　　　　　　⑬

题 5：假设一枚导弹拦截特定目标的概率为 p，试问齐射 n 枚同样的导弹拦截该目标成功的概率是多少？

解答：只要令上述⑬中的 $p_1=p_2=\cdots=p_n=p$ 就可以得到

$P(E)=1-(1-p)(1-p)\cdots(1-p)=1-(1-p)^n$。　　　　　　　　⑭

对于⑭，当 $p=1$，则 $P(E)=1$，这就是成语"百发百中"的最佳诠释；当 $p=0$，则 $P(E)=0$，即拦截系统形同虚设。

对于⑭，若 $0<p<1$，则可以构造函数：

$f(n,x)=1-(1-x)^n \ (n\in \mathbf{N}^*, 0<x<1)$。　　　　　　　　⑮

其一，对于⑮，若 x 确定(即已知导弹拦截率)，此时函数是关于 n 的指数型离散函数且为增函数。当 $n\to+\infty$ 时,$f(n,x)=1-(1-x)^n\to1$。说明一枚导弹拦截成功率确定(纵使拦截概率不高),当齐射导弹数量足够多,拦截成功的概率依然可以达到很高,也就是常说的"饱和拦截"。其二,对于⑮,若 n 确定(即已知拦截导弹数量),此时函数是关于 x 的幂函数型离散函数且为增函数。当 $x\to1$ 时,$f(n,x)=1-(1-x)^n\to1$。说明当拦截导弹数量有限,要想拦截成功,就要想方设法提高单枚导弹拦截成功率。其三,对于⑮,若 x 与 n 都是变量,此时函数是关于 x 与 n 的二元离散函数且为增函数。当 $x\to1$ 且 $n\to+\infty$ 时,$f(n,x)=1-(1-x)^n\to1$。说明在提高拦截导弹命中率的前提下,同时增加拦截导弹的数量,可以确保拦截成功"万无一失"。

上述分析纯粹基于函数与概率视角。在军事上,导弹拦截是一项极其复杂的系统工程。拦截成功率除了受导弹数量、导弹命中率等因素影响外,还受到天气、温差、操作人员素质及被拦截目标运行轨迹等其他诸多因素制约。正因为如此,目前全世界只有极少数军事、科技大国、强国才掌握了高端拦截技术。也正是因为从函数、概率的理论层面说明拦截确实是具有可行的,因此许多国家正在或即将进行导弹拦截试验。

5.深度研究概率教学

仅从数学运算来看,上述解答过程似乎都是小学数学加减乘除而已,其实不然,概率与统计作为《普通高中数学课程标准(2017年版2020年修订)》四大主线之一,就是为了凸显概率统计的价值与作用。在中学阶段,仅仅包含了初等数学的基础内容,因此概率统计上的许多概念,其公理化的严格定义等很难让中学一线教师、学生理解并接受,这正是最新版中学数学教材中特意增加"样本空间"等知识点的缘由。

数学难就难在概念,概念教学是数学教学的核心环节,概念是数学教学的永恒主题,尤其概率与统计更是如此。上述案例中包含一系列概率基本概念与公式,比如随机事件、和事件、积事件、事件独立性、互斥事件、对立事件、独立重复试验(即伯努利试验)以及独立事件概率乘法公式、互斥事件概率加法公式、二项分布概率计算公式等,这些都是概率论中最基础、最基本、最本质、最重要的概念与公式。厘清这些概念绝非易事,正如李勇、章建跃等专家忧心忡忡地警示:"即使是处于金字塔顶部的重点高中数学教师,他们的概率统计知识储备严重不足,80%以上的教师对大部分概率统计基本概念的认识都处于模糊状态,理解深度不够,缺乏用这些概念答疑解惑的能力,影响概率统计知识的教学效果。"[1]

四 数学学科核心素养理论

(一)数学学科核心素养理论

核心素养是当今世界各国课程改革的风向标、主基调,是国际社会高度关注的教育热点,也是我国新一轮课程深化改革的主要方向。最早研究素养的世界权威机构经济合作与发展组织(OECD)认为,素养是运用知识、技能和态度满足特定情境中复杂需要的能力,核心素养是满足个体在多样化的情境中所需求的重要能力,并且在变化的情境中各个核心素养是联结在一起发挥作用的。欧盟核心素养框架认为,素养是适用于特定情境的知识、技能和态度的综合。美国"21世纪技能框架"将素养指向如何将知识与技能运用于生活情境中,认为素养是生活与工作情境的产物,同时要求学生建立学科知识与真实生活情境的联系。国际知名核心素养测试评价项目PISA也是将学生在不同现实情境中解决实际问题的表现作为评价依据。可见,核心素养与情境有着密切关联。

对于核心素养的内涵,仁者见仁,智者见智。我国于2014年启动学生发展核心素养项目,2015年开启普通高中课程方案和各科课程标准的系统修订,标志着我国基础教育课程改革进入新的发展阶段。北京师范大学林崇德教授认为,核心素养是学生在接受相应学段的教育过程中,逐步形成的适合个人终身发展和社会发展需要的必备品格和关键能力。华东师范大学钟启泉教授指出,核心素养的提出标志着课程改革为了应对信息化、全球化与知识经济社会对人才培养需求变化而实现了一次华丽"转身",即从对内容的关注转向对学习结果的关注,从对教材、标准的要素关注转向对"培养什么人""怎样培养人""为谁培养人"的关注。浙江大学屠莉娅教授认为,核心素养的内涵兼顾个体发展与社会发展双重取向,既指向个体的终身发展,又关照社会可持续发展的需求。华东师范大学崔允漷教授指出,不同学年或学期对核心素养某个维度的描述会有所差异,但这种差异是基于该核心素养维度内容的不断复杂化产生的,而不是

---

[1] 李勇,章建跃,张淑梅,等.全国重点高中数学教师概率统计知识储备现状调查[J].数学通报,2016,55(9):6.

将其分解之后通过教学得到的累加的结果。

数学是基础教育体系中的重要学科,其核心素养是未来合格公民必须具备的最基本、最重要的学科素养,也是核心素养框架中的重要组成部分。数学学科核心素养就是用数学眼光观察世界、用数学思维分析世界、用数学语言表达世界以及用数学知识服务世界,具体包括数学抽象、逻辑推理、数学建模、数学运算、直观想象和数据分析等六大核心素养。其中,数学抽象、逻辑推理、数学运算是数学本身特点所决定,是培养学生理性思维的载体;数学建模、数据分析属于数学实践操作活动;直观想象是以图形和几何为载体,培养空间想象能力。

徐利治先生指出,凡是数学中的各种基本概念、定义、公理、定理、法则都可以称为"数学抽象物"。由此,可以认为数学抽象是得到数学抽象物的过程。数学抽象就是舍去具体事物或现象中的一切属性,抽取出量的关系或者空间形式方面的本质属性的过程,因而得出数学概念的过程就是典型的数学抽象过程。学生通过感悟数学的抽象过程,体会具体与抽象之间的差异,积累从具体到抽象的教学活动经验,从而形成数学抽象素养。

逻辑推理素养是描述思维品质中深刻性的重要指标之一。逻辑推理能够揭示出隐藏在情境中的事物或现象背后的本质规律,并预见事物或现象的发展进程。数学活动中的逻辑推理是指依据一些事实和命题,按照数学逻辑规则得到新命题的思维过程。数学课程改革发展到今天,逻辑推理已经成为一种重要的数学学习和数学理解的方式,而不仅仅是数学学习的目标和活动,正如数学家陈省身认为:"数学是一门演绎的学问,从一组公设,经过逻辑推理,获得结论。"

数学建模素养是一项综合性很强的数学素养,其中最为重要的缘由就是客观世界的复杂性。数学建模是用数学的概念、原理和思维方法描述现实世界中具有数学规律性的事物,是应用数学知识解决现实世界问题的主要方法。数学建模需要个体能够从数学的视角发现和提出现实世界中的问题,对实际问题进行数学抽象,用数学语言表达问题,用数学知识、数学方法分析并解决问题,同时构建出数学模型以形成初步的解决方案。在此过程中,不断将模型应用于实际问题中进行验证,并根据反馈调整与优化模型,直至最终解决实际问题。

数学运算是指依据运算法则,对数字、式子和量等运算对象进行代换或变换,是解决问题的过程。数学运算并不仅仅是数学计算,也不能理解为一般的数学计算。数学运算不仅包括数字的简单计算,还包括各种数学式子及方程的变形,以及极限、微积分、逻辑代数的运算等。必须指出的是,数学运算可以是精确运算,也可以是估算及近似计算。在数学教育中,数学运算历来是课程和教学的重点内容。随着计算机技术的广泛应用,数学运算不再只关注计算能力和计算技巧,不再简单追求做算术题的正确率与速度,而是关注建立运算的思路,算法的设计以及依据算法解决实际问题的过程。数学运算的核心就是理解运算对象、掌握运算法则、探究运算方向、选择运算方法、设计运算程序、求得运算结果。

直观就是借助于经验、观察、测试或类比联想,所产生的对事物关系直接的感知与认识。例如,借助于见到的或想到的几何图形的形象关系产生对数量关系的直接感知,即可称之为"几何直观"。[1]克莱因指出:"数学不是依靠在逻辑上,而是依靠在正确的直观上,数学的直观就是对概念证明的直接把握。"哈代认为:"数学家通常是先通过直觉来发现一个定理;这个结果对于他首先是似然的,然后他再着手去制造一个证明。"史宁中教授也认为,在大多数情况下,数学的结果是"看"出来,而不是"证"出来的。在数学学科中,对于结果的预测和原因的探究,起始阶段依赖的都是直观。比如,数学史上曾经出现的许多著名猜想,就是数学家们在没有经过严格证明之前预测得到的某些结果。数学中的想象一般是指空间想象,其含义是对于客观事物的空间形式(形状、结构、度量以及位置关系)经过数学抽象后在个体大脑中的再现与重构。空间想象包括对空间观念的理解和对二维、三维空间几何图形的运动、变换和位置关系的认识,以及数形结合、代数问题的几何解释等。数学直观想象往往与情境相连,比如著名的七桥问题,欧拉就是通过直观想象,将实际问题进行抽象,画出了七桥问题的直观图,进而得到"一笔画"解决七桥问题的猜想。

当今社会已经步入大数据时代,数据已经渗透到各个行业领域。凡是能够承载事物信息的东西都可以构成数据。数据不仅包括数量、文字、符号、图形等抽象信息,还包括与现实情境有关的背景信息。根据现实情境中的实际问题的需求收集和整理数据,识别有价值的数据,理解数据蕴含的数学信息,建立必要的分析模型,借助必要的数据分析软件,运用统计方法对数据中的信息进行分析和推断,得出结论后,再回到实际问题中,并解释结论的意义与价值,这就是数据分析过程。数据分析素养的教学应该为学生提供现实情境中的典型案例,

---

[1] 徐利治.谈谈我的一些数学治学经验[J].数学通报,2000(5):1.

引导学生体会数据分析的实践意义。数据分析素养旨在培养学生树立依据数据表达现实问题的意识,强化他们恰当选择并正确使用数据分析思路、方法处理数据的能力,进而促进其利用数据思考、解释、解决现实问题的习惯。在此过程中,学生不断积累数据分析的经验,最终形成数据分析素养。

史宁中教授认为,通过抽象,人们把现实世界中与数学相关的东西抽象到数学内部,形成数学的研究对象,思维特征是抽象能力强;通过推理,人们从数学的研究对象出发,在一些假设条件下,有逻辑地得到研究对象的性质以及描述研究对象之间的命题和计算结果,促进数学内部和谐发展,思维特征是逻辑推理能力强;通过建模,人们用数学所创造的语言、符号和方法,构建数学与现实世界的桥梁,思维特征是表述事物规律的能力强;通过直观,借助现象,人们将深奥、复杂的问题形象化、简单化,实现数与形转化,以形助数,凭数构形,数形融为一体;通过运算,明确对象,探究方向,设计算法;通过数据,深入分析,发现规律,看清本质。

六大核心素养之间既有区别又有联系,既各有侧重,又形成和谐整体,你中有我,我中有你。比如,在推理的过程中,往往需要从已有的数学知识出发,抽象出那些并不是直接来源于现实世界的概念和运算法则;在构建模型的过程中,往往需要在错综复杂的现实背景中抽象出最本质的关系,并且用数学语言予以表达;抽象的过程往往需要借助于逻辑推理,通过推理判断概念之间的关系,判断什么是命题的独立性,什么是命题的相容性,最终抽象出公理体系;在众多个案的运算过程中发现规律,通过推理验证什么是最基本的规律,最终用抽象的符号表达一般性的运算法则。必须指出的是,数学基本思想与数学"双基"、"四基"、核心素养都是一脉相承的,基于"四基"的数学教学就是基于数学核心素养的数学教学。相对于传统教学,数学核心素养并没有另起炉灶,而是螺旋上升。数学眼光就是抽象,数学思维就是推理,数学语言就是建模,因此抽象、推理、建模是数学基本思想的上位概念,而核心素养的本质就是抽象、推理与建模。

(二)数学学科核心素养理论的应用

案例37:在①$\tan B = 2\tan C$,②$3b^2 - a^2 = 12$,③$b\cos C = 2c\cos B$三个条件中任选一个,补充在下面问题中的横线上,并解决该问题。

问题:已知$\triangle ABC$的内角A,B,C及其对边a,b,c,若$c=2$,且满足_____,求$\triangle ABC$的面积的最大值。

1.结构不良试题

自从2016年教育部考试中心提出构建高考评价体系以来,高考数学试题开始逐步出现结构不良试题,并越来越受到关注。尽管目前对结构不良数学试题还没有统一的、权威的、标准的定义,但遵循数学学科特点,依据相关理论,一线教师将那些初始状态(条件、信息)、目标状态(确定、开放)和解决问题策略(方法、途径)等因素中至少有一项没有明确界定的数学试题称为结构不良试题。据此可知,案例37属于典型的三角函数知识模块下的初始状态不够清晰的结构不良试题。

2.深入分析条件

(1)逐个条件单独分析

仅从单个条件看,条件①:$\tan B=2\tan C$仅仅涉及角,由此联想到遇切化弦,或直线斜率,或构造直角三角形;条件②:$3b^2-a^2=12$仅仅涉及边且出现边的平方,由此联想到余弦定理;条件③:$b\cos C=2c\cos B$既有角又有边,由此联想到利用余弦定理转化为边,或正弦定理转化为角,或应用射影定理。

(2)全部条件整体分析

在$\triangle ABC$中,借助正弦定理、余弦定理并结合$c=2$得到

$$\tan B=2\tan C\Leftrightarrow \frac{\sin B}{\cos B}=\frac{2\sin C}{\cos C}\Leftrightarrow \frac{b}{\cos B}=\frac{2c}{\cos C}\Leftrightarrow b\cos C=2c\cos B$$

$$\Leftrightarrow b\cdot\frac{a^2+b^2-c^2}{2ab}=2c\cdot\frac{a^2+c^2-b^2}{2ac}\Leftrightarrow 3b^2-a^2=3c^2\Leftrightarrow 3b^2-a^2=12。$$

由此说明条件①、条件②与条件③相互等价,也就是说,无论选择条件①、条件②还是条件③,$\triangle ABC$的面积的最大值都是相同的。

(3)待求结论条件分析

从本质上讲,所求结论也可以作为条件,并且该条件往往具有引领方向的作用。比如,本题求$\triangle ABC$的面积的最大值,首先需要得到$\triangle ABC$面积的表达式,实现这一目标主要有以下途径(即三角形面积公式):

$$S=\frac{1}{2}ab\sin C=\frac{1}{2}bc\sin A=\frac{1}{2}ca\sin B;\ S=\frac{1}{2}ch;\ S=\sqrt{l(l-a)(l-b)(l-c)}。$$

关键在于将已知条件①,或条件②,或条件③与公共条件$c=2$,积极地向上述三角形面积公式"靠近",寻觅已知条件与求解结论对接的"桥梁",形成解决问题的"抓手",进而借助数学方法(如配方、基本不等式等)求出最值,其本质就是构建数学模型的过程。

3.立足核心素养的解题教学

(1)侧重代数(运算)视角——以条件②为"抓手",着力培养数学运算素养

可以发现条件②:$3b^2-a^2=12 \Leftrightarrow a^2=3b^2-12 \Leftrightarrow b^2=\dfrac{a^2+12}{3}$。

解法1:针对角A,运用余弦定理并结合$a^2=3b^2-12$及$c=2$得到

$$\cos A=\dfrac{b^2+c^2-a^2}{2bc}=\dfrac{b^2+2^2-(3b^2-12)}{2b\times 2}=\dfrac{8-b^2}{2b}。$$

据此得到

$$\sin A=\sqrt{1-\cos^2 A}=\sqrt{1-\left(\dfrac{8-b^2}{2b}\right)^2}=\dfrac{\sqrt{20b^2-b^4-64}}{2b}。$$

依据三角形面积公式并配方得到

$$S_{\triangle ABC}=\dfrac{1}{2}bc\sin A=\dfrac{1}{2}b\times 2\cdot\dfrac{\sqrt{20b^2-b^4-64}}{2b}=\dfrac{\sqrt{36-(b^2-10)^2}}{2}\leqslant 3。$$

当且仅当$b^2=10$,即$b=\sqrt{10}$,$a=3\sqrt{2}$,时,$S_{\triangle ABC}$取得最大值,且最大值为3。

解法2:针对角A,运用余弦定理并结合$b^2=\dfrac{a^2+12}{3}$及$c=2$,如同解法1得到

$$S_{\triangle ABC}=\dfrac{1}{2}bc\sin A=\dfrac{1}{2}b\times 2\cdot\dfrac{\sqrt{36a^2-a^4}}{6b}=\dfrac{\sqrt{324-(a^2-18)^2}}{6}\leqslant 3。$$

当且仅当$a^2=18$,即$a=3\sqrt{2}$,$b=\sqrt{10}$时,$S_{\triangle ABC}$取得最大值,且最大值为3。

解法3:针对角B,运用余弦定理并结合$a^2=3b^2-12$及$c=2$,如同解法1得到

$$S_{\triangle ABC}=\dfrac{1}{2}ac\sin B=\dfrac{1}{2}a\times 2\cdot\dfrac{\sqrt{36-(b^2-10)^2}}{2a}=\dfrac{\sqrt{36-(b^2-10)^2}}{2}\leqslant 3。$$

解法4:针对角B,运用余弦定理并结合$b^2=\dfrac{a^2+12}{3}$及$c=2$,如同解法1得到

$$S_{\triangle ABC}=\dfrac{1}{2}ac\sin B=\dfrac{1}{2}a\times 2\cdot\dfrac{\sqrt{a^2-36}}{6}=\dfrac{\sqrt{a^2(36-a^2)}}{6}\leqslant\dfrac{a^2+(36-a^2)}{2\times 6}=3。$$

解法5:针对角C,运用余弦定理并结合$a^2=3b^2-12$及$c=2$,如同解法1得到

$$S_{\triangle ABC}=\dfrac{1}{2}ab\sin C=\dfrac{\sqrt{-b^4+20b^2-64}}{2}=\dfrac{\sqrt{36-(b^2-10)^2}}{2}\leqslant 3。$$

解法6:针对角C,运用余弦定理并结合$b^2=\dfrac{a^2+12}{3}$及$c=2$,如同解法1得到

$$S_{\triangle ABC}=\dfrac{1}{2}ab\sin C=\dfrac{\sqrt{a^2(9b^2-4a^2)}}{6}\leqslant\dfrac{a^2+(9b^2-4a^2)}{2\times 6}=\dfrac{3(3b^2-a^2)}{12}=3。$$

解法7:设$l=\dfrac{a+b+c}{2}$,依据海伦公式并利用$a^2=3b^2-12$及$c=2$得到

$$S_{\triangle ABC}=\sqrt{l(l-a)(l-b)(l-c)}=\sqrt{[l(l-c)][(l-a)(l-b)]}$$

$$=\sqrt{\left[\dfrac{(a+b)+c}{2}\cdot\dfrac{(a+b)-c}{2}\right]\left[\dfrac{c+(a-b)}{2}\cdot\dfrac{c-(a-b)}{2}\right]}$$

$$=\dfrac{\sqrt{[(a+b)^2-c^2][c^2-(a-b)^2]}}{4}=\dfrac{\sqrt{[(a+b)^2-4][4-(a-b)^2]}}{4}$$

$$=\dfrac{\sqrt{4(a+b)^2+4(a-b)^2-(a^2-b^2)^2-16}}{4}=\dfrac{\sqrt{8(a^2+b^2)-(a^2-b^2)^2-16}}{4}$$

$$=\dfrac{\sqrt{8[(3b^2-12)+b^2]-[(3b^2-12)-b^2]^2-16}}{4}$$

$$=\dfrac{\sqrt{8(4b^2-12)-(2b^2-12)^2-16}}{4}=\dfrac{\sqrt{36-(b^2-10)^2}}{2}\leqslant 3。$$

以条件②为抓手,属于典型的代数解法,有利于培养数学运算素养。解法1与解法2、解法3与解法4、解法5与解法6本质相同(即运算对象);掌握运算法则(面积公式)→探究运算方向(瞄准面积公式)→选择运算方法(代入、配方、基本不等式)→设计运算程序(先求余弦值,再求正弦值)→求得运算结果。对于解法7,如果直接全部展开,运算量很大,于是将l与$l-c$、$l-a$与$l-b$两两结合,并借助平方差公式优化运算,这正是培养运算素养的关键所在。

(2)侧重几何(图形)视角——以条件①为抓手,着力培养直观想象素养

由条件①:$\tan B=2\tan C$可知角B与角C均为锐角,过点A作BC边的垂线,垂足为D,则点D必在线段BC的内部。在$\mathrm{Rt}\triangle ABD$与$\mathrm{Rt}\triangle ACD$中,

$$\tan B=2\tan C\Leftrightarrow\dfrac{AD}{BD}=\dfrac{2AD}{CD}\Leftrightarrow CD=2BD\Leftrightarrow S_{\triangle ABC}=3S_{\triangle ABD}。$$

解法8:如图3-1,由三角形面积公式并结合基本不等式得到

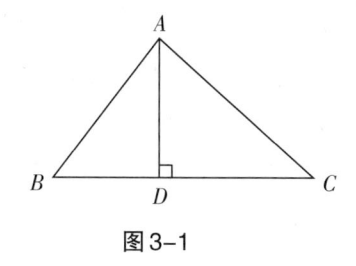

图 3-1

$$S_{\triangle ABC}=3S_{\triangle ABD}=3\times\frac{1}{2}AD\cdot BD$$

$$=\frac{3}{2}AD\cdot\sqrt{AB^2-AD^2}=\frac{3}{2}AD\cdot\sqrt{4-AD^2}$$

$$=\frac{3}{2}\sqrt{AD^2(4-AD^2)}\leq\frac{3}{2}\times\frac{AD^2+(4-AD^2)}{2}=3。$$

解法 9：由三角形面积公式并结合基本不等式得到

$$S_{\triangle ABC}=\frac{1}{2}BC\cdot AD=\frac{1}{2}a\sqrt{AB^2-BD^2}=\frac{1}{2}a\sqrt{4-\left(\frac{a}{3}\right)^2}=\frac{\sqrt{a^2(36-a^2)}}{6}\leq 3。$$

解法 10：如图 3-2，在 Rt△ABD 中，斜边 AB=2 为定值，则动点 D 在以 AB 为直径的圆上运动，要使 Rt△ABD 面积最大，此时点 D 到 AB 的距离最大值即为圆的半径 1，于是得到

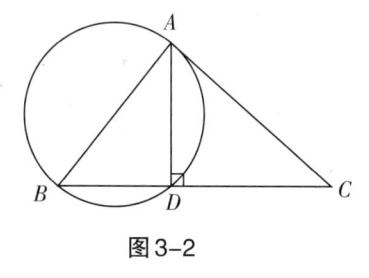

图 3-2

$$S_{\triangle ABC}=3S_{\triangle ABD}=3\times\frac{1}{2}AB\cdot h_{D-AB}$$

$$=3\times\frac{1}{2}\times 2\cdot h_{D-AB}=3h_{D-AB}\leq 3。$$

条件①：$\tan B=2\tan C$ 通过构造三角形，将三角(代数)问题转为具有几何直观的图形，实现由数思形、以数构形，不仅大大简化了运算，而且凸显问题的本质，即上述解法 8、解法 9 及解法 10 的实质就是对于斜边为定值的直角三角形，当且仅当其为等腰直角三角形时，直角三角形的面积最大。

(3) 侧重解析(数形结合)视角——以条件①、条件②为抓手，着力培养逻辑推理素养

数学是研究数与形的科学,因此数形结合是解决数学问题的重要思想方法,其中最为常见的就是建立适当坐标系,将图形中的元素用坐标来表示,进而转化为代数运算。

解法11:如图3-3,以边BC所在的直线为x轴,以B为坐标原点,建立平面直角坐标系,则$C(a,0)$,设$A(x,y)$(不妨设$y>0$),由已知条件$c=2$,即$|AB|=2$,依据两点间距离公式可得$x^2+y^2=4$。

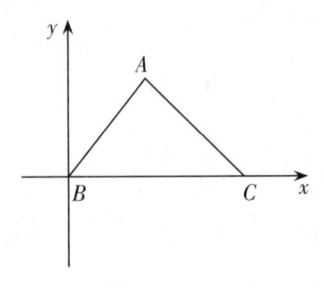

图3-3

由条件①:$\tan B=2\tan C$可得$k_{AB}=-2k_{AC}$,依据斜率公式可得$\dfrac{y}{x}=-\dfrac{2y}{x-a}$,即$x=\dfrac{a}{3}$。联立$x^2+y^2=4$与$x=\dfrac{a}{3}$,解得$y=\sqrt{4-\dfrac{a^2}{9}}$,于是得到

$$S_{\triangle ABC}=\dfrac{1}{2}|BC|\cdot y=\dfrac{1}{2}a\sqrt{4-\dfrac{a^2}{9}}=\dfrac{\sqrt{a^2(36-a^2)}}{6}\leqslant\dfrac{a^2+(36-a^2)}{2\times6}=3。$$

解法12:如图3-4,由于$c=2$,即$|AB|=2$,以边AB所在的直线为x轴,以边AB的中垂线为y轴,建立平面直角坐标系,则$A(-1,0)$,$B(1,0)$。

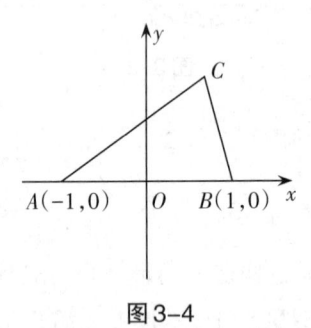

图3-4

设$C(x,y)$,依据两点间距离公式可得

$$b^2=|AC|^2=(x+1)^2+y^2,\ a^2=|BC|^2=(x-1)^2+y^2。$$

代入条件②:$3b^2-a^2=12$得到$(x+2)^2+(y-0)^2=9$,说明动点C的轨迹是半径为$r=3$的圆,于是得到

$$S_{\triangle ABC}=\frac{1}{2}|AB|\cdot h_{C-AB}=\frac{1}{2}\times 2\cdot h_{C-AB}=h_{C-AB}\leqslant r=3。$$

在解析视角下,通过推理及坐标运算,纯代数问题转化为具有几何意义的相关问题,这正是逻辑推理素养的体现。逻辑推理能够揭示出隐藏在情境中的事物或现象背后的本质规律,并预见事物或现象的发展进程。上述解法11与解法12,不仅简单地求出了△ABC的面积的最大值,而且发现了本质规律:由于$c=2$,即$|AB|=2$,满足条件的动点C的轨迹是一个定圆。

4.结构不良试题是落实核心素养的良机

尽管条件①、条件②与条件③相互等价,但其功能与侧重点不尽相同。其中,条件②侧重于代数视角,这就是上述解法1至解法7的由来;条件①侧重于几何视角,这就是上述解法8至解法10的由来;同时条件①与条件②兼具数形双重"身份",这就是上述解法11、解法12的由来。事实上,倘若从条件③$b\cos C=2c\cos B \Leftrightarrow \sin B\cos C=2\sin C\cos B$出发,还可以得到以下解法。

解法13: 由正弦定理可得
$$a=\frac{c\sin A}{\sin C}=\frac{2\sin A}{\sin C},b=\frac{c\sin B}{\sin C}=\frac{2\sin B}{\sin C}。$$

依据三角形面积公式并结合条件③得到

$$S_{\triangle ABC}=\frac{1}{2}ab\sin C=\frac{2\sin A\sin B}{\sin C}=\frac{2\sin(B+C)\sin B}{\sin C}$$

$$=\frac{2(\sin B\cos C+\cos B\sin C)\sin B}{\sin C}=\frac{2(2\sin C\cos B+\cos B\sin C)\sin B}{\sin C}$$

$$=\frac{6\sin B\sin C\cos B}{\sin C}=6\sin B\cos B=3\sin 2B\leqslant 3。$$

解法14: 由条件③联想到射影公式:
$$a=b\cos C+c\cos B=2c\cos B+c\cos B=3c\cos B=3\times 2\cos B=6\cos B。$$

依据三角形面积公式可得

$$S_{\triangle ABC}=\frac{1}{2}ac\sin B=\frac{1}{2}\times 6\cos B\times 2\sin B=6\sin B\cos B=3\sin 2B\leqslant 3。$$

相对于初始条件清晰、目标设置明确、解题方法明显的结构良好试题,结构不良试题具有难度高、跨度大、视角广、路径多的特点。教师在解题教学过程中,应根据具体问题,引领学生多角度分析、多途径思考,提出多种解决方案,达到优化学生数学思维的目的。

理性数学——我的永恒追求

第二节 诠释理性数学内涵

一 "理"的内涵

"理",属于形声字,以"王"为偏旁,"里"为声旁。细观"理"之字形,左侧虽常言"王",实则源自"玉",象征珍贵;右侧"里",此处非单纯指作坊,而寓含深入内部、探求本质之意。其构造寓意深远,象征着在作坊中对粗粝璞石进行精心雕琢,使之成为温润美玉的过程,既成其形,又显其韵,故"理"字本义指治玉,顺玉之文而剖析之。在古籍中,"理"之含义丰富。《韩非子·和氏》载"王使玉人理其璞而得宝焉,遂命曰和氏之璧",其中"理"显治理、加工之意。《韩非子·解老》中的"理者,成物之文也……短长、大小、方圆、坚脆、轻重、白黑之谓理",这一句进一步阐释了"理"作为万物内在规律与属性的概念。《战国策·秦策三》中的"郑人谓玉未理者璞",亦是将"理"引申为整治的意思。因此,"理"字在治玉之外,更引申出纹理、条理乃至普遍道理的广泛含义。如《淮南子·时则训》中的"理关市,来商旅",将"理"指代对事务的条理化管理与运作。

"理"字蕴含多重意思,既指说理、申辩之行为,又涵盖条理、准则与客观规律之概念。首先,在广泛语境中,"理"常被解读为物质内在的纹路、层次,以及客观事物固有的次序,如心理、肌理、条理、事理,以及《荀子·儒效》中的"井井兮其有理也",《砥石赋》中的"圭形石质,苍色腻理"。其次,"理"亦代表事物存在的基石,揭示着客观世界的规律,是衡量是非得失的标尺,比如理由、理性、理智、理论、理解、理想、道理,以及《送薛存义序》中的"势不同而理同",《出师表》中的"以昭陛下平明之理",《庄子·秋水》中的"是未明天地之理,万物之情者也"。再次,"理"还指依据事物本质规律或既定标准对事物进行的操作与管理,比如理财、理事、管理、自理、修理、治理,以及《荀子·王制》中的"理道之远近而致贡",《吕氏春秋·劝学》中的"圣人之所在,则天下理焉"。最后,"理"亦可用于表达对他人言行的反应,如理睬、搭理,以及《后汉书·卓鲁魏刘传》中的"理事自若",《淮南子·原道》中的"夫能理三苗"。当然,"理"的应用远不止于此,它还广泛涉及自然科学领域,有时特指物理学,常以理科、数理化等词汇出现。同时,在古代亦指狱官、法官等官职,以及作为姓氏使用。这些丰富的意蕴共同构成了"理"字深厚的文化底蕴。

二 "性"的内涵

"性",最早见于金文,由"生"作为字根,辅以"心"作偏旁构成。其中,"心"象征欲求之心;"生"既是声旁也是形旁,意指天然萌发,因此"性"即为人类天然萌发的欲求。实际上,在古文中,"生"常通假为"性",用以描绘人初生时所禀赋的天性,即内心自然萌发的原始本能。对于篆书之"性",《说文解字》中有载:"人之阳气性善者也。从心、生声。息正切。"其中,"从心"表示内心的状态,"生声"表示读音,同时亦隐含"性"乃与生俱来之意,于六书之中,属于形声与会意。对于楷书之"性",篆体的"心"简化为"竖心旁",右侧则保持为"生",最终定格为"性"字。"性"之本义,指人或事物本身所具有的能力、作用等。其引申义广泛,涵盖性质、思想、情感,以及男女或雌雄的特质等。

"性"即理也,指事物所具有的本质、特点。首先,"性"的基本释义常指性格,比如个性、本性、天性、耐性,以及《论语·阳货》中的"性相近也,习相远也",《孟子·告子下》中的"动心忍性",《中庸》中的"天命之谓性"。其次,"性"也表示事物的某种性质或性能,比如导热性、导电性、透光性,以及《梦溪笔谈》中的"物性之不同"。最后,"性"还指物质因含有某种成分而产生的性质,如黏性、弹性、药性、碱性、油性,以及《左传·昭公二十五年》中的"则天之明,因地之性"。当然,"性"除上述意思之外,还表示"有关生物的生殖或性欲""性别"等。

三 "理性"的内涵

"理性"最早起源于希腊语中的"逻各斯"。在罗马时代,它被译成拉丁语,原意是计算金钱。后来,它又被译成了法语,并最终衍生出现代英语中的"rationality"(理性)与"reason"(理智)。在社会学界,理性是指人在正常思维状态下,为了获得预期结果,有自信与勇气冷静地面对现状,并快速全面了解现实,分析出多种可行性方案,再判断出最佳方案且对其有效执行的能力。理性是基于现有的理论,通过合理的逻辑推导得到确定的结果。反之就是反理性、感性。理性的本质就是否定与怀疑、反思与批判。事实上,"理性"已经成为哲学上广泛使用的术语。苏格拉底指出,理性使个人潜在的德性实现出来,成为现实的德性或善。亚里士多德认为,求知是人类的本性。康德指出,理性是人类的认识能力。因此,在哲学界,理性被认为是人类具有的依据所掌握的知识和法则进行各种活动的意志和能力,从人类的认识思维和实践活动中发现出来的,是主宰人类的认识、思维和实践活动的主体事物。简而言之,理性是人类有目的的活动,其中活动是种,目的是属差。

理性与感性相对,在处理问题时,按照事物发展的规律和自然进化原则来考量,考虑问题、处理事情不冲动,不凭感觉做事情。理性通常借助鲜明的论点和具有说服力的论据发现真理,通过符合逻辑的严密推理而非依靠表象来获取结论、意见和行动的理由,因而"理性"具有冷静的态度、全面的认识、详细的分析、后果的预知、良好的心理素质及多种后备计划方案等基本特点。

当然,理性通常也可以看作涵养、本性、道理、理智等含义。比如,《中论·治学》中的"学也者,所以疏神达思,怡情理性,圣人之上务也"就是表达涵养之意。《后汉书·党锢传》中的"是以圣人导人理性,裁抑宕佚,慎其所与,节其所偏",《扪虱新话·辨惠洪论东坡》中的"僧惠洪、觉范尝言,东坡言语文字,理性通晓,盖从般若中来"都是蕴含本性之义。《官场现形记》中的"这算什么话!要人走,钱不还人家,这个理性倒少有",《丰收》(叶紫)的中"他始终不明白,为什么自己辛辛苦苦种下来的谷子,都一担一担地送给人家挑走。这些人又都那样地不讲理性"都是包含道理的意思。《宿莽·色盲》(茅盾)中的"她是静默的,她是理性的,她是属于旧时代的蕴藏深情而不肯轻易流露的那一类人物",《母亲》(丁玲)中的"她一想起这些就忍不住要大哭,要失去了理性,失去了知觉的大哭一场"都是表示控制行为能力的理智。

四 "理性数学"的内涵

与"感性认识"相对应,"理性认识"包括概念、判断与推理这三大基本形式,其特点是它的概括性和间接性。在感性认识的基石之上,将感知到的感觉与感性材料,通过思考、分析,经历去粗取精、去伪存真、由此及彼、由表及里的整理与升华,从而实现认识上的质的飞跃,即从感性认识迈向理性认识。这一过程不仅是认识的深化,更是抽象思维的体现,它深刻概括并反映了事物的本质、整体结构以及内部联系。认识的真正任务,正是经由感性认识这一初级阶段,进而攀升至理性认识的高级阶段。理性认识之所以占据举足轻重的地位,源于其能够成为指导人们实践活动的灯塔。换言之,理性认识是对感性认识的提炼与升华。感性认识,作为认识的起点,其发展与完善必然指向理性认识。忽视理性认识的重要性,便有可能陷入狭隘经验主义的泥沼,难以窥见事物的全貌与真谛。

理性思维是一种有明确的思维方向、有充分的思维依据,能对事物或问题进行观察、比较、分析、综合、抽象与概括的一种思维,因而理性思维就是一种建立在证据和逻辑推理基础上的思维方式。数学思维品质是不同的思维个体在数学学习活动中用来衡量自身数学思维质量的重要指标,它决定个体的思维能力,在教学中具体表现为学生对于数学问题的解决处理方法。有学者指出:"充分暴露数学思维过程是数学教学的指导原则,数学教学要展示数学思维过程,要求教师创造性地将数学思维过程'重现'出来。"数学教学要立足于学生思维活动的展示,变结果教学为过程教学,让学生在获得知识和运用知识的过程中发展思维能力。根据数学学科的特点,一般把数学思维划分为逻辑思维与直觉思维、求同思维与求异思维、抽象思维与形象思维、正向思维与逆向思维、再生思维与创造思维。其中,创造思维是理性思维的最高级形式,是一种具有开创意义甚至是前所未有的思维过程,主要通过联想、类比、构造等一系列思维过程实现质变,其显著的特征是新颖、独特乃至独创,是创新型人才必须具有的思维品格,更是思维的最高境界。数学理性思维品质主要包括连续性、系统性、启发性、深刻性、灵活性、敏捷性、广阔性、严谨性、批判性、独创性。

"数学"是研究数量关系与空间形式的科学,是刻画自然规律和社会规律的科学语言和有效工具。数学源于对现实世界的抽象,通过对数量和数量关系、图形和图形关系的抽象,得到数学的研究对象及其关系。基于抽象结构,通过对研究对象的符号运算、形式推理、模型构建等,形成数学结论和方法,帮助人们认识、理解和表达现实世界的本质、关系和规律。数学不仅是运算和推理的工具,还是表达和交流的语言。数学承载着思想和文化,是人类文明的重要组成部分。数学是自然科学的重要基础,在社会科学中发挥着越来越重要的作用,数学的应用渗透到现代社会及日常生活的各个方面,直接为社会创造价值,推动社会生产力的发展。随着现代科学技术特别是计算机科学、人工智能的迅猛发展,人们获取数据和处理数据的能力得到很大的提升,伴随着大数据时代的到来,人们对网络、文本、声音、图像等反映的信息进行数字化处理的需求更加迫切,使得数学的研究领域与应用领域得到极大拓展。

有人认为:"一个国家只有数学蓬勃地发展,才能展现它国力的强大。数学的发展和至善与国家繁荣昌盛密切相关。"数学在形成人的理性思维、科学精神和促进个人智力发展中发挥着不可替代的作用。数学素养是现代社会每一个公民应当具备的基本素养。数学教育承载着落实立德树人的根本任务、实施并发展素质教育的功能。高中数学课程是普通高级中学的主要课程,具有基础性、普及性和发展性,为学生的可持续发展和终身学习创造条件。学生通过数学课程的学习,不仅巩固了基础知识,掌握了基本技能,还积累了宝贵的基本活动经验,这一过程深刻渗透了基本的数学思想,有效激发了学生的学习兴趣。数学课程旨在引导学生以数学眼光观察世界、以数学思维思考世界、以数学语言表达世界,同时培养学生的独立思考习惯,强化合作交流意愿,进而逐步形成并发展其核心素养。此外,数学课程还致力于促进学生思维能力、实践能力和创新意识的全面发展,鼓励学生探寻事物背后的变化规律,从而增强其社会责任感,并在此过程中帮助学生形成并树立正确的世界观、人生观和价值观。

克莱因指出,数学是一种精神,一种理性的精神。正是这种精神,激发、促进、鼓舞并驱使人类的思维得以运用到更加完善的程度,也正是这种精神,试图决定性地影响人类的物质、道德和社会生活;试图回答有关人类自身存在提出的问题;努力去理解和控制自然;尽力去探求和确立已经获得知识的最深刻的和最完美的内涵。"理性数学"在教育领域,尤其是在数学教育及其相关活动中,体现为一种教学理念与实践方式。它贯穿于解读教材与研究"课标"、分析概念与解决问题、渗透思想与归纳方法、实施教学与开展科研、引领示范与辐射传播、培育成果与提炼主张、培养思维与优化品质、发展智力与提升素养、学会为人与立身处世等方面。"理性数学"坚持以学生为中心,依托数学严谨的逻辑推理,采用说理的手段,巧妙地运用数学知识与方法去发现、提出、分析并解决问题。在此过程中,学生不仅掌握了数学的基础知识、基本技能,还深刻领悟了数学的基本思想,并积累了丰富的数学活动经验,最终以数学的眼光、思维与语言去观察、思考与表达世界。"理性数学"旨在引领学生理性地探索数学本源,把握数学内容本质,揭示教育教学规律,从而形成逻辑严谨的批判性思维;培养学生科学规范的理性精神,追求有依有据的理性表达,从而促进智力水平,发展创新能力,提升数学素养,发展素质教育;激发学生学习数学的兴趣,养成良好的学习习惯,树立正确的世界观、人生观、价值观,从而追求更加幸福的人生,实现自我价值的升华。

第三节 阐述理性数学特性

学生学会独立分析问题、解决问题的学习才是真正有意义的数学学习。美国教育家乔纳森认为,教育的未来应该把焦点放在有意义的学习上,放在让学生学会如何推理、决策和解决我们生活中随处可见的复杂问题上,换句话说,教育唯一合法的目标就是问题解决。教师教会学生用理性的方式解决问题应该成为教育目标和教育内容。有人说过:"把教育首先看成发展理性的形式,特别是实践理性。"学习数学就是让学生会用数学的眼光观察现实世界、会用数学的思维思考现实世界、会用数学的语言表达现实世界,正如康德指出,我们将把理性称为原则的能力,原则这个术语是词义模糊的,它通常代表着一种可以被作为一条原则来运用的知识。

石中英教授曾讲:"人生是需要理性的,理性不仅是语文教学的条件或工具,而且也是教学活动所应追求的目标之一。"以严谨推理、缜密思维著称的数学与数学教学更应该是理性的。《普通高中数学课程标准(2017年版 2020年修订)》指出,数学在形成人的理性思维、科学精神和促进个人智力发展的过程中发挥着不可替代的作用。英国哲学家、数学家罗素指出,数学,如果正确地看,不但拥有真理,而且也具有至高的美。基于数学学科的鲜明特色,基于数学教育的根本宗旨,基于教育教学的经验积累,我的"理性数学"教学主张主要包括生活性、操作性、人文性、趣味性、简单性、批判性、反思性等特性。

一 生活性

数学源于生活、寓于生活、用于生活。能否用数学的眼光观察现象,能否用数学的头脑分析问题,体现了一个人数学素质的高低。数学决定着一个国家的科技进步,是关系着一个国家未来发展的核心学科,一个没有数学素养的民族难以立足于世界之林。正如有人指出:"一个国家的科技水平可以用它消耗的数学来衡量。"将数学教育植根于生活之中、贴近生活、达到共鸣、产生乐趣,数学教学就会更加平易近人、和蔼可亲。

案例38：钱大姐常说："好货不便宜。"她这句话的意思是："好货"是"不便宜"的(　　)。

A.充分条件　　　　　　B.必要条件

C.充分必要条件　　　　D.既非充分也非必要条件

命制这道试题的灵感来自谚语"便宜无好货"。出自清代李伯元《官场现形记》："便宜无好货，这药是吃了不中用的。"试题构思新颖、视角独特，将抽象数学逻辑与谚语天衣无缝地融合于一体。下面从数学命题的视角理性分析这道试题。

分析："便宜无好货"（从日常生活谚语出发）

⇔"若便宜，则不是好货"（改写为规范的数学原命题）

⇔"若好货，则不便宜"（等价于数学的逆否命题）

⇔"好货不便宜"（回归平常生活用语）。

我们把长期生活、生产的实践经验看作正确，即"便宜无好货"是真命题，那么依据数学命题等价性不难得到其逆否命题也是真命题，即"好货不便宜"是正确的，故选A。其实生活中还有很多数学逻辑的谚语，如"有心人，天不负""路遥知马力"等。

事实上，不少小品也是数学的结晶。比如，2008年春晚小品《开锁》。

第一段对话（主人与开锁公司工人）：

开锁公司工人：（若）出示身份证、房产证、户口本等有效证件，（则）开锁。（原命题）

主人：（若）开锁，（则）出示身份证、房产证、户口本等有效证件。（逆命题）

开锁公司工人：（若）不出示身份证、房产证、户口本等有效证件，（则）不能开锁。（否命题）

主人：（若）不开锁，（则）无法出示身份证、房产证、户口本等有效证件。（逆否命题）

第二段对话（主人与物业公司员工）：

物业公司员工：（若）出示身份证、房产证、户口本等证件，（则）证明您是主人。（原命题）

主人：（若）证明我是主人，（则）开锁拿出身份证、房产证、户口本等证件。（逆命题）

物业公司员工：(若)不出示身份证、房产证等证件,(则)不能证明您是主人。(否命题)

主人：(若)不证明我是主人,(则不开锁)拿不出身份证、房产证等证件。(逆否命题)

在这短短几分钟的小品中充满了数学逻辑命题(即原命题、逆命题、否命题及逆否命题),让人在捧腹大笑中不得不惊叹编剧是一个数学天才！这就是生活,这就是数学。这个小品的本质就是数学中命题的四种形式。

再如,2010年春晚小品《一句话的事儿》里面最为经典的台词"用谎言去验证谎言得到的一定是谎言",这正是演绎推理"三段论"中所强调的大、小前提都正确的情况下才能得到正确的结论。

美国南密西西比大学丁玖教授指出,数学既是精确演绎的科学,也是语言严密的艺术,不仅难学,而且难教。因此,数学教师在教学过程中总是千方百计地拉近"数学"与"生活"的距离,让学生对数学产生亲切感。消除恐惧感。"理性数学"旨在通过将生活经验数学化、数学问题生活化,让学生能从现实生活中感悟数学思想,学会数学地分析与思考现实生活中的现象和问题。如此一来,数学就不会呆板、枯燥、冰冷,就会与现实生活水乳交融、生动活泼、愉悦快乐,彰显数学教育的功能与价值。

二 操作性

长期以来,人们普遍认为化学、生物等学科进行实验理所当然,数学则是纯理论论证,似乎数学与实验无关。其实,数学既是演绎科学,又是一门操作性实验科学。数学实验是实验者根据实际问题的特点和要求,经过反复思考和研究后,做出合乎情理的假设,通过对一些工具、材料的动手和实验操作,引导学生自主探索数学知识、检验数学结论的教学活动。比如在糖水实验中的论证定理。

现有n杯相同浓度的糖水,其中第n杯是含有a_n g糖的b_n g糖水的不饱和溶液,则有

$$\frac{a_1}{b_1}=\frac{a_2}{b_2}=\frac{a_3}{b_3}=\cdots=\frac{a_n}{b_n}。$$ ①

将第2杯糖水倒入第1杯中,此时甜度不变,即

$$\frac{a_1}{b_1}=\frac{a_2}{b_2}=\frac{a_1+a_2}{b_1+b_2}。 \qquad ②$$

再将第3杯倒入刚才的杯子中,甜度依然不变,即

$$\frac{a_1}{b_1}=\frac{a_2}{b_2}=\frac{a_3}{b_3}=\frac{a_1+a_2+a_3}{b_1+b_2+b_3}。 \qquad ③$$

以此类推,将第n杯糖水倒入前$n-1$杯糖水的混合液中,显然甜度不会改变,即

$$\frac{a_1}{b_1}=\frac{a_2}{b_2}=\frac{a_3}{b_3}=\cdots=\frac{a_n}{b_n}=\frac{a_1+a_2+a_3+\cdots+a_n}{b_1+b_2+b_3+\cdots+b_n}。 \qquad ④$$

事实上,我们还可以将两杯第2杯的糖水倒入第1杯,甜度也是不变,即

$$\frac{a_1}{b_1}=\frac{a_2}{b_2}=\frac{a_1+2a_2}{b_1+2b_2}。 \qquad ⑤$$

以此类推可以得到

$$\frac{a_1}{b_1}=\frac{a_2}{b_2}=\frac{a_3}{b_3}=\cdots=\frac{a_n}{b_n}=\frac{a_1+2a_2+3a_3+\cdots+na_n}{b_1+2b_2+3b_3+\cdots+nb_n}。 \qquad ⑥$$

进一步推广得到结论(注:所有分母均不为0):

$$\frac{a_1}{b_1}=\frac{a_2}{b_2}=\frac{a_3}{b_3}=\cdots=\frac{a_n}{b_n}=\frac{m_1a_1+m_2a_2+m_3a_3+\cdots+m_na_n}{m_1b_1+m_2b_2+m_3b_3+\cdots+m_nb_n}。 \qquad ⑦$$

上述④至⑦就是我们熟知的等比定理以及推广,从①到⑦的实验操作过程就是等比定理的验证过程。操作性数学实验是以学生为主体、以问题为主线、以动手和实践操作为手段,激发学生的好奇心,加深学生对定理的记忆、理解,从而培养学生探索科学、追求真理的精神。

三 人文性

数学文化是以数学科学为核心,以数学思想、精神、方法、技术、理论等所辐射的相关文化领域为有机组成部分的动态系统。数学教师应该有意识地收集一些数学文化,让学生体验数学的乐趣,欣赏数学的优美、感受数学的魅力,从而激起学生探索的兴趣,发展学生的思维能力,提升学生人文精神和科学思维等综合素养,培养学生成为具有开拓意识的创新人才。丘成桐先生在接受采访时说过:"我把《史记》当作歌剧来欣赏,由于我重视历史,而历史是宏观的,所以我在看数学问题时常常采取宏观的观点,和别人看法不一样。"将数学教学与文

学作品融为一体,数学课堂就会像百家讲坛一样生机勃勃,数学文化就可以在数学课堂中生根发芽。研读文学作品,从中领悟数学,这正是数学文化长期渗透的结晶。难怪有人指出,没有一定的文学素养,要想学好理科也是相当困难的。

诗词是指以古体诗、近体诗和格律词为代表的中国古代传统诗歌。诗,是一种抒情言志的文学体裁,用高度提炼的语言形象地表达作者丰富的情感,集中反映社会生活并具有一定节奏和韵律的文学体裁。词,属于诗的一种韵文形式,由五言诗、七言诗或者民间歌谣发展而成。诗词是语文学科教学中重要的知识内容。

唐代诗人柳宗元的《江雪》中的"孤舟蓑笠翁,独钓寒江雪"对应的就是数学中的"公垂线"。唐代诗人王维的《使至塞上》中的"大漠孤烟直,长河落日圆"包含了线面垂直及直线与圆相切的具体例证,充分体现了数学的和谐美与统一美。徐利治先生在讲授到极限的时候,总是禁不住引用唐朝诗人李白的《黄鹤楼送孟浩然之广陵》中的"孤帆远影碧空尽,唯见长江天际流",让学生领悟一个变量趋向于0的动态意境。一些数学教师在教授周期性的时候,经常借助唐代诗人崔护的《题都城南庄》中的"去年今日此门中,人面桃花相映红。人面不知何处去,桃花依旧笑春风。"将人的生命、花的生命与数学的生命交融于一体,这不正是讲授周期性的绝妙情境引入吗?情境交融,让人流连忘返。"问君能有几多愁,一江春水向东流""飞流直下三千尺,疑是银河落九天"不正是函数$f(x)=\sin|x|$,$f(x)=-x^2+|x|+2$图像的真实再现吗?将文学看作文字语言,那函数表达式及图像正是符号语言、图形语言。数学三种语言的不断切换,将文学的博大精深与数学的抽象深奥完美结合,还有什么能比用函数$y=A\sin(\omega x+\phi)$的图像刻画人生更恰当呢?人生有波峰也有低谷,泪水与欢乐都是我们成长过程中不可或缺的风景。人生遭遇低谷往往蕴含着生机,加倍努力,必将到达事业的巅峰;处于事业的高端要处处提醒自己,戒骄戒躁,谦虚谨慎,以免跌入谷底。

东北师范大学高夯教授认为,教师教给学生的应该是"明理"的数学,而不只是"解题"的数学。数学应该是有温度的工具,而不是冰冷的知识。数学教学应突出数学的人文性,以激发学生对数学知识的热情,从而培养学生的理性思维,同时通过讲数学的"理",让学生悟出人生的"道"。

四 趣味性

孔子说:"知之者不如好之者,好之者不如乐之者。"苏霍姆林斯基认为:"课堂教学应引起良好的情绪感觉。"在教学过程中,首要任务就是培养学生热爱数学的兴趣。一旦学生的兴趣激发出来,学习数学就是一种高雅的享受,就能达到事半功倍的效果。所谓兴趣,是指兴致,是人们对事物喜好或关切的情绪。兴趣产生的前提是需要,需要会使人产生对它的探索欲。

中国科学院院士谷超豪感叹:"别看(数学)表面上枯燥,其实只要深入进去,你就会发现奥妙无穷,充满快乐。"由此告诫一线数学教师要引领学生在数学的海洋中漫游,同时充满好奇心和有兴趣地思考数学之真谛。布鲁纳指出:"最好的动机莫过于学生对所学材料本身的内在的兴趣,有新发现的自信感,学生可以用自己的发现作为最高的奖励而推进学习的进程。"心理学研究结果表明,成功与兴趣是相辅相成、相互促进的,有兴趣才有可能成功。教师站在学生的角度,才能最大限度地激发学生的积极性和创造性,才能让教师的"教"与学生的"学"完美融合。正如斯宾塞指出:"教育要使人愉快,要让一切教育有乐趣。"乌申斯基也指出:"没有丝毫兴趣的强制性学习,将会扼杀学生探求真理的欲望。"爱因斯坦还指出:"兴趣是最好的老师。"

数学看似枯燥、冰冷,其实十分有趣,需要有一双慧眼发现其中的乐趣。激发学生兴趣的方式可以是语言激趣、问题激趣、悬念激趣、史料激趣、实用激趣、美感激趣。当我们从成语的视角回味有些数字、数据或数学式子时,让人豁然开朗,妙趣横生。最常见的就是形式简单、操作简便的以数字、数据或数学式子猜成语的游戏。比如,0000为"四大皆空";0+0=0为"一无所获";0!=1为"无中生有";1×1=1为"一成不变";1^n=1为"始终如一";3.4为"不三不四";9寸+1寸为"得寸进尺";1,2,3,4,5为"屈指可数";1,2,3,4,5,6,0,9为"七零八落";1,2,4,6,7,8,9,10为"隔三岔五";2,3,4,5,6,7,8,9为"缺衣少食";2,4,6,8为"无独有偶";1+2+3为"接二连三";$\frac{1}{1}$=1为"不相上下";$\frac{1}{2}$为"一分为二";$\frac{2}{2}$=1为"合二为一";$\frac{5}{8}$为"半斤八两";$\frac{7}{8}$为"七上八下";$\frac{1}{100}$为"百里挑一";等等。

培养学生的兴趣是多方面的,就课堂而言,有直观的趣味性、语言的趣味性、例题的趣味性、理论联系实际的趣味性、探索新知识的趣味性,因此数学教学必须讲究艺术,寓科学性于趣味性之中。每当新年降临,数学人总是从数学

的视角演绎新年年份,让新年充满浓浓的数学味道,借以表达新年的美好祝福。比如:

2016=12×168=168+168+168+168+168+168+168+168+168+168+168+168;

(祝福您2016年里的12个月都是一路发)

2016=666+666+666+6+6+6;

(祝福您2016年顺心顺意、六六大顺、顺顺顺)

2016=888+888+88+88+8+8+8+8+8+8+8+8;

(祝福您2016年的事业兴旺发达、发发发)

2017=10+9+8+7+6+5+4+3+2+1+987+654+321;

(祝福您2017年全家幸福、大团圆)

$2017=7^3+11^3+7^3$。

(祝福您2017年知识与财富呈现立方增长)

再如,对于365这个数字,表面上一年365天,其实包含了很多有趣话题,乃至蕴涵着人生哲理。

$1^{365}=1$,$1.01^{365}=37.8$,$1.02^{365}=1377.4$,当$n\to+\infty$时,$1.01^n\to+\infty$;

$1^{365}=1$,$0.99^{365}=0.03$,$0.98^{365}=0.00063$,当$n\to+\infty$时,$0.99^n\to 0$。

如果我们每天工作、学习的效率提高1%,那么一年下来的效率就是原来的37.8倍;再增加1%,那么一年下来的效率就是原来的1377.4倍。反之,每天放松1%,那么一年下来的收获仅仅是原来的3%;再放松1%,那么一年下来的收获仅仅是原来的万分之六!多么大的差距啊!倘若日积月累,结局必定天壤之别。这就是为何拼搏者越来越强、懒惰者越来越弱的真正原因所在。

五 简单性

我国数学家姜伯驹对数学有着这样的看法:"最简单的东西,往往也是最本质、最基本的东西,通过对简单的把握,建立思维体系,通过推理,得出的结果往往是惊人的。这就是数学思维,是科学精神。"数学家波莱尔也指出,数学家的目的往往是寻求一般的解,用几个一般的公式来解决许多特殊的问题。因此,数学教学不是罗列更多的现象,也不是追求更妙的技巧,而是从更普遍的、更一般的、更简洁的角度寻求规律和答案。比如,让一个人沿着三角形周围走一圈,会发现这个人正好转了一圈,即三角形外角和等于360°,而每一个平角都是180°,因此三角形内角和等于3×180°-360°=180°。同理可得,沿着四边形、五边形周围走一圈,这个人也正好转了一圈,即四边形、五边形外角和均等于360°。事实上,让人沿着凸n边形周围走一圈,最后还是转了一圈回到原处,这就说明凸n边形的外角和是一个定值,恒为360°。而每一个平角都是180°,因此n边形内角和等于$n×180°-360°=(n-2)×180°$,这正是n边形内角和公式的由来。依据唯物辩证法观点,内与外是矛盾对立统一体。既然有内角,当然就会有对应的外角,而凸多边形的外角和恒为定值360°,这体现了唯物辩证法的对立统一规律(内与外、动与静),渗透了转化与化归、特殊与一般、或然(偶然)与必然等数学思想,优化了数学思维的连续性、辩证性与批判性等理性思维,从而达到培养逻辑推理、数学抽象等核心素养的目的。

结论:对任意实数x,恒有$x^2 \geq 0$。令$x = a - \dfrac{b}{2}(b>0)$得到$\dfrac{a^2}{b} \geq a - \dfrac{b}{4}$(当且仅当$b=2a$时等号成立)。

上述结论看似平凡,倘若灵活加以应用,尤其是密切关注等号成立的条件,适当变形,则其"威力"不可小视。

案例39:已知$a>1, b>1, c>1$,求证:$\dfrac{a^2}{b-1} + \dfrac{b^2}{c-1} + \dfrac{c^2}{a-1} \geq 12$。

证明:所证不等式恒等变形为

$$\dfrac{a^2}{4(b-1)} + \dfrac{b^2}{4(c-1)} + \dfrac{c^2}{4(a-1)} \geq 3。$$

由上述结论可得

$$\dfrac{a^2}{4(b-1)} \geq a - \dfrac{4(b-1)}{4}, \dfrac{b^2}{4(c-1)} \geq b - \dfrac{4(c-1)}{4}, \dfrac{c^2}{4(a-1)} \geq c - \dfrac{4(a-1)}{4}。$$

上述三式相加即可得证。

由上述证明过程,容易推广到一般情况:

若$a_i > 1 (i=1, 2, 3, \cdots, n)$,则$\dfrac{a_1^2}{a_2-1} + \dfrac{a_2^2}{a_3-1} + \cdots + \dfrac{a_{n-1}^2}{a_n-1} + \dfrac{a_n^2}{a_1-1} \geq 4n$。

值得说明的是,对于分式不等式,尤其是轮换式分式不等式,上述结论特别有效,而且证明过程极其简单明了。使用上述结论的关键之处就是围绕满足等号成立的条件来展开,即利用$a=b=c$,结合$\dfrac{a^2}{b-1} + \dfrac{b^2}{c-1} + \dfrac{c^2}{a-1} = 12$解得$a=2$来配凑,使得$4(b-1)=2a, 4(c-1)=2b, 4(a-1)=2c$。

有趣的是，对于 $x^2 \geq 0$，倘若分别令 $x=a-b$，$x=\dfrac{a}{\sqrt{b}}-\dfrac{\sqrt{b}}{x}$，$x=\dfrac{\sqrt{a}}{b}-\dfrac{1}{\sqrt{a}}$，则可以得到一系列看似平凡但功能强大的代数不等式：

$\dfrac{a^2}{b} \geq 2a-b$，$\dfrac{a^2}{b} \geq \dfrac{2a}{x}-\dfrac{b}{x^2}$，$\dfrac{a}{b^2} \geq \dfrac{2}{b}-\dfrac{1}{a}$。

简单的解答让人赏心悦目，数学之美的本质就是简单性。对于数学问题的解决，最简单的解答就是数学美的具体体现，更是数学理性精神的彰显。没有比"任何实数的平方为非负数"更为简单的本源性知识，这是数学教师永恒的追求，正如狄德罗指出，数学中所谓美的问题是指一个难以解决的问题，而美的解答是指一个问题的简单解答。

六　批判性

我国著名经济学家钱颖一指出，批判性思维能力不是指学科知识，而是一种超越学科，或是说适用于所有学科的一种思维能力。批判性思维的主要特征是如何质疑、如何判断。把这两个特征结合在一起，批判性思维就是以提出疑问为起点，以获取证据、分析推理为过程，以提出有说服力的解答为结果。质疑是思维的起点，是求进的开始，是解疑释惑的表现。亚里士多德指出，思维从疑问和惊奇开始。由此可见，质疑是促进学生思维、培养学生好奇心与探究意识的推进器。批判性思维是思维发展的高级阶段，学会理性思考，必须先学会质疑。质疑如同爆炸物的导火线、汽车的发动机一样，可以瞬间将学生获得知识的欲望从潜在状态变为活跃状态。批判性思维的能力层次是可以训练的，正如有学者指出："小疑则小进，大疑则大进。疑者，觉悟之机也。一番觉悟，一番长进。"

绝大部分学生或教师，甚至个别课外资料都认为函数 $y=\left(\dfrac{1}{16}\right)^x$ 与 $y=\log_{\frac{1}{16}} x$ 的图像只有一个交点。其实它们的图像有三个交点，除了 $\left(\dfrac{1}{2},\dfrac{1}{4}\right)$ 及 $\left(\dfrac{1}{4},\dfrac{1}{2}\right)$，还有一个交点在直线 $y=x$ 上。明明画图只有一个交点，不是眼见为实吗？为何师生都会出现这样的错误？原因何在呢？这是因为指数函数与对数函数单调性等特殊性，导致平时随手作图时不容易精准画出来而已。那我们如何从理论上给予证明呢？当$0<a<1$时，指数函数$y=a^x$与对数函数$y=\log_a^x$的图像到底有几个交点？又该如何论证呢？

案例40：已知$m=\left(\dfrac{k}{k+1}\right)^k$，$n=\left(\dfrac{k}{k+1}\right)^{k+1}$ $(k\in \mathbf{N}^*)$。

(1)求证：$m^m=n^n$；

(2)若点$P(m,n)$在指数函数$y=a^x$的图像上，证明点$P(m,n)$也在对数函数$y=\log_a^x$的图像上。

证明：对于(1)而言，

$$m^m=\left[\left(\dfrac{k}{k+1}\right)^k\right]^{\left(\frac{k}{k+1}\right)^k}=\left[\left(\dfrac{k}{k+1}\right)^k\right]^{\frac{k^k}{(k+1)^k}}=\left(\dfrac{k}{k+1}\right)^{\frac{k^{k+1}}{(k+1)^k}},$$

$$n^n=\left[\left(\dfrac{k}{k+1}\right)^{k+1}\right]^{\left(\frac{k}{k+1}\right)^{k+1}}=\left[\left(\dfrac{k}{k+1}\right)^{k+1}\right]^{\frac{k^{k+1}}{(k+1)^{k+1}}}=\left(\dfrac{k}{k+1}\right)^{\frac{k^{k+1}}{(k+1)^k}}。$$

故有$m^m=n^n$。

对于(2)而言，由于点$P(m,n)$在指数函数$y=a^x$图像上，即

$$n=a^m\Rightarrow n^n=a^{mn}\Rightarrow m^m=a^{mn}\Rightarrow m^m=(a^n)^m\Rightarrow m=a^n\Rightarrow n=\log_a^m。$$

由此说明点$P(m,n)$也同时在对数函数$y=\log_a^x$图像上。

由于$m\neq n$，注意到指数函数与对数函数互为反函数，其图像关于$y=x$对称，因此除了一个交点在$y=x$上，还有点(m,n)与点(n,m)也在它们的图像上，故当$0<a<1$时，指数函数$y=a^x$与对数函数$y=\log_a^x$的图像必然有三个交点。

学源于思，思源于疑，这正是鼓励质疑的精髓所在。数学因其严谨性、逻辑性而著称，学生没有问题就是最大的问题。因此，教师在教学过程中，应努力构建宽松、和谐、民主的氛围，激励学生在学习过程中，不唯师、不唯上、不唯书，让学生大胆质疑、敢于批判，培养学生具有质疑与批判的理性分析能力与精确求证的理性思维，传承追求真理的宝贵精神。

敢于怀疑是创新的心路历程，质疑是培养学生创新思维的有效途径。批判性思维不仅是一种能力，也是一种价值取向，引导学生有意识地打破"禁区"，走出思维"误区"，探索思维"盲区"。道理越辩越深刻，事理越辩越明晰，因此，"理性数学"教学主张的一个显著特性就是批判性。

七　反思性

　　反思是近代西方哲学中广泛使用的概念之一,原意为光的反射,作为哲学概念是借用光反射的间接性意义,实指不同于直接认识的间接认识。洛克认为,反思就是离开感觉而形成内部经验的心灵活动。斯宾诺莎认为,反思是认识真理的比较高级的方式。康德认为,反思是联结知性与理性的桥梁。黑格尔认为,反思本身是一个过程,是把握外在本质到把握内在本质的过程。因此,我们可以认为,反思是心灵以自己的活动作为对象而反观自照,是人们的思维活动和心理活动。通俗地讲,反思就是人们对自己过去的经历再回顾、再思考、再认识。反思能够使教师升华经验、捕捉灵感,激励教师拒绝平庸迈向优秀。教师反思有多种渠道,比如情感反思、知识反思、技能反思等。教师反思亦有多种形式,比如备课反思、教材反思、设计反思、教学反思、解题反思、阅读反思、科研反思等。反思贵在坚持、贵在及时。长期积累,必有"集腋成裘、聚沙成塔"的收获。

　　对于解题反思,现代认知心理学告诉我们,解题教学必须与反思认知相结合才能达到良好的迁移效果,解题而不反思犹豫"入宝山而空回"。任勇先生认为,反思解题思路,培养学生思维的发散性;反思解题过程,培养学生思维的严谨性;反思解题结果,培养学生思维的合理性;反思解题规律,培养学生思维的创造性。对于教学设计反思,孙居国老师认为,数学课堂教学设计反思通常包括教材分析、学情分析、教学目标、重点难点、教学策略、教学手段和教学过程等。对于教案反思,叶澜教授指出,一个教师写一辈子教案不一定成为名师,如果一个教师写三年反思就有可能成为名师。教学反思不是为了反思而反思,而是为了提高教育教学水平和能力,由此可见,常态化反思是一种促进教师改进教学策略,提高教学水平,形成个性化教学风格的有效手段。荷兰数学家弗赖登塔尔认为,反思是数学思维活动的核心和动力,是数学创造性思维的重要表现,是一种高层次的数学创新活动。没有反思,教师的教学缺乏深度、厚度与宽度,只是浅层次地灌输知识而已。反思是学习过程中最重要的一个环节,是学好数学的关键。反思是为了学生学有所成,没有反思,学生的理解不可能从一个水平升华到更高的水平。

　　数学是极其严谨的,又是深奥的。以抽象函数与周期性相关试题为例,其内涵丰富,条件隐蔽,容易导致解答出现偏差,甚至试题本身存在瑕疵,需要深入研究、理性反思,凸显其真实面目。

案例41:定义在 **R** 上的 $f(x)$ 既是奇函数又是最小正周期为 π 的函数,且当 $x\in\left[-\dfrac{\pi}{2},0\right)$ 时,$f(x)=\sin x$,则 $f\left(-\dfrac{5\pi}{3}\right)$ 的值为_____。

本题为某地高三模拟试题,其实试题本身存在缺陷。因为 $f(x)$ 是定义在 **R** 上以 T 为周期的奇函数,所以

$$f(x+T)=f(x)\left(\diamondsuit x=-\dfrac{T}{2}\right)\Rightarrow f\left(-\dfrac{T}{2}+T\right)=f\left(-\dfrac{T}{2}\right)\Rightarrow f\left(\dfrac{T}{2}\right)=0。$$

据此得到定理1。

定理1:$f(x)$ 是定义在 **R** 上以 T 为周期的奇函数,则 $f\left(\dfrac{T}{2}\right)=f\left(-\dfrac{T}{2}\right)=0$。

依据定理1可知 $f\left(-\dfrac{T}{2}\right)=f\left(-\dfrac{\pi}{2}\right)=0$,这与案例41中的 $f\left(-\dfrac{\pi}{2}\right)=\sin\left(-\dfrac{\pi}{2}\right)=-1$ 矛盾,故条件"$x\in\left[-\dfrac{\pi}{2},0\right)$"是不严谨的,可以改为"$\left(-\dfrac{\pi}{2},0\right)$"。

案例42:$f(x)$ 是定义在 **R** 上以3为周期的奇函数,且 $f(2)=0$,则方程 $f(x)=0$ 在区间 $(6,0)$ 内的解的个数最小值为( )。

A.2 　　　　B.3　　　　　　C.4　　　　　　D.5

本题是2005年高考福建卷理科第12题。由周期性与奇函数性质可知 $f(1)=0,f(3)=0,f(4)=0,f(5)=0$,因此 $f(x)=0$ 在 $(0,6)$ 内至少有解为 $1,2,3,4,5$,故方程 $f(x)=0$ 在区间 $(0,6)$ 内的解的个数最小值为5,故选择D。这正是当年福建省高考命题专家构思心路。其实,上述解答与试题都存在瑕疵。利用周期函数的定义不难得到(设周期为 T):

$$f(x+T)=f(x)\left(\diamondsuit x=kT+\dfrac{T}{2}\right)\Rightarrow f\left(kT+\dfrac{T}{2}+T\right)=f\left(kT+\dfrac{T}{2}\right)$$

$$\Rightarrow f\left(kT+\dfrac{3T}{2}\right)=f\left(\dfrac{T}{2}\right)=0(k\in \mathbf{Z})。$$

据此得到定理2。

定理2:$f(x)$ 是定义在 **R** 上以 T 为周期的奇函数,则 $kT+\dfrac{3T}{2}$ 均为方程 $f(x)=0$ 的解。

注意到案例42所给范围 $(0,6)$ 及 $T=3$,因此依据定理2,分别令 $k=0,k=-1$,

可以得到$x=\frac{9}{2}$, $x=\frac{3}{2}$。这表明案例42中的方程$f(x)=0$在区间$(0,6)$内的解至少还有$\frac{9}{2}$, $\frac{3}{2}$，因此案例42的答案显然错误，即解的个数至少有7个，从而说明命题专家给出的解答以及选项都是错误的。

教师要有强烈的常态化反思意识，在成长中善于反思，在反思中不断成长。自觉反思是理性的，总是与习惯相伴。习惯是人们经过一段时间养成的相对稳定的一种行为方式，习惯是一种平静而巨大的力量。有学者对"习惯"有这样一段精彩的描述："播种一种行为，收获一种习惯；播种一种习惯，收获一种性格；播种一种性格，收获一种命运。"正如我国教育家陈鹤琴的教诲："习惯养得好，终身受其益；习惯养得不好，终身受其累。"对于数学教学与学习中容易出现瑕疵乃至错误的概念、知识点与解题方法（比如抽象函数、事件独立性、随机事件样本空间等），教师更应该有意识地形成常态化反思，彰显理性数学。

第四节 凸显理性教学风格

任勇先生指出,教学主张是教师教学的独特视角,是教师形成教学风格和教学思想的基石。同时,他还指出,教师要通过实践路径和理论路径,提炼自己的教学主张,形成自己的教学风格,成为有教育思想的名师。"风格"原本属于艺术概念,最早广泛应用于艺术领域,是指艺术作品在整体上呈现的具有代表性的风貌,如今演绎到各个领域,比如教学风格、命题风格、建筑风格、装修风格等。雨果认为:"风格是打开未来之门的钥匙……没有风格,你可以获得一时的成功,获得掌声、热闹、锣鼓、花冠、众人的陶醉的欢呼,可是你得不到真正的胜利、真正的荣誉、真正的桂冠。"

一 教学风格本质内涵

优秀教师与普通教师较为明显的区别在于优秀教师拥有高超的教学艺术和独特的教学风格。对于教学风格,目前还没有统一的定义,仁者见仁、智者见智,但其本质高度相似,都是指教师在长期的教学实践中形成的技能、技巧的有机组合和综合运用,凸显教师个人一贯的、稳定的心理品质。

李如密教授认为,教学风格是指教师在长期教学实践中逐步形成的、富有成效的、一贯的教学观点、教学技巧和教学作风的独特结合和表现,是教学艺术个性化的稳定状态的标志。[1]他强调教学风格的核心就是教学艺术个性化,教学风格是内外统一、形神兼备的整体,教学风格是教学艺术个性化相对稳定的状态。他还指出教学录像是记录教学风格的重要载体,课堂教学是教学风格的活动载体,学生是教学风格的形象载体。

闫德明教授、古立新教授认为,教学风格是指教师在一定的教学理念指导下,经过长期的教学实践过程形成的,创造性地运用各种教学方法和技巧,所表

---

[1] 李如密.教学风格的内涵及载体[J].上海教育研究,2002(4):41.

现出来的一种个性化的教学风貌和格调。[1]他们强调,教学风格是教师课堂教学所表现出来的一种教学作风和精神面貌,是教师教学艺术进入一种高境界的标志,是由"显性"和"隐性"两类知识相互影响、相互作用而构成的有机整体。教学风格的形成过程就是显性知识和隐性知识不断转换和创新的能动过程,其转换模式一般呈现社会化、外在化、组合化及内在化等四种主要模式。

二 教学风格基本类型

依据教师个人性格特征、教育程度、教学经历、科研范围,并结合教师所处城市位置、学校环境、生源质量等因素,教学风格大致划分为理智型、自然型、情感型、幽默型和技巧型等类型的教学风格。

理智型教学风格主要表现为教师授课时深入浅出、条理清楚、层层分析、环环相扣、论证严密、结构严谨,用思维的逻辑力量吸引学生注意力,用理智控制课堂教学过程。学生不仅学到了知识,优化了思维,而且被教师严谨治学的态度熏陶和感染,学会冷静地、独立地解决问题。有的教师虽然在课堂上不苟言笑,但内心却充满对知识的透彻理解和对人的理智能力发展的执着追求。

自然型教学风格主要表现为教师授课时亲切自然,朴实无华,没有矫揉造作,也不刻意渲染,而是侃侃而谈,娓娓道来,师生在平等、协作、和谐的气氛下,默默地进行双向交流,将对知识的渴求和探索融于简朴、真实的教学情境之中,学生在静静的思考、默然的首肯中获得知识。有的教师虽然讲课声音不大,但神情自若,情真意切,犹如春雨渗入学生心田,润物无声,给人一种心旷神怡、恬静安宁的感受。

情感型教学风格主要表现为教师授课时情绪饱满,把对教育事业的挚爱和追求融于对学生的关爱和期望之中,充满着对人的高度尊重和依赖。教师讲到动情处,往往慷慨激昂、扣人心弦、撼人心灵,使学生产生强烈的情感共鸣。师生之间在理解沟通的前提下,共同营造出一种渴求知识、探索真理的热烈气氛。学生在这样的教师引导下,所获得的不仅仅是知识的训练价值,还包括人格、情感的陶冶价值。

---

[1] 闫德明,古立新.教学风格形成的内在机制研究——基于知识创新的模式分析[J].课程·教材·教法,2013,33(10):29.

幽默型教学风格主要表现为教师授课时生动形象,机智诙谐,妙语连珠,动人心弦。生动形象的比喻,开启学生智慧之门;恰如其分的幽默,给学生以回味和留恋。哲人警句、文化箴言不时穿插于讲述中,给学生以启迪和警醒。在这种课堂氛围中,学生心情舒畅,在轻松愉快的笑声中获得人生的启迪,其学习积极性和主体性将得到充分发挥。

技巧型教学风格主要表现为教师授课时,各种教学方法与技巧信手拈来,运用自如,恰到好处。课堂教学过渡自然、搭配合理、有条不紊。讲解、分析、论证思路清晰,提问、讨论、练习针对性强,充分体现出教师对学生的透彻了解,对教学方法的合理运用和对教材知识重、难点的准确把握。对于学生掌握知识而言,这是一种追求高效率的教学风格。

三 教学风格形成途径

教师不仅要提出自己的教学主张,而且要形成自己鲜明的教学风格。教学风格既不是与生俱来,也不是从天而降,而是在教学实践中经历模仿、选择、定向、创新等一系列过程形成的。模仿是形成教学风格的第一步。每位教师都会有意无意模仿他人的教学风格,但模仿的目的不是为了照搬,而是为了熟悉他人的教学艺术。不少教师甚至会模仿不同的教师,了解更多不同的教学风格。在熟悉众多的教学风格后,根据个人兴趣、爱好、特长、心理条件去选择适合自己个性发展的模式。一旦选择了某种教学模式之后,就应该对自己的教学风格的发展方向做初步设计,并在教学实践中向这一方向努力。努力的过程,就是创造具有自己特色的、高层次的教学风格的过程。这种创造是自觉地将教学艺术运用于教学实践,将各种教学要素融为一体,最终达到完美的理想境界。

根据模仿的对象,对照自身的条件,教学风格大致有实践提升式、理论指导式、重点突破式、移植兼容式、整体构建式等形成途径。实践提升式是指教师通过对教学中不断积累的丰富的实践经验进行总结、归纳、升华,择其典型特征以形成个人教学风格。理论指导式是指教师在教学中自觉地以先进的教育教学思想和理论为指导,并将其贯穿于各个教学环节,最终形成个人独特而鲜明的教学风格。重点突破式是指教师在教学过程中结合个人教学特点,选择形成自己教学风格的最佳突破口,以点带面形成整体教学风格。移植兼容式是指通过精心选择,将他人教学风格的特色部分移植到自己的教学中,或通过博采众长,将众人之长融入自己的教学之中,并利用综合优势使自己的教学形成整体最佳特色。整体构建式是指教师从教学整体出发,通过整体改革,优化结构,从而全面形成自己的教学风格。

教学风格影响教学方法的选择和运用。教学风格不同,选择和运用的教学方式、方法也会不同。教学风格的形成,经过了长期过程,一旦形成某种教学风格,它就有相对的稳定性,直接影响到个体选择和运用教学方法。教学风格影响教学方法的实施。不同的人,有不同的教学风格,同一种教学方法,不同的人使用,效果也不尽相同。教学风格是评价、选择、运用教学方法的重要标准。教学方法是构成教学风格的一个重要因素。教学方法对教学风格形成的影响作用较大,教师如果经常采用某种教学方法,并达到一种运用自如的程度,就会形成一种相应的教学风格。当然,教学方法可以形成不同的教学风格,不同的教学方法也可以形成同一种教学风格,这与教师本身以及具体的教学条件和因素有关,它是创造具有自己特色的、高层次的教学风格的过程。

教学特色是教师的教学思想、教学风格、教学智慧、个性特点、教学技术等在教学过程中独特的、和谐的结合与经常性表现。教学特色的形成是一名教师在教学艺术上趋于成熟的重要标志。教学特色包括教师的气质、仪表、语言、教学方式与教学方法,是教师长期探索、研究、修养的一种自然表现,因而教学特色具有教学的艺术性、风格的创造性、效果的良好性、表现的稳定性等特征。教学创新是教师对教学再创造的教学行为,它经历从模仿的量变积累到升华的质变过程,表现为对模仿的超越和对常规的突破,核心是"新"——新的结构、新的方式、新的效果等。教学创新意味着质变、意味着付出、意味着风险。教学智慧是教师面临复杂教学情境所表现出来的一种准确判断和敏捷反应能力。其常常出现在随机应变、灵活创造、成功处理教学意外事件的过程中,是观察的敏捷性、思维的灵活性和意志的果断性这三者紧密结合的独特体现。教学智慧是教师在千变万化的教学实际情境中,处理"预设"与"生成"关系所表现出来的一种实践能力,具有教学智慧的情境性、生成性及实践性等特性。

四 我的理智型教学风格

"理性数学"教学主张中的"理"还体现在理解数学、理解学生、理解教材、理解教学,促进学生德智体美劳全面发展的教育理念,数十年不懈坚守、不断进取,我形成了自己的理智型教学风格。无论是备课,还是授课;无论是批阅作业,还是讲评试卷;无论是概念新授课,还是习题复习课;无论是课堂常规教学,还是课外兴趣探索;无论是撰写文章,还是阅读书刊;无论是教学实践,还是教育科研;无论是工作,还是为人;无论是教书,还是育人,我始终恪守数学是理性的、教学是讲理的、为人是明理的,以理服人、以理感人、以理悦人、以理育人。正如有学者认为:"教学就是讲理,理想的教学都指向学生在教学活动中的发展,而促进学生发展的最根本途径就是使学生明'理',即帮助学生领悟符号背后鲜活生动的道理,让学生理解和掌握定理背后所体现的研究方法、思维方式和科学精神。教师把基本概念、基本原理讲清楚,学生就可以真正地理解其他知识,并有能力自主地观察、思考、想象、表达,逐步构建自己的知识体系。只有让学生理解和掌握知识的内在原理、本质联系,才能帮助学生'以理驭事''以简驭繁',把握事物的本质特征,使学生成长为明辨是非、有担当的未来社会实践的主人。"

案例43:正数 a,b,c 满足 $a+2b+3c \leq abc$,求 $5a+22b+c$ 的最小值。

解法:设 $S=5a+22b+c$,则有

$$\frac{S}{24}=\frac{5}{24}a+\frac{22}{24}b+\frac{1}{24}c。 \qquad ①$$

再将已知条件变形为

$$1 \geq \frac{3}{ab}+\frac{1}{bc}+\frac{2}{ca}。 \qquad ②$$

①+②,经整理后再由三元均值不等式可得

$$\frac{S}{24}+1 \geq \left(\frac{3}{ab}+\frac{3}{16}a+\frac{3}{4}b\right)+\left(\frac{1}{bc}+\frac{b}{6}+\frac{c}{36}\right)+\left(\frac{2}{ca}+\frac{c}{72}+\frac{a}{48}\right) \qquad ③$$

$$\geq 3\sqrt[3]{\frac{3^3}{4^3}}+3\sqrt[3]{\frac{1}{6^3}}+3\sqrt[3]{\frac{1}{12^3}}=3。$$

计算后得 $S \geq 48$,即 $5a+22b+c$ 的最小值为48,当且仅当 $a=4,b=1,c=6$ 取得最小值。

我一直困惑的是如何从②得到③。显然是利用待定系数法,而且是为了使

用均值不等式时确保等号成立进行巧妙的分拆,凑配。分拆、凑配过程是怎么得到?这个分拆、凑配过程能够一眼看出吗?我考虑了很长一段时间,同时还请教过一些老师,甚至专门请教不少数学奥赛教练,都没有弄清楚这个分拆、凑配是如何得来的。我决定要演算、推理这个分拆、凑配的具体过程,彻底弄清楚上述②到③是如何得到的,还其本来面目。

分析:将上述①+②(设6个待定系数)得到

$$\frac{S}{24}+1 \geq \left(\frac{3}{ab}+\lambda_1 a+\mu_1 b\right)+\left(\frac{1}{bc}+\mu_2 b+\gamma_1 c\right)+\left(\frac{2}{ca}+\gamma_2 c+\lambda_2 a\right)。 \quad ④$$

为了确保均值不等式等号成立条件,则必须同时满足以下条件所构成的九元高次方程组:

$$\frac{3}{ab}=\lambda_1 a=\mu_1 b; \quad ⑤$$

$$\frac{1}{bc}=\mu_2 b=\gamma_1 c; \quad ⑥$$

$$\frac{2}{ca}=\gamma_2 c=\lambda_2 a; \quad ⑦$$

$$\lambda_1+\lambda_2=\frac{5}{24}; \quad ⑧$$

$$\mu_1+\mu_2=\frac{22}{24}; \quad ⑨$$

$$\gamma_1+\gamma_2=\frac{1}{24}。 \quad ⑩$$

由上述⑤和⑦得到 $\lambda_1=\frac{3}{a^2 b}$,$\lambda_2=\frac{2}{ca^2}$,并结合⑧可得

$$\frac{3c+2b}{a^2 bc}=\frac{5}{24}。 \quad ⑪$$

由上述⑤和⑥得到 $\mu_1=\frac{3}{ab^2}$,$\mu_2=\frac{1}{b^2 c}$,并结合⑨可得

$$\frac{3c+a}{ab^2 c}=\frac{22}{24}。 \quad ⑫$$

由上述⑥和⑦得到 $\gamma_1=\frac{1}{bc^2}$,$\gamma_2=\frac{2}{c^2 a}$,并结合⑩可得

$$\frac{a+2b}{abc^2}=\frac{1}{24}。 \quad ⑬$$

至此,从上述⑤至⑩中分离出 a,b,c,即得⑪⑫⑬。要想直接从⑪⑫⑬中解出 a,b,c 不是一件容易的事情,为此采取两式相除的策略构造齐次,即⑪除以

172

⑫、除以⑬分别得到

$$\frac{3c^2+2bc}{a^2+2ab}=5,\qquad ⑭$$

$$\frac{3c^2+ac}{2b^2+ab}=22。\qquad ⑮$$

正因为上述⑭⑮的左边均为齐次,利用换元达到消元目的,设 $b=am, c=an(m>0, n>0)$ 代入上述⑭⑮得到

$$\frac{3n^2+2mn}{2m+1}=5 \Rightarrow m=\frac{3n^2-5}{10-2n},\qquad ⑯$$

$$\frac{3n^2+n}{2m^2+m}=22。\qquad ⑰$$

将上述⑯代入⑰可得

$$48n^4-2n^3-115n^2+15n=0 \qquad ⑱$$

$$\Rightarrow n(48n^3-2n^2-115n+15)=0(因n>0)$$

$$\Rightarrow 48n^3-2n^2-115n+15=0 \qquad ⑲$$

$$\Rightarrow (2n-3)(24n^2+35n-5)=0$$

$$\Rightarrow n=\frac{3}{2}, n=\frac{-35+\sqrt{1705}}{48}, n=\frac{-35-\sqrt{1705}}{48}(因n>0,故舍去)。$$

因为 $m>0, n>0$,结合⑯可得

$$m=\frac{3n^3-5}{10-2n}>0$$

$$\Rightarrow \frac{\sqrt{15}}{3}<n<5。\qquad ⑳$$

注意到 $41<\sqrt{1705}<42$,则有

$$\frac{1}{8}<\frac{-35+\sqrt{1705}}{48}<\frac{7}{48}$$

$$\Rightarrow n=\frac{-35+\sqrt{1705}}{48}\notin\left(\frac{\sqrt{15}}{3},5\right)(舍去)。$$

因此得到 $n=\frac{3}{2}$,由 $n=\frac{3}{2}$,结合⑯可得 $m=\frac{1}{4}$,即 $b=\frac{1}{4}a, c=\frac{3}{2}a$,将其代入⑪可得 $a=4$,从而 $b=1, c=6$。再将所得 $a=4, b=1, c=6$ 代入上述⑤⑥⑦分别得到

$$\lambda_1=\frac{3}{16}, \mu_1=\frac{3}{4}, \mu_2=\frac{1}{6}, \gamma_1=\frac{1}{36}, \gamma_2=\frac{1}{72}, \lambda_2=\frac{1}{48}。$$

将上述结果全部代入④得到③。

让我们再一次温故上述运算推理过程与步骤。事实上,上述方程⑤⑥⑦⑧⑨⑩构成九元高次方程组。若不分离出a,b,c,要想解决这个方程组很难再往下走(因为有9个未知数),分离出a,b,c后得到⑪⑫⑬,尽管未知数个数减少(此时剩下3个未知数,即a,b,c),但是次数更高,变成四次三元方程组,此时要想解决也非易事,因此采取相除的策略,即得到⑭⑮,尽管这样未知数个数没有减少,但是出现了对我们较为有利的因素,即齐次,利用齐次特征适时换元,再一次减少未知数的个数(此时剩下2个未知数,即m,n),当消去m得到仅仅一个未知数n时,方程次数又升高到四次,但幸运的是这是个一元四次方程,即上述⑱的常数项为0,由此转化为一元三次,即上述⑲。接下来,我们分解出一个因式,从此转化为一元二次方程,然后利用隐含条件求出上述⑳的取值范围,经过分析最终得到n的值。求得n值后沿"原路"返回,逐个求出所有的未知数(9个),从而得出上述③。

对于难度偏大的题目(如高考压轴题、竞赛试题),在解答或者证明过程中,跨越度不宜太大、跳跃度不宜太高、拔高度不宜太快。解题教学要把思考、探索、推理过程完整呈现出来。数学是讲理的,数学应该讲理,数学必须讲理。

第四章

践行教学主张

　　教学主张是教师教学思想、教学信念的显性化。提炼教学主张并不是最终目的,关键在于将教学主张潜移默化地落实到长期的、踏实的实际行动之中,彰显教学主张的内在价值。教师不仅要敢于提出教学主张,而且要善于在理论指导下践行教学主张。教学主张源自教学实践,又高于教学实践,教师要在检验教学主张的过程中,不断地完善、丰富教学主张。实践经验越丰富、检验平台越多样,教学主张越趋于完美。穷理以致其知,反躬以践其实。只有积极投身实践探索,深入理论研究,将理论与实践相结合,才能真正丰富教学主张。在坚守课堂教学的同时,我长期通过领衔名师工作室、送培送教薄弱学校、示范引领青年教师、辐射传播学术讲座等渠道与平台践行"理性数学"教学主张。

第一节 领衔名师工作室

作为教师专业发展共同体,名师工作室已经成为教师专业成长与发展的重要平台。名师工作室肩负着研究教育教学规律、引领教师队伍专业成长、提高学校和地区乃至全省教育教学质量的重要职责。名师工作室最早诞生于经济富裕、文化发达的江浙沪地区,随着其影响力的增强,名师工作室犹如雨后春笋般扩大到全国各地,突破了长期以来名师个体"单打独斗"的成长模式,在师资队伍建设方面具有独特优势。为进一步发挥厦门市中小学幼儿园、中等职业学校名师的示范、引领和辐射作用,经厦门市教育局研究,决定在2019年建设多个厦门市首批中小学幼儿园、中职学校学科教学名师工作室,并出台相关文件。文件强调工作室领衔人应由厦门市在职在岗的正高级教师、省特级教师、省教学名师、省学科带头人或市专家型教师担任,工作室团队成员由正高级教师、特级教师、省教学名师、省学科带头人、市专家型教师、市学科带头人组成。厦门市建设首批名师工作室的宗旨就是以工作室为载体,汇聚省市名师力量,以先进的教育教学理念为指导、以提炼教学主张为目标、以优化教学模式为方向,通过示范辐射、专业引领、成长探索和教育科研,将工作室打造成集教学改革、教育科研、培养指导和成果推广于一体的高层次教师专业发展共同体,为骨干教师搭建交流的舞台、成长的摇篮,实现"名师引领、团队合作、资源共享、共同发展"的教师专业发展战略的创新型教师群体,造就一批在全省乃至全国有影响力的高水平教学团队。

一 聘为名师工作室领衔人

2019年8月,我有幸被聘为厦门市首批名师工作室"高中数学王淼生名师工作室"领衔人。历时三年,我率领4名核心专家、30名研修成员以及帮扶教研组,圆满地完成了各项教育教学研修任务。特别是在课堂教学、高考备考、教学比赛、教育科研、专业成长、课程改革、师资建设、送培送教、示范引领、辐射传播以及国家级教学成果、国家级教研成果和国家级人才遴选等方面,我们取得了显著成就。同时,我们还积极与重庆市的许正川名师工作室、安徽省的唐录义名师工作室等数十个名师工作室、名校数学教研组以及中国数学会数学教育分会、福建教育学院、集美大学等学术机构、高等院校开展一系列丰富多彩、富有成效的专题研修活动,扩大名师工作室知名度,彰显名师工作室的品牌效应——数学概念教学与理性数学主张。经过材料审查、业绩考核、成果展示、专家鉴定、领导审批等一系列公平、公正、公开的严格评审,2023年5月,厦门市教育局授予我领衔的名师工作室为厦门市"优秀名师工作室"称号。

二 受邀在工作室发言

以下是我在厦门市首届名师工作室领衔人竞聘大会、厦门市首批名师工作室中期检查汇报、厦门市第二批名师工作室启动大会上的发言,旨在诠释"理性数学"教学主张在名师工作室研修活动中所展现出的广泛影响力。

厦门市首届名师工作室领衔人竞聘大会上的演讲
我渴望拥有一个"平台"(节选)

(2019年6月14日)

尊敬的评委专家:

下午好!

我是王淼生,福建省厦门第一中学的数学教师。我是幸运儿,因为我一直以来得到很多名家大师无私的帮助,尤其得到当代教育名家、著名数学特级教师任勇先生无微不至的关心和帮助。如今,我也成为特级教师、正高级教师,我也想学着前辈们当年的模样更好地帮助别人,更多地回报社会,因此我渴望拥有一个"平台",这就是我今天竞聘首届名师工作室领衔人的初心。

美好时刻。32年前的1987年,我大学毕业分配到偏僻农村中学,成为一名光荣的人民教师。14年前的2005年,我有幸作为人才引进到福建省厦门第一中学,从此恋上厦门这座高颜值城市,爱上这所学校的先进教育理念和科研氛围。

攻坚克难。概念是数学的细胞、思维的载体。数学教学中最困难、最棘手的就是概念教学,因此学术界将数学概念教学誉为"冰冷美丽"。将"冰冷美丽"焕发"火热思考",将学术形态的数学概念转化为教育形态,这是必须面对的课题。力求对高中数学每一个概念有自己独到的见解和新的突破。针对数学概念及概念教学,我近年发表了50余篇论文,出版了2部概念教学方面的专著;主持了国家级、省级、市级各1项概念教学方面的课题。

始于足下。从教材章节编排次序入手研究(比如,计数原理为何安排在概率统计之后);从数学概念自身入手(比如,为何用单位圆定义三角函数而摒弃终边定义法);从相关概念教学入手(比如,为何教师普遍用解题教学替代概念教学);从最新版普通高中数学课程标准入手(比如,为何将原先的模块演变为四大主线);从新版教材入手(比如,为何增加有限样本空间概念);等等。32年摸爬滚打,我初步具备一定的教材掌控、课标解读、教育科研、组织管理等能力,逐步形成理智型教学风格:追寻概念本质、对话教材。我申报首届名师工作室,就是渴望组建一支强而有力的团队研究数学概念教学。

课题研究。课题"基于立德树人视角下数学概念教学研究"的核心概念之一:立德树人,就是牢记立德是根基,树人是目的。要把立德树人融入数学教育,尤其落实到概念教学之中,彰显数学教育的育人价值。培养学生会用数学的眼光观察世界,会用数学的头脑分析世界,会用数学的语言表达世界,会用数学的知识服务世界,这才是数学教育的初衷。核心概念之二:数学概念,就是人脑对客观世界数量关系和空间形式本质特征的反映。概念是推理、证明的依据,是构建定理、公式的基础,是形成思想、方法的基石,是分析、解决问题的前提。数学概念高度抽象,必须引领学生全程参与概念生成过程,体验概念提炼历程,构建概念精致流程,打造魅力课堂,优化思维品质,发展智力水平,提升核心素养,逐步形成适合学生终身发展和社会发展的必备品格和关键能力。

团队举措。聚是一团火,发挥集体智慧;散是满天星,激发个体才智。课堂是教师主阵地,坚守三尺讲台。没有理论支撑,团队寸步难行。强化理论素养,邀请专家面对面、手把手"传经送宝"。组织团队外地考察,与各地名师工作室定期开展研修活动。常态化反思工作室研修活动,实现经验型向学术型华丽转身。工作室聘请任勇等名家引领,通过阅读名著、研究课标等举措提升理论素养。定人、定时、定地点地进行专题研讨,主攻核心数学概念,开发疑难数学概念教学经典案例。借助讲座、示范课等形式积极推广科研成果,加快研修成员专业化成长,成为全市、全省乃至全国有影响力的名师。

预期成果。梳理并划分数学概念类型,追踪数学概念来源,精致数学概念本质,厘清数学概念内涵,开发数学概念案例。反思概念教学得失,提出概念教学范式,提炼概念教学框架,优化概念教学程序,实施高效概念教学。总结概念教学经验,进行概念教学试验,发表概念教学论文,实施概念课题研究。落实立德树人宗旨,遴选概念教学基地,总结概念教学经验,传播相关教学案例,举办学术专题报告,推广概念教学成果。

追求目标。以名师人格魅力感染一批教师,以名师智慧力量培养一批教师,以名师的科研能力引领一批教师,以名师的教学成果辐射一批教师。逐步扩大名师队伍,让越来越多的教师围绕在名师周围,使名师工作室从"一室"变为"平台"再变成"舞台"再变成"基地",为优化教师队伍建设做出贡献。

痴心不改。幸福是什么?做自己喜爱的事就是最幸福的人!教师的职业幸福感应该是教师在教育教学活动过程中情感得到满足、潜能得到发挥、价值得到实现时所获得的持续快乐体验。名师的幸福就是立德树人,奉献社会,为党育人,为国育才。数十年的教书育人,我得到很多人的无私帮助。我要回报社会,为青年教师铺路搭桥,甘为人梯,这是52岁的我申报并竞选厦门市首届名师工作室的原动力!我酷爱数学,痴迷数学概念教学与研究,我会一直坚守在追寻数学概念教学的路上。再次感恩一路走来默默关心帮助的人!

厦门市首批名师工作室中期检查汇报
名师工作室是温馨的家园(节选)

(2020年11月27日)

尊敬的领导、专家及首批名师工作室领衔人:

上午好!

我是王淼生,来自福建省厦门第一中学。很荣幸作为首批名师工作室领衔人的代表向你们汇报工作室半个周期以来的研修情况,在此真诚感谢领导信任、专家帮助及名师引领!

我记得申报名师工作室竞聘演讲会上,面对评委,我的第一句话就是"我是幸运儿,因为我一直以来得到很多名家大师无私的帮助,尤其得到当代教育名家、著名数学特级教师任勇先生无微不至的关心和帮助"。是他给我提供第一个投稿邮箱,才有如今300余篇论文;是他帮我提炼第一个课题素材,才有如今的16项课题;是他为我第一部专著作序,才有如今3部专著;是他给我推荐第一次省级讲座,才有如今的270余场讲座……在教育教学的路上,是他鼓励我一次又一次战胜困难、走出困惑。当任勇先生讲述他的徒弟们一个个取得辉煌成就时，我就渴望拥有一个"平台"，学着他当年的模样，更好地、更多地回报社会。今天我拥有并站上了这个"平台"——厦门市首批名师工作室"高中数学王淼生名师工作室"。

名师工作室是促进研修成员快速成长的温馨家园。工作室研修成员大部分都是青年教师，他们有梦想、有追求，但他们缺少交流平台、缺乏理论引领，因此工作室启动之初，连续举办四场专题研修活动：面对新一轮课程改革，基于核心素养提升，我们如何深度研究新课标；面对新高考的变化及新题型的出现，我们如何深刻解读新教材及衔接新旧教材；如何将教学经验上升为具有理性思考的教育教学科研论文；如何从教育教学困惑中提炼出教育科学研究课题。

如今，我的工作室就是一个温暖的大家庭。我们不仅收获了教育科研的成果，而且建立起深厚感情。研修成员洪建章老师为学生"会的不对、对的不全"苦恼不已，我就鼓励他形成文字并投稿，这样可以得到许多名家大师的指教，遗憾的是一直没有被录用。之后经过他反复修改，文章终于发表。研修成员叶建聪老师身为偏僻农村学校教研室主任，一直渴望组建团队来研究农村学校数学教学，我就催促他申报省级规划课题。从选题、查阅文献到填写评审申报书，我一直陪伴着他。叶建聪老师说身边有了一位老大哥，心里感觉有底气。前不久叶建聪老师申报的课题立项为2020年度福建省教育科学规划课题。据不完全统计，我领衔的名师工作室成立至今，团队成员一共发表26篇CN论文，其中国家级期刊12篇；立项4项省级课题、4项市级课题、6项区级课题。

名师工作室是培养技能大赛选手的演练基地。教师教学技能大赛是厦门市一张烫金名片。为了备战厦门市第五届中小学幼儿园技能大赛，我将名师工作室研修活动与数学教研组的演练活动融为一体，以赛促教，充分发挥工作室成员业务精、素质高的优势，先后模拟真实比赛场景演练7次，并经常与参赛选手沟通到深夜。有时为一句开场白、一段衔接词、一件参赛衣服，甚至连参赛选手走进比赛场地站立的黄金分割点都精心设计。功夫不负有心人，付出总会有回报。研修成员黄昌毅、李海燕老师包揽第五届厦门市教师教学技能大赛高中数学青年组前两名，郑希莺等3位研修成员获得区级一等奖，吴慧娇等4位研修成员获得校级一等奖。我满怀信心地期待他们在接下来的省级技能大赛中摘金夺银，为厦门争光！到那时，他们又可以指导下一批选手，一批一批传承下去，续写厦门辉煌！

名师工作室是建设帮扶教研组的力量源泉。我领衔的名师工作室帮扶教研组是厦门市海沧实验中学高中数学教研组。工作室先期与海沧实验中学对接、沟通，制定了详细周密的帮扶计划，同时实行两条线帮扶。不仅对教研组师资队伍建设提出近期、中期与远期的构想与目标，而且从市局培养高三优生的侧重点进行突破。将高考中数学压轴题、创新题等疑难问题划分模块，由核心成员刘伟、叶泽军、陈文庆、周翔负责，各个击破，从而使今年高考取得了有目共睹的成绩，受到学校、家长、学生的一致赞誉。厦门海沧实验中学数学特级教师、正高级教师陈元章校长感叹："原来只是听说王淼生做事认真，还真不知道这样认真！如果不亲身经历，我是不会相信的！"如今，我们每次去厦门海沧实验中学开展研修活动，陈校长都会亲自到学校门口迎接。名师工作室用勤奋、踏实赢得了尊重，凸显了工作室的价值所在。我想，纵使以后不再担当名师工作室领衔人，我也会经常去厦门海沧实验中学与师生交流。

　　名师工作室要有一点名气、一定实力；领衔人应该具有一定的影响力，领衔人应该率领研修成员取得一些成绩。研修成员、帮扶教研组所在学校就像"纪委书记"一样盯着我，这使得我不得不加倍努力。自名师工作室成立以来，我与核心成员周翔完成了1项全国规划课题结题并获得良好等级；我与核心成员陈文庆立项了1项省级规划课题；我与吴慧娇等12名研修成员立项了1项市级课题；我与核心成员叶泽军等合作发表了14篇论文；我和郑希莺、丛钰、黄雪娥等开设了50余场专题讲座、示范课、观摩课，其中省级及以上10场；我率领研修成员黄昌毅提炼的教学成果"基于数学教学内容知识视角下概念教学实践与研究"获得2020年厦门市基础教育教学成果一等奖。在前不久召开的名师工作室座谈会上，市局相关领导特别指出名师工作室要扩大知名度，既要请进来，又要走出去。作为领衔人，我首先要有自己能够走出去的"平台"。工作室成立以来，我先后受聘于中国教育科学研究院特聘专家，集美大学硕士研究生导师，福建教育学院兼职教授，厦门市鹭江讲坛报告人及厦门市第9期、第11期学科带头人指导导师及骨干教师实践指导导师。

　　名师工作室生命力就在于人的成长，最终凸显在对人的培养，既包括研修成员的培养，也包括帮扶教研组的建设，还应该包括学生学科素养的提升，更应该包括领衔人及核心成员的进步，这样名师工作室才能得到稳步地高效运行、持续地发展壮大。我和我的团队"不忘初心、牢记使命"，埋头苦干，砥砺前行，以梦为马，不负韶华。再一次深深地感谢大家！

厦门市第二批名师工作室启动大会上的发言
名师工作室激励我更加努力拼搏（节选）

（2022年1月22日）

尊敬的领导、专家及第二批名师工作室领衔人：

下午好！

我叫王淼生，厦门市首批名师工作室领衔人。在各位领导、专家的关心指导下，在专家组及研修成员的支持配合下，我的工作室正在稳步地朝着预定的目标前进。今天荣幸地受邀向第二批名师工作室领衔人简要汇报成立以来的研修情况及体会。

界定内涵，诠释名师工作室功能。我们知道申报课题最为重要的是核心概念界定，因为核心概念的精准界定直接决定后续一切工作。"名师工作室"中第一个关键词无疑是"名师"。顾名思义，"名师"即为某一区域内、领域中具有较大影响力的师傅、教师。第二个关键词是"工作室"，目前普遍认可的界定是"研修说""工作说""共同体说"。"研修说"的来由是厦门市教科院培训部挂网通知"某某名师工作室研修活动"中的"研修"二字；"工作说"意味着名师工作室是做实事的团队；"共同体说"标志着志趣相同的人形成的团队在研修中不断地成长。

其实，"名师"是一个动态概念，这正是厦门市教育局对各类名师实行年度动态考核的原因。每年都要考核的目的就是不仅要求过去、现在是名师，而且未来还要是名师，这就决定了名师必须不断拼搏。名师工作室不仅要引领研修成员成长，而且名师自身更要进步。正如2019年3月20日厦门市教育局印发的《关于厦门市中小学名师工作室建设与管理办法的通知》中明确指出，设立名师工作室的宗旨是提高名师专业水平和综合素养、引领中青年教师的专业成长，造就一支在全省乃至全国有影响力的高层次学科教学团队，促进名师进一步成长为教育名家。

组建团队，痴心追求教学之精英。一个好汉三个帮。狄仁杰、包青天断案如神，别忘了他们身边有李元芳、展昭等武林高手。课堂是教师的主阵地，课堂教学是教师的立身之本，高效课堂教学是名师工作室的生存基石。我作为领衔人，第一要务就是要让每位研修成员能够拿得出一节高质量的课。我在选择团队核心专家时，特意关注"武林高手"。我将目光瞄准号称福建省教师的"高考"，誉为教师教学能力"铁人三项"赛的福建省教师教学技能大赛获奖选手。

我通过一次次走访、一个个谈心、一句句问候，终于将第一届至第四届福建省教师教学技能大赛金奖得主刘伟、周翔等"招降"。一个人可以走得快，但一群人可以走得更远。至此，作为领衔人，我完成了名师工作室建设中最为重要的智力投资环节。

人尽其才，充分发挥千里马价值。千军易得，一将难求。高手往往个性鲜明，如何将这些高手凝聚成一支具有战斗力的团队呢？有人设想，若将美国篮球排名前十的球员悉数纳入同一支球队，他们或许能长期称霸NBA。然而，理想丰满，现实骨感。为何？因为人人都想成为领袖，谁又甘于做配角呢？首先，这些超级巨星是否愿意服从管理？其次，当每个人都是顶尖高手时，关键时刻的绝杀球又该由谁来执行呢？因此，我的第二项任务是思考如何管理、分工与搭配。在核心成员中，刘伟资历深厚，管理能力强；叶泽军行事低调，组织有方；陈文庆性格温和，能起到良好的纽带作用；周翔则年富力强，实战经验丰富。至于研修成员陈奕、李寅童，他们与其他研修成员年龄相仿，易于沟通。经过近一年的磨炼，研修成员黄昌毅摘取第五届福建省教师教学技能大赛一等奖第一名。与此同时，黄昌毅一举夺得第十届全国青年教师示范课展示大赛及福建省优质课大赛第一名的"双冠王"。

凸显优势，一辈子用心做好一件事。不论是名师，还是名师工作室，其精力与时间都是有限的，因此工作室成员在兼顾工作室各方面工作的同时，要充分发挥自身的优势，坚持一辈子用心做好一件事。概念是数学的细胞、思维的载体，数学难就难在概念，这就是为何重要的考核课(比如特级教师、正高级教师等)都是首选概念教学的原因。我喜欢研究数学概念，因此我始终把教材分析、概念完善作为名师工作室核心中的核心工作，提出并丰富自己的教学主张：理性数学。数学需要讲理，数学应该讲理，数学必须讲理。以理服人，以理感人，以理育人。我发表的300余篇论文，实施的18项课题，开设的400余场讲座、示范课绝大部分都是围绕概念教学与理性数学主张。我的获奖项目都是与数学概念及概念教学密切相关。值得高兴的是，工作室公众号中有计划地推出系列文章，收到很好的效果。如今研修成员也开始跃跃欲试写文章。我先后为洪建章、柯玉梅、郑希莺等研修成员修改论文达100余人次。工作室成立以来，研修成员发表70余篇论文，其中20余篇与概念教学相关，而且还有核心论文。

辐射传播，走出福建并迈向全国。示范辐射是名师工作室的基本使命。示范引领、辐射传播就是将先进教育理念和科研成果通过工作室名师及成员的自身示范活动向相关学科的教师推广或影响。从示范辐射的形式来看,可以分为工作室集体活动和成员个体活动。从辐射活动的内容来看,既有讲座、示范课和帮扶结对活动,也有论坛、沙龙、网络环境下的交流等。作为中国教育科学研究院、福建教育学院、集美大学等十余所高校、科研机构特聘教授,我充分利用这些宝贵的平台与资源,与全国各地的名师工作室多次开展了联合研修活动。同时借助全国数学大会、全国青年教师优质课大赛、福建省教学开放周、福建省技能大赛、厦门市创新大赛、厦门市教学基本功大赛等难得的契机开展岗位大练兵。

甘为人梯,宝贵资源留给年轻人。名师工作室的一个重要使命就是加快青年教师的成长。成长需要平台,平台需要创造。正因为他们缺乏平台,所以他们才需要领衔人创造机会。领衔人要有奉献精神,要有甘为人梯的品格。我处处留心、时时留意。比如,省级教学活动周,尽管相关部门点名要我开一场讲座,我就借口身体不适,极力推荐年轻人走上省级舞台。再如,受省厅委托的福建教育学院每年寒暑假的培训活动邀请我去讲学,我就请求他们答应我带一位青年教师也开一场省级讲座或公开课。时间久了,他们知道我的心意。要知道一张省级讲座或公开课证书对年轻的研修成员多么珍贵。如今,参评特级教师与正高级教师就明文规定至少一次省级讲座或公开课,这就足以说明机会的难得。在名师工作室活动中,我几乎把公开课、讲座的机会尽量让给研修成员,争取三年下来工作室所有人都有登台展示的机会,而我自己则把准备好的讲座稿放在公众号中供他们自学。研修成员成长是名师工作室重要成果的体现。两年半来,名师工作室1名省级学科带头人顺利结业、4名研修成员成为市级学科带头人培养对象。各类学术讲座、专题报告与公开课、示范课达110余场,其中国家级2场、省级30余场。工作室先后60余人次受到各级各类表彰,其中省级以上荣誉达20人次。

追求卓越,铭记打铁还需自身硬。常言道路遥知马力。名师工作室前面两个汉字"名师"就说明需要领衔人自身具有一定实力。领衔人作为"一家之长",首先要用行动做出表率,让"全家人"看到希望。我在工作室成立之初8个月内,发表论文26篇、1项全国规划课题结题、1项省级规划课题立项,参加10场省级学术讲座,被授予厦门市拔尖人才。这些成果既是献给工作室的"见面礼",也是给他们的"下马威"。2020年12月,我荣获中国中学数学最高荣誉:"苏步青数学教育奖"一等奖,这是一名数学教师的终生梦想与追求。2021年

7月，我的教学成果荣获福建省基础教育教学成果特等奖。2021年9月，我的教研成果荣获第六届全国教育科学研究优秀成果奖二等奖，这是我国教育科研最高奖项，也是福建省基础教育界30年来获得最高级别奖，还是厦门市基础教育界历史性零的突破。

2005年7月，因崇拜著名数学特级教师、时任厦门一中校长任勇先生，我有幸作为人才引进到温馨的厦门。17年来，认认真真教学，踏踏实实做人，唯一的心愿就是用行动感激这座美丽的城市！感恩这座城市里关心、帮助与爱护我的所有人！目前我正在率领我的名师工作室按计划、有步骤地开展各项研修活动，同时融合我正在领衔的福建省首届"陈景润数学创新班"教育教学工作。我将不忘初心、牢记使命、踔厉奋发、笃行不怠！再一次感谢各位领导、专家的关心厚爱！

第二节 送培送教薄弱学校

我国地域辽阔,教育资源不够均衡,依然存在不少薄弱学校。这些学校教育资源相对匮乏、教学理念相对滞后、办学条件相对落后、师资力量相对较弱、专业水平相对浅薄、教学质量普遍偏低。另外,这些学校不仅需要政府部门加大财政与资金投入力度,更渴望得到人力上的帮扶。为了逐步缩小城乡之间差距,实现地区之间均衡,我和我领衔的名师工作室积极地送培送教到边远地区、欠发达地区的薄弱学校,传播先进教学理念,践行"理性数学"教学主张,发挥示范引领作用,受到当地教育部门、学校及师生的一致赞誉。

一、坚持送培送教边远地区

近年来,我和我领衔的名师工作室积极送培送教边远地区,比如,新疆博州博乐市第七中学、新疆生产建设兵团第二中学、玉溪市第八中学、银川市实验中学、太原市第二十七中学校、重庆市第二十九中学校、福建省长泰第一中学等。我和我领衔的名师工作室通过说课、磨课、评课等交流活动,促进了薄弱学校教师的专业成长;借助教学研讨会、质量分析会等形式,推动了薄弱学校的教学改革进程;依托学术报告、专题讲座等途径,提升了薄弱学校的教学层次;通过作业设计、试题命制、新教材章节解读、新课标理念剖析、新高考试题研究及课题研究,引入新理念、新方法,有效提高了薄弱学校的教育质量;通过定期与不定期的面对面沟通、手把手指导,深化了城乡学校之间、教师之间、师生之间的情感联系。

2012年9月为"'国培计划'——中西部农村骨干教师"项目开设专题讲座"践行教师为主导、学生为主体的课堂教学模式"(教育部东北高师师资培训中心主办);2013年9月为"'国培计划'——中西部农村骨干教师"项目开设专题讲座"从受训者到引领者的成长之路"(东北师范大学主办);2015年4月为宁德市农村教师开设专题讲座"提升基础薄弱学生学习数学兴趣的有效策略"(宁德市教师进修学院主办);2016年9月为"'国培计划'——江西省中西部送教下乡小学数学(学科)"项目开设专题讲座"小学数学教师的基本素养"(东华理工大学抚州师范学院主办);2018年8月为宁德市古田县"乡村教师素养提升工程"培训班开设专题讲座"让科研之花盛开在一线教师心中——浅谈课题研究"(福建广播电视大学主办);2019年8月为莆田市湄洲岛"乡村教师素养提升工程"培训班开设专题讲座"以科研促教学——以'撰写数学教育教学论文'为例"(福建省中小学教师远程培训中心主办);2020年9月为福建省农村学校高中数学高级教师开设专题讲座"数学教师在课堂上应该怎样讲理"(福建教育学院主办);2021年1月为福建省"'双一百'工程——中学数学学科带头人和骨干教师"培训班开设专题讲座"一线普通数学教师成长之路"(福建省教育厅主办);2021年6月为云南民族大学附属中学教师开设专题讲座"教学主张提炼与完善"(云南民族大学附属中学主办);2021年7月为太原市第二十七中学校教师开设专题讲座"教师专业发展路径"(太原市第二十七中学校主办);2021年11月为漳州市农村骨干教师开设专题讲座"三角函数由来与演变"(漳州市龙海区教师进修学校主办);2021年12月为福建省"乡村初中数学高级教师赋能"培训项目开设专题讲座"基于中考的数学概念教学与案例分享"(福建教育学院主办);2022年8月为福建省乡村中青年教师开设专题讲座"基于新课标、新教材、新高考的深度理解"(福建省教育厅主办);2023年5月分别为内蒙古自治区卓越教师、新疆生产建设兵团第二中学教师开设专题讲座"只要足够努力,就可以成为卓越教师"(西南大学主办)、"中小学数学教师如何开展课题研究"(新青年数学教师工作室主办);2023年12月为重庆市高新技术产业开发区骨干教师开设专题讲座"从农村教师到国家级教学名师"(重庆高新技术产业开发区教育事务中心主办)。

  此外,我和我领衔的名师工作室还坚持不懈地为一些薄弱学校实施为期数年的专业指导与示范引领。比如,2015—2019年间为泉州市德化第一中学开设"不是为了解题,而是解决问题""如何深度研究高考试题""数学教师专业素养提升路径""撰写数学教育教学论文"等系列专题讲座;2017—2019年间为厦门市同安区乡村教师开设"提高数学概念课教学效率""数学章始课该如何教授"等系列专题讲座;2017—2019年间为厦门实验中学开设"基本不等式""二面角""三角函数""随机事件概率""平面向量基本概念"等系列示范课;2018—2022年间为厦门海沧实验中学开设"数学课堂该如何讲理""概率统计教学难在哪儿"

"数学教师专业素养体现在哪儿""如何提高数学创造性思维"等系列专题讲座；2018—2023年间为江西省湖口中学开设"辨析概率统计疑难概念""函数概念教学初探""数学教师首先应该成为讲理的名师""新高考新在哪儿"等系列专题讲座；2019—2022年间为新疆博州博乐市第七中学开设"新课标解读""新教材分析""名师教学主张形成路径""'理性数学'教学主张的内涵"等系列专题讲座等。

二 实现各阶段的教学衔接

作为一名高中数学教师，我深知不少高中数学概念（比如，概率与统计等）启蒙于小学、形成于初中、提升于高中、完善于大学。因此，我经常深入小学、中学开设关于小学至高中各阶段如何衔接的专题讲座。2014—2023年间深入厦门市深田小学、厦门市演武第二小学、厦门五缘实验学校、厦门市音乐学校等开设"小学数学教师八个'一'""当一名讲清道理的小学数学教师""小学统计概念启蒙教学""成为一位善于说理的初中数学教师""初中概率概念教学策略""初中与高中三角函数的区别与联系""初中与高中函数概念的连接点在哪儿""分析小学初中高中有关圆的概念教学"等系列专题讲座。

与此同时，我和我领衔的名师工作室有计划地组织义务教育学校与普通高中学校的数学教师开展联合培训与研讨活动，旨在及时解答他们心中的疑惑。比如，为何本轮课程改革先修订并颁布了普通高中课程方案与标准，而后才修订初中课标？高中数学核心素养中的"六核"与初中阶段的"三会"之间存在怎样的联系？如何体现数学关键能力？在传授数学核心知识的过程中，应如何有效渗透数学思想方法？新课标所倡导的大单元教学与跨学科教学又该如何具体实施？教学论文应如何融入新课标的内容？

另外，2022年4月，我受邀对"福建省2022年度第三场教育教学开放活动（数学专场）"中的小学、初中、高中的统计概念教学进行点评，并开设专题讲座"让数学思维灵动在小初高课堂之中"；2023年5月，我受邀在"高水平协同提质·高质量双新示范——全国学科教育联盟第二届年会"中的"同题异构　贯通育人"教学研讨活动上进行学术报告"概念是数学教学永恒主题——赏析'有限样本空间与随机事件'"。

这些送培送教到薄弱学校、开展线下现场教学与讲座等举措,惠及了数十万人次的师生,极大地拓宽了小学、初中、高中数学教师的视野,确保了小学与初中、初中与高中之间数学概念的顺畅衔接,并深刻诠释了数学教学,尤其是数学概念教学的衔接性、全局性和传承性。

第三节 示范引领青年教师

2014年9月9日,习近平总书记在同北京师范大学师生代表座谈时强调:"一个人遇到好老师是人生的幸运,一个学校拥有好老师是学校的光荣,一个民族源源不断涌现出一批又一批好老师则是民族的希望。"我在九江市湖口县城山中学工作时,得到沈屈生等教师的帮助,才慢慢站稳讲台;在九江市湖口县第二中学工作时,受到曹晓文等教师的指导,开始知道如何解读教材;在九江市濂溪区第一中学工作时,幸遇朱涤纯等教师的点拨,学会如何当一名出色的班主任;在江西省九江第一中学工作时,得到胡智等特级教师的教诲,懂得如何解读课标;在福建省厦门第一中学工作时,得到任勇先生亲人般的关爱,逐步提炼教学成果与教学主张。没有前辈、专家、名师无私引领,就没有我的今天。满怀感恩之心!我要向师德典范、师能标兵的前辈学习,倾心投入教育教学,倾囊相授青年教师。作为福建省高层次A类人才,作为厦门市本土领军人才,我将站在更大的舞台上践行"理性数学"教学主张,努力培养一届又一届朝气蓬勃、刻苦求索的莘莘学子,引领一批又一批好学上进、锐意进取的青年教师,为我国教育事业做出更多、更大的贡献。

一 挖掘青年教师无限潜力

教师是履行教育教学职责的专业人员,承担教书育人、培养社会建设者、提高民族素质的使命。青出于蓝而胜于蓝。青年教师是一支精力充沛、青春洋溢、思维敏捷的群体,他们是教师队伍的新鲜血液,是学校的希望与教育的未来。青年教师的成长过程就是不断追求精神升华、增强职业道德素养、掌握教育规律,拓宽学科知识领域、强化专业技能、提升教学智慧和教学技艺的历程。虽然青年教师拥有最新的专业知识和娴熟的多媒体技术,但缺乏足够的教学实践经验与教育教学理论。青年教师想学、肯学、愿学,亟须学科专业知识扎实与教学实践丰富的经验之师、理论素养深厚与综合素质出色的科研之师、人格魅力强大和教育情怀高尚的卓越之师为他们传道、授业、解惑,促使他们脱颖而出，引领他们更好、更快、更多地挑起大梁、扛起重担、肩负使命。

　　基于"三年成型、五年成熟、十年成名"的培育目标，我致力于培养青年教师爱岗敬业、道德高尚的品质，成为具有教育情怀的人民教师；指导青年教师解读教材、研究教法、分析课标，成为具有专业情怀的优秀教师；率领青年教师撰写教学论文、出版教育专著，将教学过程中零碎的感性认识上升为理性思考，成为具有科研情怀的反思名师；引领青年教师开展课题研究、揭示教育教学规律、提炼教育教学成果，成为具有学术情怀的智慧专家型教师。在引领青年教师成长的同时成就自己、成就学生、成就学校、成就教育事业。

二　踊跃示范引领青年教师

　　雨果先生曾经说过这样一句话："花的事业是尊贵的，果实的事业是甜美的，让我们做叶的事业吧，因为叶的事业是平凡而谦逊的。"一花独放不是春，百花齐放春满园。作为厦门市首期卓越教师，我愿做根的事业，为绿叶、鲜花与果实输送营养。我先后指导、培养潘威福、于显彬、帅敏等12名江西省青年教师，薛白、方明生等18名安徽省青年教师，吴敬伟、范安娜等20名新疆维吾尔自治区青年教师，黄昌毅、吕南阳、陈燕梅等100多名福建省青年教师。他们有的成为省市领军人才，有的成为科研专家，有的成为教学名师。

　　吕南阳老师在1993年从福建师范大学毕业后就一直扎根于初中教学，担任初中数学教师长达十二年。在此期间，他成长为厦门市初中数学界的把关教师，并且因杰出表现破格晋升为高级教师。吕南阳老师内心一直渴望任教高中，苦于没有合适机会。2005年9月1日，我开始担任吕南阳老师的带教师傅，他顺理成章地任教高中。从初中跨越到高中，对吕南阳老师是一个极大挑战，尤其是在对高中数学教材的理解与高考压轴题的解答等方面遭遇巨大压力。比如，为何需要学习点到直线的距离公式？与两点间距离公式有何联系？点到直线距离公式还有别的证明方法吗？证明过程还可以简化吗？为何产生这种神奇的构思？他的系列提问使我更加深入钻研教材，课堂上更加注重说理。再如，如何破解高考导数压轴题？为何想到构造函数？构造函数与原问题等价吗？为何实施同构？同构的优势是什么？学生这种巧妙的解法对吗？这一步到下一步是怎么得到的？吕南阳老师刻苦钻研，经常深夜打电话请教我问题，甚至在回家路上、食堂餐桌上我都经常接到他的电话、短信，于是我就养成在口袋里装上纸笔的习惯，以便可以第一时间解答他的问题。功夫不负有心人，付出必有回报。经过三年艰辛拼搏，吕南阳老师任教的第一届高三毕业班取得优异成绩，班级多名学生在高考中取得数学满分。由于吕南阳老师的教学业绩突出，管理能力出众，所以他在2020年，被提拔为厦门市音乐学校副校长并一直从事高三毕业班数学教学工作。时至今日，他还经常与我一起探讨教育教学。

黄昌毅老师于2010年北京师范大学毕业，基本功扎实，专业素养较好，为人厚道，勤奋好学。黄昌毅老师是我家书房常客，于是我常带着他开展教育科研，从经验总结到论文撰写，再到课题研究，再到教学成果提炼。冰冻三尺非一日之寒，水滴石穿非一日之功。2011年，黄昌毅老师作为一般参与成员加入我的市级课题组；2013年，他成为我的省级规划课题的主要成员；2016年，他成为我主持的全国规划课题的核心成员；2019年，他成为我领衔的名师工作室骨干研修成员；2020年，他成为我领衔的基础教育教学成果的核心专家。科研指导教学，教学促进科研。黄昌毅老师任教的班级在高考中取得辉煌的成绩，其中一名学生在高考中总分位列全省（福建省）第二名。黄昌毅老师还积极参加各项大赛并获得荣誉。2018年，他荣获福建省首届高中数学重难点突破策略研究成果一等奖；2019年，他荣获福建省初高中毕业班复习教学"微课"一等奖；2020年，他作为核心成员参加的基础教育教学成果荣获福建省特等奖；2021年，他摘取含金量极高的福建省第五届教师教学大赛高中数学学科一等奖；2022年，他荣获第十届全国青年教师优质课大赛一等奖；2023年，他荣获第四届全国中小学青年教师教学竞赛二等奖；2023年，他摘取第三届国家级基础教育教学成果奖二等奖。突出的教学业绩与丰硕的科研成果，让他在2020年被确定为厦门市学科带头人培养对象，2023年被授予厦门市高层次C类人才，2024年被认定为厦门市学科带头人。另外，经过层层选拔，黄昌毅老师在2024年被选为厦门市教育科学研究院高中数学教研员。

第四节 辐射传播学术讲座

讲座是一种教学形式，多利用报告会、广播等方式进行，是一种重要的教育方式和传播学术、文化、思想的途径。教学学术讲座是在教学活动中定期举办的一种集中培训的形式，通常由专家或业内资深人士担任演讲者，向听众传授特定领域的知识、技能和传播教学理念、教学主张。讲座既可以是讲解专业知识，也可以是传授经验技巧，还可以是分享个人成长的心路历程或人生感悟。讲座内容应该具有专业性强、通俗易懂、生动有趣等基本特点。俗话说得好，台上一分钟，台下十年功。学术讲座关键在于自始至终保持听众的注意力，这是一件很不容易的事情。其主要体现在生动形象的案例、幽默风趣的语言、入木三分的见解、深刻独到的感悟、醍醐灌顶的智慧、独树一帜的风格、旁征博引的论述、发人深省的设问、逻辑严谨的推理。如果说送培送教到边远地区与示范引领青年教师成长是践行教学主张，那么举行专题讲座、开设示范课则是聚践行、传播、丰富与彰显"理性数学"教学主张于一体。

一、受邀开设各类学术讲座

近年来，我受邀在全国各地开设专题讲座、学术报告及示范课、观摩课400余场（节），讲座主题主要针对新课标、新教材、新课改、新高考、核心素养、深度学习、作业设计、教学评一体化、大概念与大单元教学、基于问题驱动、基于任务驱动、基于真实情境、基于主题引领等当前及今后重要的教育教学改革方向与热点。讲座内容主要围绕归纳数学解题方法、优化数学解题策略、数学概念教学价值、初高中数学教材衔接、分析新旧数学教材、新旧数学课程标准对比解读、义务教育与普通高中数学课标对接、新高考背景下试题研究、数学核心素养提升、拔尖与创新人才培养、青年教师的专业发展、名师成长轨迹、教育教学主张、教学风格形成等展开。讲座地点主要集中在普通中学（比如，重庆市第二十九中学校、云南省玉溪市第八中学、江西省湖口中学等）、义务教育学校（比如，厦门五缘实验学校、厦门市金尚中学等)、高等院校(比如,北京师范大学、东北师范大学、西南大学等)、科研单位(比如,中国教育科学研究院、全国中小学教师继续教育网、江西省教育厅教学教材研究室等)、学术机构(中国数学会数学教育分会中学数学教育工作组、全国学科教育联盟等)。

二 展现学术讲座背后故事

近年来,我长期承担各级各类公开课评比、优质课评选、作业设计、微课制作、教学比赛、技能竞赛、职称晋升、教师资格考核、名师选拔、名师确认、教研成果与教学成果评比、高等师范院校硕士研究生毕业论文评审等政策性强、专业化程度高、竞争异常激烈的评选、评审工作。特别是在特级教师评选、正高级教师选拔、全国教育科学研究优秀成果奖推荐、基础教育教学成果奖评判、国家级教学名师遴选及"苏步青数学教育奖"人选推荐等一系列含金量极高的高端评审工作中,我有幸阅读到许多优秀教师的业绩材料,聆听到他们精彩纷呈的现场教学、录像视频课,感悟到他们先进的教学理念、独特的教学风格、鲜明的教学主张、成熟的教育思想。这些宝贵财富为我完善"理性数学"教学主张、形成理智型教学风格、传播概念优先的教学理念、彰显说理明事的教学特色提供了丰富的、鲜活的、宝贵的素材。

另外,在受邀开设各类学术讲座中,我有幸聆听到权威学者的学术报告,且零距离地向专家名师请教。比如,2019年8月,我受邀与新课标修订组组长、首都师范大学王尚志教授同台探讨新课标下新版高中数学教材教法时,有幸现场请教王尚志教授为何将原来编排在条件概率之后的独立事件前移,为何删除几何概型,为何增加全概率公式。再如,2020年12月,我受邀在第十三届"苏步青数学教育奖"颁奖典礼与数学教育论坛上做学术报告,有幸聆听到"苏步青数学教育奖"一等奖获得者吴增生老师关于数学教育与脑科学的研究成果报告,并现场请教吴增生老师在数学教育教学中如何运用最先进的脑科学研究成果。

第五章

丰富教学主张

百年大计,教育为本,教育兴则国家兴,以教育之力厚植人民幸福之本,以教育之强夯实国家富强之基。教育大计,教师为本,教师强则民族强。建设教育强国是全面建成社会主义现代化强国的战略先导,是实现高水平科技自立自强的重要支撑,是促进全体人民共同富裕的有效途径,是以中国式现代化全面推进中华民族伟大复兴的基础工程。党的二十大报告首次把教育、科技、人才进行"三位一体"统筹安排、一体部署,首次提出教育是"基础性、战略性支撑",凸显教育事业在党和国家工作全局中的分量之重。师者立教之本,师者强国之源。教师承担着传播知识、传播思想、传播真理的历史使命,肩负着塑造灵魂、塑造生命、塑造人的时代重任。教师是教育发展的第一资源,是国家富强、民族振兴、人民幸福的重要基石。

教而不研则浅,研而不教则空。"教师即研究者"是英国著名学者斯滕豪斯首先提出的。新课改以来,这一理念得到广泛传播。教师不仅是施教者,更是学习者和研究者。苏联杰出教育家克鲁普斯卡娅认为:"如果教师能够对学科进行热心的研究,那么他们也就会使自己的学生对这门学科发生兴趣。"荷兰著名学者弗赖登塔尔指出:"数学知识不是教出来和学出来的,而是研究出来的。"新时代是奋斗者的时代,奋斗的人生是幸福的人生。苏联著名的教育理论家苏霍姆林斯基感叹:"如果你想让教师的劳动能够给教师带来乐趣,使天天上课不至于变成一种单调乏味的义务,那你就应当引导每一位教师走上从事研究这条幸福的道路上来。"教学主张是名师教学思想的显性化、个性化。名师不仅要善于从教学实践中提炼教学主张,而且要围绕教学主张开展系统的理论研究,不断地丰富教学主张内涵。"理性数学"教学主张在于论述道理、发现规律、追求真理。我主要通过发表教学论文、出版学术专著、开展课题研究等,来践行并不断丰富我的"理性数学"教学主张。

第一节 发表教育教学论文

论文是一种文体，在这种文体中，作者通过说理的方式，向读者阐明自己的观点。论文是作者与读者的一种对话，作者通过说理的方式来说服读者，使读者接受作者的观点，其本质就是通过说理的方式来回答读者的问题，解开读者心中的困惑。教育教学论文是作者在一定的教育教学理论指导下，分析、归纳自己在教育教学实践中的体会或经验，并上升到理性高度来认识，从中找出带有规律性、普遍性的东西，再通过文字表述，形成一种较为系统的、合乎逻辑的书面材料。简单地讲，论文常指用来进行科学研究和描述科研成果的文章。论文既是探讨问题进行科学研究的一种手段，又是描述科研成果进行学术交流的一种工具。论文具有时代性、科学性、理论性、创新性、实用性、规范性、操作性、问题性、人文性、价值性等特征。中小学一线教师主要是将教育教学经验提升为理论素养，按照个别到一般、偶然到必然、描述到概念等三种基本路径，即把个别的、偶然的、描述性的教学经验上升为普遍的、必然的、概念性的理论来撰写论文。

论文的基本框架主要包括绪论、本论及结论三部分。绪论即论文的开始，常见的开头方式主要有开门见山、直接点题；说明作用、阐述意义；介绍状况、交代背景；提出概念、阐释说明；引用材料、提出论题；围绕中心、设问点题。本论即正文，它是论文的主体和核心，充分体现论点、论据、论证，三者和谐统一。本论部分强调论点鲜明、论据可靠、论证严密、结构紧凑、文字规范。古人写文章讲究"凤头、猪肚、豹尾"，就是要求文章的开端似凤凰的头那样光彩夺目，文章主体像肥猪肚子一样充实、丰富、营养，文章的收尾如凶悍的虎豹尾巴一般强劲有力。结论即论文的结尾，要对正文中分析论证的问题加以综合、概括。论文结尾一般有多种形式，比如，概括中心、深化主题；揭示本质、总结规律；强调说明、引起注意；留下悬念、预留空间；承认欠缺、提供参考；等等。

一 论文选题原则

中小学一线教师教育教学论文选题总体上遵循宜小不宜大、必要又可行、冷热相适度的原则。具体表现为论文选题要选得"真"、选得"小"、选得"实"、选得"热"、选得"新"、选得"深"、选得"美",才容易出成果。相反,"虚""大""空""冷""陈""浅""丑",会导致低位重复,事倍功半,难以成形。因此"真""小""实""热""新""深""美",理应成为选题基本的、具体的原则。

选题崇"真",是指关注教育教学过程中的"真问题",对教学有现实指导意义。选题宜"小",是指切入口是个"小问题",易于驾驭,针对性强。选题重"实",是指选题实在而不空洞,忌讳"无病呻吟"。选题跟"热",是指当前教育教学中关注的热点问题,这类问题针对性强、时效性强。选题求"新",是指创意新、观点新、方法新、视角新、素材新,言他人未言之言,补充他人之所不足。选题追"深",是指阐述规律,追寻事物的本来面目,是对某个问题深入研究,以小见大,分析透彻、短小精悍、一事一议、言之有据、真知灼见、振聋发聩。选题尚"美",是指至善尽美,在阅读各类文献时质疑纠偏,追求完美,发人深省,引人入胜,感人肺腑。

二 教学论文价值

教师的论文写作对提高教学质量具有重要意义。教学质量的提升不仅要依靠教师的责任、热情、奉献,还要依赖科研成果的支撑。撰写论文对教师成长的影响是全方位的。论文使用文字定格教育经历、积累教育经验、升华教育理念、提炼教育思想、分享教育智慧、展示学术水平、促进专业成长、传播教学主张、实现人生价值。

撰写论文可以对研究的问题或课题进行高度概括和科学总结,揭示出教育教学的规律和实质,深化对专业知识的理解和认识,完善和优化知识结构,实现经验向理论升华,为自己积累宝贵的教学经验。如果撰写的论文在一定的范围内公开发表交流,还可以获得有价值的科研成果,达到交流学术、推广经验的目的。随着论文的发表,可以在全国乃至国外同行中产生巨大影响,并能结识许多才华横溢的学者、专家,达到深化认识、积累经验、取得成果、促进交流的目的。

论文写作过程既是学习、吸收、升华理论的过程,又是运用论据按逻辑思维方法有理有据地证明论点的过程,更是文章结构精心设计、材料巧妙组合、文字准确表述的过程。创作论文对提高研究者的理论水平和分析、综合、抽象、概括、论证能力以及准确运用文字技能、技巧都是大有裨益的,有利于改进教学方式,有利于提升理论素养、思维能力、文字表达能力、教书育人本领。

论文是检验写作者的思想水平、认识能力、理论修养的"窗口",是考核知识水准和业务专长的杠杆。撰写论文可以更好地修炼专业功力,展示学术水平,为未来参评职称、晋升职务提供必要的考核依据,这正是为何评定职称、晋级都需要论文的原因所在。如果论文在报纸、杂志上发表,还可以从中获得一种成就感,提高知名度,传播教学主张,体现自我价值,实现角色转换,逐步走向名师行列。

三 论文背后故事

作为一名一线教师,我对高考试题比较熟悉,但是具体到某一道试题,还是没有更深的、独到的研究。在任勇先生不断地鼓励与催促下,我开始对某一道试题展开研究。

比如,若直线 $\dfrac{x}{a}+\dfrac{y}{b}=1$ 过点 $M(\cos\alpha,\sin\alpha)$,则( )。

A. $a^2+b^2 \leq 1$ B. $a^2+b^2 \geq 1$ C. $\dfrac{1}{a^2}+\dfrac{1}{b^2} \leq 1$ D. $\dfrac{1}{a^2}+\dfrac{1}{b^2} \geq 1$

我先后花去三个多月的时间对上述试题展开研究,在已经公开发表的文章提供的5种解法的基础上,从不同角度、不同层次、不同知识模块构思出赋值法、代入法、轨迹法、均值不等式法、柯西不等式法、三角法、方程法、隐含条件法、构造单位圆法、构造椭圆法、构造二次函数法、构造复数法、构造向量法、构造方程组法、构造一元二次方程法、构造齐次方程法、构造等差数列法、构造期望方差法等18种解法。据此,我将研究内容发表在《福建中学数学》上,这也是我第一次正式发表论文。

从此信心倍增。我又借助别人很少关注长方体三个最基本的代数性质作为切入口,开始展开研究。

性质1:若长方体的长、宽、高及体对角线长度分别为 a,b,c,l,则有 $a^2+b^2+c^2=l^2$。

性质2：若长方体的体对角线与共点的三条棱所成的角分别为 α,β,γ，则有 $\cos^2\alpha+\cos^2\beta+\cos^2\gamma=1 \Leftrightarrow \sin^2\alpha+\sin^2\beta+\sin^2\gamma=2$。

性质3：若长方体的体对角线与共点的三个面所成的角分别为 α,β,γ，则有 $\cos^2\alpha+\cos^2\beta+\cos^2\gamma=2 \Leftrightarrow \sin^2\alpha+\sin^2\beta+\sin^2\gamma=1$。

我利用上述3个看似极其简单的性质对国内外竞赛试题进行了精彩的演绎。这次的研究内容也通过在《数学通讯》上发表的论文进行了阐释。

近年来，我先后在《数学通报》《中学数学教学参考》《教学月刊》《数学通讯》《数学教学》《福建中学数学》等各类数学专业期刊发表及获奖论文300余篇，主要涉及解题方法归纳、高考试题赏析、奥赛试题研究、数学思想渗透、数学概念教学、课标教材解读、思维品质优化、核心素养培养等方面。回顾撰写教育教学科研论文的创作经历，其间充满等待的焦急、落选的痛苦、修改的艰辛、录用的激动、发表的骄傲。尤其以下几点感悟最深。

第一，真知灼见，知别人之所未知，想别人之所未想，写别人之所未写，让人耳目一新、振聋发聩的文章最能引起主编青睐。

第二，短小精悍，语言简练，删繁就简，返璞归真的文章是主编的首选。

第三，不积跬步，无以至千里；不积小流，无以成江海。论文素材在于平时不断地积累，正如任勇先生感叹："只要将你经历的每一道有趣的题目、每一节成功的教学、每一个精彩的案例、每一个感恩的人、每一件有意义的事都记录下来，并附上自己的感悟，这些就是你一生的财富。积累了大量的素材自然下笔有神、出口成章，你会发现撰写论文并非遥不可及的事情。俗话说得好，种瓜得瓜，种豆得豆。只要辛勤播种，努力耕耘，世上无难事，只要肯登攀，就一定会有硕果累累的金秋。"

第四，撰写论文要耐得住寂寞，非淡泊无以明志，非宁静无以致远。一篇好的论文需要花费很长时间的积累与沉淀，绝非一朝一夕，甚至需要经历几年乃至几十年的思索。

第五，一个好的标题常常起到先声夺人的效果。论文的标题是吸引编辑眼球，诱使编辑往下阅读，甚至彻底征服编辑的重要因素。曾有人这样开玩笑："编辑往往只要看了标题就基本决定一篇文章的去留。"当然，这句玩笑过分夸大了标题的作用，但也从侧面说明了标题的特殊功能。常言道"题目题目，文题如目"，即标题是文章的眼睛。好的标题，使人一见钟情，激起先睹为快的欲望，让人"未饮先醉"。"人靠衣裳马靠鞍""闪亮登场"等都是最佳的诠释。

综上所述,经过深度构思、精心选题、构建框架、完成初稿、反复修改、最终成稿等一系列复杂流程才能发表一篇论文,看似高不可攀,其实可以简单概括为重在"选题"、优在"论证"、成在"细节"、贵在"坚持"。能够成功发表一篇高质量论文,尤其是在优秀期刊、核心期刊上发表,标志着个人的专业功底、写作能力、科研水平、教学主张等在同行中得到普遍认可,这对个人成长具有重大意义和价值。

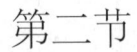

第二节 出版教育教学著作

顾名思义,专著即为专题论著、专门论著的简称,是指作者针对某一专题研究题材而撰写的实践操作或理论创新或兼具理论与实践相结合的著作。教师的教育教学专著是指在教学领域内具有技术性的专业性教育论著,对该学科的发展或建设有重大贡献和推动作用。相对于教学论文,学术专著能更全面、系统地展示学术成果,具有更高的价值。出版学术专著对促进学术交流、繁荣学术发展具有十分重要的意义。出版一部学术专著不同于撰写一篇教学论文,相对难度大得多。论文只要抓住某一个特定问题的某一个侧面、某一个角度,而专著则要围绕所要研究问题的方方面面进行全方位展开,因而专著费时间、耗精力。写一篇论文相对容易一些,可以集中一段时间完成,但撰写一部专著就要"打持久战",少则一二年,多则五六年,长则八九年也很正常。

一、教育教学专著

专著是作者将自己的科研与教学成果以严密的逻辑论证规范形成的文字作品。对中小学一线教师而言,撰写一部教学专著是一项复杂的系统工程。关键在于确定专著的主题、目标与方向并明确需要论述的主要内容。与此同时,需搜集专著主题相关的国内外著作、论文、文献等素材,拟定专著框架、结构与脉络,并尽量列出详细的章节目录清单。随后,教师应全身心投入专著撰写工作并关注内容的逻辑性和严谨性,确保每一步都扎实有力。

如何写一部专著呢?一般认为主要关注框架性,即构思整体框架;计划性,即制订撰写计划;理论性,即寻找理论支撑;实践性,即在实践中验证;层次性,即按一、(一)、1、(1)、①等层次逐步展开;统一性,即全书统一格式;艺术性,即写出文采。书是写给读者看的,最低要求要有可读性。稍高一点的要求是要有一定的文采。要想写出文采,需要平时下些功夫,练就写作技能。杜甫的"语不惊人死不休";范仲淹的"板凳要坐十年冷,文章不写一句空",说的都是写作上的勤学苦练。贾岛感叹:"一日不作诗,心源如废井。"只有勤于笔耕,善于积累,才能厚积薄发,得心应手,写出文采。

二 数学解题专著

一道好的数学题目,如同一块璞玉,需要耐心揣摩、用手雕刻、用眼欣赏、用心品味,方能领悟到它的精妙绝伦与动人心魄。

作为一名长期从事高中教学的数学老师,我深切地感受到高中数学题型广、知识面宽、信息量多、跨越度大、综合性强的特点,特别是新课改以来,许多新的知识模块为我们带来大量的新题型、新方法、新技巧、新机遇,同时也给我们带来新的挑战和新的难题。仔细审视近几年的各省市高考试题,特别是全国卷,明显感觉到这些高考试题除了具有以前的立足教材,重视基础,强调重点和能力等特点外,更加注意创设新情境,凸显应用功能,题型新颖,越来越重视创新意识的培养及创造能力的考查。这就需要经常对数学思想方法和解题规律进行归纳、总结,注重一题多解、一题多变,以期举一反三、触类旁通。

作为一名长期承担数学竞赛辅导的教练,纵观各级各类竞赛试题,无论是每年的"希望杯"全国数学邀请赛,还是各省市的数学竞赛初赛、预赛,或者是全国高中数学联合竞赛,甚至是国际数学奥林匹克竞赛等,很多题型都是从课本中、高考试题中提炼、引申而来的。与此同时,很多高考题也是借鉴竞赛题的背景改编而来,高考命题专家善于从"希望杯"、省市竞赛、全国联赛及国际数学竞赛中吸取营养,许多有经验的高三一线老师也经常从中选取素材。由此可见,随着新课程改革的不断深入,高考和竞赛越来越紧密相连。

任勇先生一直十分关心我的专业成长。他家藏书两万余册,我常常待在那里一边请教,一边查找资料,或共同探讨高考及奥赛试题。2008年7月,我俩不约而同地赞叹的2008年福建省高考理科数学试题的压轴题就是源自"糖水不等式",我的脑海突然涌出一个念头:为何不把这些典型的范题集中进行研究,并记录下来。深思一个晚上,第二天清晨,我把这个想法告诉他,当即得到他的大力支持,从那一刻我就开始全身心投入写作中。凭着20多年的积累,经过近一年的艰辛撰写,在2009年9月,我的第一部专著《数学百题 精彩千解》由福建教育出版社出版。

《数学百题 精彩千解》共分十章，又分为上篇与下篇，其中上篇侧重于代数，包含集合、函数、数列、三角函数、不等式、向量、复数、排列、组合、二项式、概率等内容；下篇关注几何，由解析几何与立体几何构成。该书立足于高考与竞赛，以高考促竞赛，以竞赛带高考，将二者紧密结合于一体。书中精选的一百个经典题目，全都来自大家熟悉的课本例题、习题、高考试题、"希望杯"试题、联赛试题及国际数学奥林匹克竞赛试题。该书从不同的角度、不同的层次，用不同的思维方式，运用各种常见的数学思想和数学方法寻找常规解法。在此基础上，该书鼓励读者大胆探索，积极寻求一题多解、一题多巧解、一题多妙解、一题多奇解，以此开拓思维，激发学习数学的热情。同时，该书也引导读者勇于探索数学解题规律，从具体的一题解答升华到理性的认识，再以理论为指导，科学地进行推广，从而提升解题能力。在这一过程中，读者将体会到数学的博大与精深、神奇与奥妙、和谐与优美。

三 解题策略论著

数学学习，离不开解题。用什么样的观点去对待数学解题，并采用什么样的方法和技巧去解决数学问题，这对于一个数学学习者来说，是十分重要的。

解题需要一定的方法。事实上，解决任何一道数学题，都伴随着这样或那样的方法，没有方法的解题是不存在的，只不过有繁与简、"通法"与"特法"之分罢了。要提高解题能力，就要掌握一定的解题方法。解题没有固定的方法。不同的人对待同一道数学试题有着许多不同的解法，同一个人审视同一道数学题也可以得到不同的解法。再好的解题方法也只是相对而言，不存在可以解决任何数学题的万能方法。只有具体问题具体分析，才能不断提高解题水平。

"大法"必须熟练掌握。数学解题中的"大法"，是指解题中一些通用的、常用的方法。这些方法是人们在长期的解题过程中得出的经验。这些数学解题中的"大法"，必须牢固、熟练地掌握，这是数学解题的基本功。"小法"则必须灵活运用。数学解题中的"小法"，是指解题中一些特殊的解题方法。这些方法在解决某些具体问题时，常常显示出它的优越性。灵活地运用"小法"是提高数学解题能力的关键。数学解题方法与技巧源自数学概念。解题技巧，无论"大法""小法"，都不是空中楼阁，其本质源自数学概念。只有理解概念，厘清概念来龙去脉，才能得心应手，比如回归定义、方程思想、归纳推理、合理猜想等。数学解题是一个矛盾的统一体。解题要有一定的方法，却没有固定的方法。不定中有定，定中又相对不定。"大法"和"小法"也是相对而言的，对整个数学解题来说是"小法"的某种方法，在解决某一类问题时又可能是"大法"。

2015年7月，我与任勇先生交流解析几何综合试题的解题方法时，时而为学生难以理解运算对象、把握运算法则，导致无从入手甚至束手无策的局面忧心忡忡；时而为学生难以探究运算思路、选择运算方法，引起运算量大、字母多，导致大面积失分的普遍现象感到惋惜。于是我们决定专门撰写一本数学解题方法、技巧的著作。经过近两年的创作，在2017年7月，我们的解题技巧专著《中学数学解题的100个技巧》由华东师范大学出版社出版。

《中学数学解题的100个技巧》是总结数学解题技巧方面的一次尝试，包含了以形助数、用数解形、整体思维、局部处理、列表解题、多想少算、构造模型、对偶关系、坐标思想、均值代换等100种解题技巧。"大法"（比如，回归定义、方程思想、设而不求、和差代换、换元策略、降维策略、问题转化、观察入手、对称分析、单位圆法等）与"小法"（比如，逐次逼近、以退为进、巧用重心、聚零为整、特殊探路、反面思考、举个反例、居高临下、极限思想、极端原理等）均有兼顾，尤其注意选择常见的、实用的解题技巧（比如，补台成锥、判别式法、适当放缩、题根演绎、类比推理、发掘隐含、归纳推理、换元策略、三角代换、消元思想等）。每个技巧配有5道典型例题（兼顾初、高中学生）和2道练习题，同时配有相应的解答。书中有部分例题重复，诠释了同一道题从不同的角度分析，得到不同的解题方法。

四 概念教学著作

人类在认识过程中，从感性认识上升到理性认识，把所感知的事物的共同本质特点抽象出来，加以概括而形成概念。数学概念则是人脑对现实对象的数量关系和空间形式的本质特征的一种反映形式，即一种数学的思维形式。数学概念是进行推理、判断、证明的依据，是构建定理、法则、公式的基础，是形成数学思想方法的出发点，是解决数学问题的前提。概念教学是数学教学的核心环节，整个数学知识体系是建立在概念基础之上的。数学教学中最为困难、最为棘手的就是概念教学，它是考量教师专业功底的重要标志。概念是数学的细胞，是思维的载体。实现数学课程"三维"目标，培养数学学科核心素养，根本在于课堂教学，核心在于概念教学。

数学高度抽象就在于其概念是数学家历经艰辛探索的结晶，是高度浓缩的产物，因教材篇幅限制，导致经历漫长岁月研究得出的概念呈现在教材上仅仅一句话或一个符号而已。数学概念教学要求教师引领学生全程参与概念产生、生成过程，体验概念引入、发展、归纳及提炼历程，让学生在辨析概念基础上巩固概念，在构建概念动态过程中理解、掌握、悟透概念的内涵与外延、特征与本质，打造魅力数学课堂，优化学生思维品质，激发创新意识及创造能力。由此说明数学概念在数学教学中占有绝对重要的地位。

2015年，我申报并立项全国教育科学"十二五"规划2015年度单位资助教育部规划课题"基于数学教学内容知识（MPCK）视角下概念教学案例研究"，并于2019年结题。2018年8月，我在厦门大学出版社出版的概念教学专著《概念：数学教学永恒主题》是这项课题研究的重要成果之一。不仅课题结题获得良好等级，而且专著《概念：数学教学永恒主题》于2021年9月荣获第六届全国教育科学研究优秀成果奖二等奖，实现了厦门市基础教育界在该项大赛中历史性零的突破，也是福建省基础教育界30年来取得的最好成绩。

《概念：数学教学永恒主题》共分七章，第一章：理论——数学教学内容知识（MPCK），界定了舒尔曼于1986年提出的学科教学内容知识（PCK）理论内涵，概括了我国MPCK研究概况，阐述了MPCK视角下概念教学的意义和价值；第二章：现状——目前数学概念教学状况，分析了目前数学概念教学中存在的典型弊端，指出了概念教学普遍存在的八大误区，其中对"基本不等式""数学归纳法"等概念名称提出创造性见解；第三章：全局——基于MPCK的教材掌控，全局把握教材，领悟教材主编意图，从教材的整体把控视角解读了概率与计数原理、立体几何与空间向量、证明方法与数学归纳法的教学内容次序编排以及初高中教材衔接；第四章：解读——基于MPCK的教材剖析，从教材典型习题、经典例题、热点概念和模块编排等方面深度分析教材；第五章：题根——基于MPCK的概念演绎，系统阐述了题根是概念延伸的结晶，是概念的高度浓缩，是解决问题的"杠杆"，演绎了高中数学中常见题根的精彩应用；第六章：错误——基于MPCK的概念错误，不仅指出了学生学习过程中、教师教学过程中、专家命题过程中出现这样或那样的概念错误,而且详细指出了数学教材中存在的瑕疵乃至错误,有利于完善并加快我国教材建设;第七章:策略——基于MPCK的概念教学,以实证案例的形式提炼出正面突破、有意差错、事后补救及严谨推理等概念教学策略。

第三节 实施教育科研课题

如果说中小学一线教师教学主张的提出侧重教学实践经验的积累,那么丰富教学主张的内涵更加需要依赖理论研究,其中实施教育科研的课题不仅是践行教学主张的基地,更是丰富教学主张内涵的沃土。课题研究让专业发展更有后劲,课题研究为主张内涵添砖加瓦。如果说一篇数学论文是"理性数学"的片段痕迹,一部数学专著是"理性数学"的完整记载,那么一项数学课题就是"理性数学"理论与实践的融合。近年来作为主持人或核心成员,我一共研究了18项课题,包括主持1项全国"十二五"教育部规划课题、3项省级规划课题、3项市级课题;作为核心成员参与全国"十一五""十四五"等2项教育部规划重点课题、2项教育部专项课题、1项省级重点课题、4项省级规划课题、2项市级课题。其中绝大部分课题已结题并获得优秀等级。系列课题的研究,加快了"理性数学"教学主张提炼进程,丰富了"理性数学"内涵。

一、教育教学课题

"课题"就是要尝试、探索、研究或讨论的问题。《现代汉语词典》把课题解释为研究或讨论的主要问题或亟待解决的重大事项,因此课题与问题之间天然具有密切关联。课题源于问题,问题是课题的基础,课题必然包含问题。没有问题当然就没有课题;没有课题,问题难以得到很好解决。课题不同于一般问题,课题是"重大事项"。当我们面临的问题具有专业性、价值性,而且问题值得探究、需要探究,并且能够解决问题,此时的问题才能成为课题。从根本上来讲,问题意识是一个心理活动或心理状态。问题意识就是教师在教育教学中经常意识到存在一些难以解决或者感觉疑惑的实际操作问题和理论问题,并由此产生一种怀疑、困惑、焦虑、探索的心理。问题意识主要表现为发现问题、提出问题、思考问题、研究问题、解决问题。问题意识不是与生俱来,而是在后天的教学实践中逐步积累而形成的。一般说来,问题意识具有对问题的关注、对问题的敏感两个基本特征。比如,我在教授古典型概率过程中,长期困惑随机事件所包含的基本事件的个数;再如,我在观摩三角函数概念教学中,发现绝大部分教师依然还是采取终边定义法,或者先讲终边定义法,再讲单位圆定义法,为了厘清这些困惑,我着力研究这两个方面的课题。

教师以课堂为阵地、教学为中心、学生为主体,因此问题源自课堂、教学、学生。比如,教材使用(新旧教材对比、内容增减、教学要求变化等)、教学设计(学情分析、策略选择等)、课堂教学(创设情境、把握难点、突破难点等)、德育渗透(学校管理、班级管理、后进生转化等)、教学反思(反思学生、反思教师专业发展等)、社会需求(立德树人、核心素养等)。课题是人们主观关注、主动探索问题的产物。教育科研课题是针对教育及教学领域中具有研究价值的特定问题而精心选定的,具有明确的研究范围、研究目的、研究内容、研究线路、研究目标的研究题目。中小学一线教师研究的课题一般属于教育科研课题。教育是人类特有的社会性活动。教育科研就是借助教育理论,以有价值的教育现象作为研究对象,运用科学的研究方法,有目的、有计划地探索教育规律。当我们着眼于某个具体教育现象并实施研究,就是课题研究。教育科研与课题,是共性与个性、一般与具体的关系。课题研究是教育科研中,就某个具体题目进行的研究。教育课题研究,是加速教育科学发展的助推器,是提高教育教学质量的试验器,是培养中小学教师科研素质的孵化器。

中小学教师的课题一般以应用研究、微型研究、教学研究、行动研究、校本研究为主,尤其侧重应用研究,主要解决教育教学过程中遇到的实际问题、困惑,这样的课题研究具有实用性、操作性。中小学教师开展课题研究,有利于探索科学施教途径、发现教育的客观规律、提高教育教学质量、提升教师专业素养、凸显校本研究效益。如果能够成功立项并圆满完成国家重大课题、国家重点课题、国家一般课题、教育部规划课题研究,则标志着个人的学术成就、科研能力在同行中得到普遍认可,这对教师个人的成长、学校整体的发展具有重大意义和价值。

二、申报课题要点

(一)课题选题原则

尽管中小学教师课题选题没有固定的套路,但为了选择合适的、有价值的课题,一般遵循立足教学、大小适中、力求创新的基本原则。学校是教书育人的场所,因此立足教学与育人来选题名正言顺、顺其自然。一线教师课题研究的目的是解决教学过程与育人实践中遇到的问题,解决自己在教育教学实践中面临的个别问题与广大教师所遇到的共性问题。依据教师实际情况与科研水平,选题尽量大小适中。初次尝试课题研究的教师,建议从小而精的微型课题(比如,校级、区级课题)做起;科研能力较强的教师,可以尝试申报中型课题(比如,省市规划课题);对于能力很强的教师,可以申报大而全的宏观课题(比如,国家重大课题、国家重点课题、国家一般课题、教育部规划课题等)。创新是科学研究的动力与源泉,也是教育科研的目标与追求。小到一篇文章,大到一项课题,必须有新意,可以从研究领域、研究视角、研究方法、研究材料等方面实现创新。

(二)课题选题依据

相关专家认为可以从以下方面入手选题:紧随各级各类课题的申报指南;紧跟国内外各科教育研究大会;紧追学科教育专家的相关研究;紧盯重要报刊的重点选题计划;紧靠当前学科教育之基本理论;紧接中小学学科教育教学实践;紧贴学校与家长关注焦点问题;紧扣当下各级学生的学习状况;谨记中小学教师的初心使命。对于初次尝试课题研究的教师来说,选题容易出现以下误区:缺乏新意(很多人研究过或正在研究中)、缺乏价值(闭门造车、不切实际)、缺乏兴趣(毫无兴趣)、选题过大(范围太大难以把控)、选题过小(范围太小难以构成课题,没有研究价值)、脱离实际(申报全国课题、小学体育老师研究国际数学奥赛试题等)。

(三)课题设计分析

课题申报是否成功,很大程度上取决于课题设计。课题设计的主要内容包括课题价值分析、课题内容分析、课题操作分析等。通俗地讲,课题设计就是向评审专家阐述"我为何做该课题?""该课题我做什么?""我如何做该课题?"即"为何做、做什么、怎么做"。

课题价值分析主要包含研究背景、课题依据、核心概念、选题意义、实践意义等，主要回答"我为何做该课题"。研究背景包括时代背景（比如，新课标对新教材教学影响）、理论背景（比如，目前热门的深度学习、大概念、项目式教学理论对教育教学的引领）、实践背景（比如，高中数学新课标将数学建模与探究作为四大主线之一，强调学生的动手操作、实践能力）。课题依据包括政策依据、理论依据、实践依据三个方面，其中政策依据即依据国家法律法规论证课题的合理性与现实性。核心概念一般来自课题名称，核心概念的界定过程就是不断浓缩研究概念的内涵、不断缩小研究范围的过程，界定核心概念容易出现以下错误：界定不清，没有揭示概念内涵，或者概念不够聚焦，对实际研究没有帮助；没有找准，对于课题中出现的名词，往往出现界定偏题情况。选题意义包括理论意义与实践意义。理论意义指在学术上产生的积极、重要，甚至重大影响，既包括对理论发展的推动与创新，也包括对现有理论的进一步检验与完善，进而取得课题研究的理论价值。实践意义则体现在对实践状态的积极影响上，包括对实践的改进、推动和启示等。

　　课题内容分析主要包括研究目标、内容、假设及创新点等，主要回答"该课题我做什么"。确定课题内容时要有强烈的问题意识，每一项内容就是一个问题，且这些问题之间既相互独立又与其他问题存在关联。研究内容尽量分层次和标题逐一撰写，便于评委清晰了解研究内容。制定研究目标即为课题研究预期要达到的结果、结论。研究目标要做到具体、清晰、条理、适度。明确、具体的研究目标对课题研究具有导向、指导与引领作用。通常表述为"本研究拟采用某某方法，旨在发现（或揭示）某某规律，解决（或探讨）某某问题"。研究内容是指课题所涉及的研究问题，是随着研究目标而确定的。撰写申报评审书时，应把主要的研究内容一一呈现出来，并对主要内容作简明扼要介绍。相对研究目标而言，研究内容应该更加具体、明确。研究内容的介绍文字要适度，既不要太长也不能太短。太长显得臃肿，难以突出重点；太少不能具体反映内容。分析研究假设是指任何研究都有假设，研究是在假设的指引下实施的。所谓研究假设是指研究者确定课题后，依据事实和已有资料对课题设想出的一种或几种可能的答案、结论，是针对结果的预测，是对课题涉及的主要变量之间的相互关系的设想。研究假设在一定程度上确定了研究可能的路径、可能的结果。研究假设表述应该有倾向性，可以是肯定式，也可以是否定式，所举变量之间的关系应该具有可操作性，能够加以验证。创新点主要表现在视角、方法、路径、理论、实践等方面。创新之处主要体现在发展创新,即突破已有研究困境,解决已有研究没有解决的问题;开拓创新,即另辟蹊径,开创新的研究领域;认识创新,即从新的视角审视老的问题;手段创新,即采用新的研究方法、工具等,给研究带来新的解决方式。创新点不一定追求数量多,但一定要有,这是衡量课题研究是否成功的重要标志。

操作分析主要包括研究思路、研究方法和实施步骤等,主要回答"我如何做该课题"。研究思路是指课题申报者对研究的整体规划,关键在于写清楚研究者打算怎样做,力求做到明确清晰、条理清楚。研究方法包括文献研究法、行动研究法、调查研究法、观察研究法、个案研究法、经验总结法、实验研究法、数理统计法、检测分析法、跟踪比较法等,其中文献研究法是每一项课题最基本也是最重要的研究方法。实施步骤要尽量详细,把每一次重要、重大活动都作为一个研究步骤,包括活动时间、地点、目的、内容及负责人、参与人员写清楚。重大活动不仅包括开题论证会、中期检查会、成果报告会及结题报告会,还包括举行的专题讲座、理论学习、参观交流、现场观摩、专题研讨等。

三、课题实施流程

课题研究是教育科研活动的一项重要内容,也是学校教研工作的重要组成部分。课题研究是一项有计划、有组织、有过程、有方法的较为复杂的、系统的科学探索历程。课题研究大致由前期准备与论证阶段、中期实施与调整阶段、后期总结与推广阶段构成。

(一)前期准备与论证阶段

前期准备与论证阶段一般包括选择课题、方案设计、立项申请、开题论证等基本环节。其主要目的是明确研究方向,确定研究计划,进行研究可行性评估。选好题、起好步是实施课题研究最为关键的一步。良好的开端是成功的一半。选定课题后需要对课题进行方案设计,围绕为何研究、研究什么、怎样研究展开,这是课题研究的"施工图纸"。方案设计好后,课题主持人须规范、完整地填写立项申请评审书,向相关部门申报课题。课题获准立项后,一般还需要邀请相关领域的权威专家与学者对课题研究方案进一步论证,即开题论证会,亦称开题报告会。此举旨在使课题研究方案更加合理、科学、有效,为后续顺利实施课题研究奠定坚实的基础。课题论证一般包括课题名称的论证,即明确要研究的具体问题;目的的论证,即综合分析课题的探究目的、理论价值与实践意义;背景的论证,即了解并分析国内外在该课题上的研究现状;基础的论证,即评估课题主持人已有的研究基础(如经验、经历、学术水平、已有成果及文献资料掌握情况等);内容的论证,即明确研究课题的具体内容;步骤的论证,即课题研究的具体实施步骤与计划;目标的论证,即设定研究的预期目标及成果形式(如论文、著作、案例、研究报告、调查报告、音频视频资料等)。

(二)中期实施与调整阶段

为了更好地监控课题研究进程与质量,主管部门会开展中期检查,以便及时督促并指导课题的顺利推进。中期检查不仅是主管部门的管理职责,也是课题组进行自我检查与反思的重要契机。课题组完成中期检查报告后须向相关主管部门提交中期验收报告,以便开展下一步研究。

中期报告的主体部分是研究进展,即课题组自课题研究实施以来所开展的主要工作。首先,中期报告需明确研究的具体起止时间、采取的主要策略,并对照立项申请评审书与开题报告中承诺的研究计划与进度,如实列举已完成的工作,以及尚未完成的工作及其原因。其次,中期报告需写明研究存在的问题,该部分需要实事求是地阐述课题实施过程中出现的问题及其原因。课题研究过程中出现问题是正常现象,无需遮掩。只要敢于正视问题,并在中期检查专家的指导下,在管理部门的帮助下,课题组定能找到解决问题的方法。再次,中期报告应当有今后设想部分,即针对当前存在的问题、课题组后续研究需求及开题报告中的规划,阐述今后的研究思路、拟采取的改进措施及推进策略。此部分内容虽可从简,但必须有实质性内容,措施与策略必须切实可行。最后,中期报告应附上相关资料,即在中期检查报告中列出课题实施以来所取得的阶段性成果。值得注意的是,阶段性成果是指在课题研究过程中已经取得的、具有阶段性意义的成形研究成果。这些成果虽非最终、完整的研究成果,但仍是课题研究过程中的重要部分。阶段性成果可以包括已发表的论文、已出版的论著、已公开的案例、调研报告、发明的测量工具,以及获奖或被采纳的情况(如转载、索引等)等。这些资料能让检查专家与管理部门更清晰地了解课题组的具体工作。

(三)后期总结与推广阶段

申请结题前,要召开成果报告会,由相关专家鉴定研究成果。当课题组取得的成果达到立项申请评审书中的预期成果时,方可向主管部门申请结题。绝大部分课题主持人特别重视课题立项与研究,不够重视结题工作。其实,课题研究是一项系统工程,结题环节才是最重要的核心工作。俗话说得好,编筐编篓,重在收口,足以说明有始有终的重要性。课题结题是相对于立项而言的,是课题研究必须完成的终结性工作,只有通过相关机构专家鉴定验收,才能取得相关主管单位颁发结题证书,才算课题研究结束。值得指出的是,研究课题的目的在于更好地提高教育教学质量,为教育教学改革提供理论依据与实践指导,而不仅仅是为了获得结题证书。课题结题是研究成果的全面总结,是研究经验的系统提升,是成果推广的前提,是后续课题申报的基础。

研究成果最终以结题总报告(亦称研究总报告)的形式呈现,涵盖研究总报告、教育调查报告及教育实践报告等多种文本。结题总报告由主持人与课题组客观、概括地介绍研究全过程、结论及成果,是课题研究的核心与关键,也是决定课题能否通过验收结题的重要依据。结题总报告一般由前置部分、主体部分、结束部分三大部分组成。课题结题材料理应做到真(材料真实)、精(材料精炼)、齐(材料齐全)、清(文本清楚)、定(文本定稿)、美(装帧美观)。前置部分包括封面(正规封面,由专业印刷公司包装,含单位、课题主持人姓名等)、标题(标题居中、黑体、粗体)、课题立项批准号、序言(介绍课题研究缘由、背景、目的、意义等)、摘要(阐述课题研究报告内容梗概,一般300个字符左右)、关键词(一般用名词,3个左右为宜)、承诺书(保证材料真实)、课题主持人签名、目录(列举主要环节页码)、完成日期(提交报告时间)等。主体部分包括引言、正文、结论、参考文献等。引言即开场白,介绍背景、意义等,引出正文。引言力求简洁,直截了当。正文即核心部分,篇幅最大,力求详细全面。结论即最终观点,它明确了研究的对象、所取得的结果、结论所揭示的意义以及所解决的问题。结论部分力求画龙点睛,不要转弯抹角,拖泥带水。参考文献即研究过程中参考或引用的重要文献。参考文献应尊重他人劳动成果,符合学术规范。结束部分包含附录、致谢与后记。附录包括相关文章、文件、图表、索引、资料、调查问卷、访谈提纲、测试题目等。致谢是感谢给予指导、帮助的个人、单位。后记多用于补充主体部分没有涉及的想法、背景材料,也可以用于感谢课题组成员以及所有提供帮助的人与单位。附录与后记并非必备,可依据实际情况酌情处理。

研究课题目的在于将科研成果推广、应用,以求取得更大效益,因此课题研究结束后,不能将研究成果停留在研究报告中,而是要将课题成果效益和影响最大化,需要积极、有效推广。课题成果推广工作是整个课题研究的必备环节,也是课题组应尽责任。

四 课题研究感悟

近年来,我先后主持或作为核心成员开展了"基于数学教学内容知识(MPCK)视角下概念教学案例研究""小学生数感发展与特征研究及课程设计""数学深度学习的发生机制、过程特征与目标旨向问题研究"等18项课题研究,其中感触最深的是文献综述、研究现状追踪、雕琢课题名称以及规划研究方向。

(一)文献综述

文献综述是文献综合评述简称。顾名思义,既要综合又要评述。文献综述即对某一领域、某一方面或研究专题搜索完整、大量的主流文献资料(包括核心期刊文章、名家经典著作、权威研究报告等),全面分析综合当前该课题最新进展、已有成果,从而揭示有关问题的新动态、新趋势、新水平、新原理和新技术,为后续研究寻找出发点、立足点和突破点。

文献综述既要具备宏观视野,又要深入具体细节,因此它是一项颇具挑战性的工作。对于中小学一线教师而言,由于理论素养相对有限、资料检索存在困难,往往导致教师阅读量不够广泛,综合分析不够全面,深入探讨不够深入。"综"位于前半部分,是"述"的坚实基石,它要求根据所阅读的文献资料进行细致归类、精炼提炼与高度概括;"述"则位于后半部分,是衡量文献综述质量优劣的关键所在。它要求在"综"的基础上,结合自身理论水平、专业基础及分析问题、解决问题的能力,以批判性的眼光对文献进行归纳与评论,而非仅仅是对相关领域学术研究成果的简单堆砌。没有"综"的"述"是空中楼阁,无源之水、无本之木;没有"述"的"综"是残缺不齐,不是真正意义上的文献综述。文献综述从低到高分为三个档次,最低档次是无综无述,一般这样的课题难以立项;中间档次是有综无述,仅仅是已有文献的堆积而已;最高档次是有综有述,即在全面阅读、分析已有文献的基础上,融入课题申报者的观点,进行批判性评价。

(二)研究现状追踪

研究现状主要指本课题在国内外的研究情况,可以反映申报者对文献资料的掌握程度、把控程度及梳理能力。仅仅掌握大量素材是不够的,还需要对素材进行加工、整理、分析,这反映了申报者的科研功力。值得指出的是,研究现状不同于文献综述,文献综述的对象是"现成的文献",而"研究现状"不仅包括已有文献,还包括目前尚未形成的文献但正在研究的成果,比如新开发的教学工具的阶段性介绍、新闻发布会、内部参考文献等。研究现状追踪有三个层次。最低层次是综而述之,即述而不评,就是把他人的研究情况综合起来,呈现出来,而不加以自己的分析和评论。中档层次是述而评之,即不仅要"述",而且还要对他人的研究做出分析、评判,具体可表现为三种方式:分类述之、边述边评;分类述之、最后总评;边述边评、最后总评。最高层次是评而论之,即在述评时,对研究进行深入的分析,同时提出自己的观点,并论证自己的观点。这种研究述评能揭示研究背后所隐含的问题,并提出独到的解决思路与观点,最终解决问题。最高层次的综述,要求研究者具备深厚的知识底蕴、丰富的经验积累和卓越的研究能力。

(三)雕琢课题名称

如同论文的标题一样,课题名称也是一项课题的关键部分,课题的核心概念来自名称、课题的设计围绕名称、课题的成果聚焦名称、课题的创新源自名称,因此课题的名称显得特别重要。课题名称从"毛坯"到最后定型,需要经历若干次修改、完善。比如,课题名称"某市现代教育技术设备的研究",我们既不清楚所要研究的对象是小学、初中还是高中的现代教育技术设备,也看不出所要研究的主要问题,更不明白实施研究的方法,因此这个课题名称是不恰当的,可以修改为"某市高中现代教育技术设备使用现状的调查研究"。

再如,课题"青少年非智力因素研究"提出后,评委首先会质疑其范围,是全国青少年还是某地青少年?于是首次修改为"某市青少年非智力因素研究"。接着,评委又会追问"青少年"具体指的是小学生还是中学生?据此,第二次修改为"某市中学生非智力因素研究"。鉴于非智力因素涵盖多个维度,评委进一步要求明确"非智力因素"究竟是指毅力、情绪、意志、还是兴趣、动机?于是,课题再次调整为"某市中学生学习动机研究"。随后,评委又会提出疑问,这里的

"学习"是指哪一学科的学习？经过第四次修改，课题确定为"某市中学生数学学习动机的研究"。然而，评委可能还会继续追问，"中学生"具体是指初一学生还是高一学生？最终，课题第五次修改为"某市高一学生数学学习动机的研究"，此时的标题才较为恰当。由此可见，确定课题标题并非一蹴而就，而是一个需要反复琢磨、不断完善的过程。一个好的课题标题往往是经过多次修改才诞生的。

(四)规划研究方向

每个人的精力都是极其有限且宝贵的资源，尤其对于中小学一线教师而言，他们不仅肩负着教书育人的神圣使命，还承担着繁重而复杂的教学任务，日复一日地为学生们的成长和发展默默奉献。正因如此，教师必须学会如何智慧地分配自己有限的时间与精力，确保每一分付出都能产生最大的教育效益。这就要求教师善于将稀缺的精力聚焦于那些既适合自己能力范围，又最迫切需要解决的困惑与问题上，避免在不必要的事务上分散注意力。

在进行课题研究时，中小学教师们更应该深知，忌讳东一榔头西一棒槌的零散探索，这种缺乏系统性和连贯性的研究方式，不仅难以取得实质性的成果，还容易浪费宝贵的时间和精力。相反，教师需要站在全局的高度，对研究方向进行整体的规划和布局，明确研究的核心目标和重点任务。在此基础上，集中力量对关键问题进行深入的挖掘和探讨，通过持续不断地努力，力求在某一领域或某一问题上取得突破性的进展。这样的研究方式不仅能够提升教师们的专业素养，还能为教育教学实践提供更加科学有力的支持。

第六章

彰显教学主张

强国必先强教，强教必先强师，师者强国之根。没有高水平的教师，就谈不上高质量的教育。科南特教授曾说："大学的荣誉不在于它的校舍和人数，而在于它的一代又一代的教师质量。"清华大学前校长梅贻琦指出："所谓大学者，非谓有大楼之谓也，有大师之谓也。"党的二十大报告强调，教育、科技、人才是全面建设社会主义现代化国家的基础性、战略性支撑。无论从事基础教育、职业教育，还是高等教育，本职工作就是教育教学、科学研究、教书育人。教育是国之大计、党之大计。教师是立教之本、兴教之源。作为一名从事基础教育近40年的教师，我时刻牢记肩负的责任与使命，在教书的同时坚持育人优先，在教学的同时倡导科研并重，努力培养德智体美劳全面发展的优秀人才。

对于教学主张，教师不仅要不断地丰富与发展，而且要持续地彰显与传播它。提出教学主张并非一蹴而就，彰显教学主张并非一帆风顺，教师要有"长风破浪会有时，直挂云帆济沧海"的理想信念，更要有"黄沙百战穿金甲，不破楼兰终不还"的坚定勇气。我参评2020年第十三届"苏步青数学教育奖"、2021年第六届全国教育科学研究优秀成果奖、2022年第三届国家级基础教育教学成果奖及2022年第七批国家"万人计划"教学名师等相关材料与心得感悟正是彰显"理性数学"教学主张的载体。申报与填写各类表格、整理与组织各种材料的过程就是理思路、重依据的理性思维过程。事实上,追踪这些大奖的来龙去脉,也是数学人理性的重要体现。理性数学的"理"洋溢着幸福,正如有人感叹:"理性生活才是幸福。"教师有感情地学习,有感情地研究,有感情地教学,沉浸在其中,快乐在其中,自然也幸福在其中。

第一节 荣膺苏步青数学奖

一 "苏步青数学教育奖"背景由来

1991年5月,美籍华裔数学家项武义教授及夫人谢婉贞博士,应复旦大学数学研究所谷超豪、胡和生院士夫妇的邀请,访问复旦大学。这期间就我国数学教育改革,尤其对中学数学的教育改革等问题进行了探讨。他们在交流中提到苏步青教授在九旬高龄依然为提高中学数学教师的水平开办讲学班时,出于表达对苏步青教授几十年来致力于数学教育事业的敬意,弘扬苏步青教授一贯重视和支持基础数学教育的精神,激励广大中学数学教育工作者继承发扬苏步青教授的崇高精神,促进基础数学教育的发展,加强基础数学教师和数学研究队伍的建设,共同倡议设立"苏步青数学教育奖"。苏步青教授欣然接受了以他的名字命名的这个奖项,并特别强调"苏步青数学教育奖"仅仅奖励为中学数学这一核心课程的教育做出辛勤努力和杰出贡献的教师。

1991年9月,在第七个全国教师节期间,根据项武义教授夫妇和谷超豪院士、胡和生院士夫妇的共同倡议,由复旦大学、上海市教育局、上海市中小学幼儿教师奖励基金会联合发起设立"苏步青数学教育奖"。目前,"苏步青数学教育奖"是在教育部的大力支持下设立的国内第一个奖励从事中学数学教育工作者的奖项,也是我国中学数学教育界最高级别的奖项。

二 "苏步青数学教育奖"组织机构

"苏步青数学教育奖"领导机构为"苏步青数学教育奖"理事会。理事会是由复旦大学,上海、江苏、浙江、福建、安徽、江西、山西、北京、广东等省(市)教育厅(委)和上海市中小学幼儿教师奖励基金会的代表,以及教育部、中国数学会、中国教育学会、人民教育出版社的有关领导与权威专家组成。理事会设理事长一名,副理事长若干名。理事会下设秘书处,秘书长一名,副秘书长若干名。理事会总部及秘书处设在复旦大学数学科学学院,秘书处在理事长领导下处理日常事务。

  理事会主要承担以下工作:制定每届评奖细则;聘请每届"苏步青数学教育奖"评审委员会成员,指定评审委员会正副主任;确定获奖名单、奖金额度,并组织颁奖典礼暨经验交流大会;审定经费使用情况;决定与"苏步青数学教育奖"有关的其他重大问题。其中"苏步青数学教育奖"评审委员会是由长期关心和熟悉基础数学教育的专家若干人组成,作为该奖评审机构。"苏步青数学教育奖"评审委员会独立开展工作,对理事会负责。评审委员会以无记名投票方式评定获奖名单与等级。评选过程公平、公正,坚持标准,坚持好中选优,宁缺毋滥的原则。值得说明的是,《苏步青数学教育奖章程》规定前几届被省、自治区、直辖市推荐为候选人而未评上一、二等奖者,下一届可以继续推荐,但不能连续推荐3次。各省、自治区、直辖市推荐的候选人为1—3名,如果推荐1名,必须是一线数学教师;如果推荐2名及其以上,至多1名教研员。

三 荣膺"苏步青数学教育奖"获奖感言

  理性数学的"理"还体现在懂礼节、重感情,具有良好的职业道德,优秀的人格魅力。2019年12月,我作为厦门市候选人被推荐到福建省教育厅;2020年3月,我作为福建省候选人参评第十三届"苏步青数学教育奖"。2020年12月10日,"苏步青数学教育奖"理事会公示获奖名单。2020年12月26日,我幸运地作为获奖代表在重庆市第八中学校举行的第十三届"苏步青数学教育奖"颁奖典礼暨中学数学教育论坛上发表获奖感言。

获奖感言

  尊敬的李大潜院士,尊敬的各位领导与专家,亲爱的数学同仁、朋友:

  大家上午好!

  我叫王淼生,来自福建省厦门第一中学,是一名普通的中学数学教师。我发言的关键词是感恩、梦想、拼搏、责任。

  真诚感恩!今天是我平生第一次零距离接触到"苏步青数学教育奖"理事长、秘书长!第一次零距离聆听到著名数学家的学术报告!第一次零距离感受数学名家大师的风采!

今天,我荣幸地站在中国中学数学教育界最高奖项领奖台上,接受"苏步青数学教育奖"理事会授予中学数学教育界最高荣誉:第十三届"苏步青数学教育奖"一等奖!更让我倍感幸福的是代表获奖教师站在这个最高领奖台上发言!这是对我从教33年来在立德树人、教育教学、数学竞赛、学术研究、辐射引领、人才培养、传帮带送等方面取得的一系列成绩的肯定!这份荣誉归功于所有关心、帮助、培养我的人!这份荣誉属于所有中学数学教师!在此,我真诚地感谢我所从事的教育事业!感谢"苏步青数学教育奖"理事长、秘书长对我的厚爱!感谢福建省教育厅、江西省教育厅、厦门市教育局、九江市教育局等各级领导对我的培育!感谢各位专家、学者长期以来对我的教诲!感谢我的工作单位福建省厦门第一中学、江西省九江第一中学、九江市濂溪区第一中学、湖口县第二中学、湖口县城山中学的培养!感谢学生及家长对我教育教学的认可!感谢我的家人对我工作的支持!

燃起梦想!我出生在一个极其贫寒的家庭。我清楚地记得,1984年9月2日上午,大学报到第一天因交不起学杂费而引起了班主任冯开敏老师的关注。慈母般的冯老师帮我申请减免费用,使我免于辍学命运。1987年大学毕业,我成为了一名光荣的人民教师。同年,我被分配到湖口县城山中学。因工作需要,我于1989—1991年间,在县城郊区中学——湖口县第二中学任教。1991—1993年,我在市区郊区中学——九江市濂溪区第一中学任教。1993—2005年,在江西省重点中学——江西省九江第一中学任教。2005年,我作为厦门市政府人才引进到福建省重点中学——福建省厦门第一中学。

我清楚地记得,2005年8月4日上午,我第一次走进了时任福建省厦门第一中学校长任勇先生的办公室,看到了书柜正中间摆放着的第四届"苏步青数学教育奖"一等奖奖牌与证书。任勇先生小心翼翼地取出奖牌,给我讲述"苏步青数学教育奖"由来及获奖教师们取得的丰硕成果。那是我第一次零距离触摸到"苏步青数学教育奖"奖牌,同时也让我第一次在心中燃起了对"苏步青数学教育奖"的无限憧憬!

我清楚地记得,2019年6月14日下午,厦门市举行首届名师工作室竞聘演讲比赛,竞争激烈!面对领导与评委,我第一句话就是:我很幸运,因为我一直以来得到很多名家大师无私的帮助,是前辈们激励我一次又一次战胜困难、走出困惑。满怀感恩之心,我竞聘名师工作室领衔人的目的就是渴望拥有一个平台,学着前辈们当年的模样,更好地、更多地回报社会。如今,我除了正常教育教学工作外,还长期带领我的名师工作室30名研修成员、31名帮扶教研组成员及29名学科带头人、骨干教师培养对象开展研修活动。期待有一天,我的徒弟、徒弟的徒弟也能登上"苏步青数学教育奖"领奖台。

今天,我要特别感谢任勇先生。是他给我提供了第一个投稿邮箱,才有我今天的300余篇论文;是他给我提炼出第一项课题素材,才有我今天的18项课题;是他给我作序第一部专著,才有我今天的3部专著;是他给我推荐了第一次讲座的机会,才有我今天的350余场讲座、示范课;是他给我指引第一次优生培养策略,才有我今天为清华北大等著名学府输送了160余名优秀学子;是他给我示范第一节竞赛辅导课,才有我今天在各级各类竞赛中多次获得市级及以上一等奖;是他给我讲述第一位带教徒弟的辉煌成果,才有我今天的专业成长轨迹:特级教师、正高级教师、专家型教师、拔尖人才、杰出教师;是他给我回忆第一位引领他走上科研之路的导师,才有我今天的传帮带:先后指导100余名青年教师,其中3人次夺得全国优质课大赛一等奖、5人次夺得含金量极高的省级技能大赛一等奖、20多人次夺得教学基本功大赛、创新大赛一等奖。

缩短差距! 今天,我有幸获得"苏步青数学教育奖"一等奖,这仅仅是对我过去成绩的肯定与鼓励。我不会骄傲,也不能骄傲,更没有骄傲的资本。因为我还有很多题不会解,还有很多解法不自然,还有很多数学概念分析不深刻,教学中仍存在衔接不到位,新课标解读不精准,建模能力不够强,数学文化不厚实,核心素养落实不到位的情况,我会加倍努力,虚心好学,锐意进取。我会一直热爱着我热爱的教育事业,我会一直喜欢着我喜欢的数学,我会一直默默无闻地做题、阅读、教学、反思、科研、指导年轻教师,我会一直努力地缩短与在座各位名家大师的差距。

责任担当! 宇宙之大,粒子之微,火箭之速,化工之巧,地球之变,生物之谜,日用之繁,无处不用数学。作为一名数学教师,我将牢记自己的光荣使命:培养学生用数学的眼光观察世界,用数学的思维分析世界,用数学的语言表达世界,用数学的知识服务世界。基于数学学科视角,化枯燥、冰冷的数学概念教学为有趣、火热的思考,让学生爱好数学、享受数学,进而激发兴趣,优化思维,发展智力,提升素养。

数学是人类高超的智力成就,数学是人类心灵最独特的创造。作为一位人民教师,我将铭记自己的神圣责任:教书育人、立德树人。我将不断丰富"理性数学"教学主张,凸显"理性说理"教学风格,彰显"数学说理"教学特色。同时,我会将教学主张贯穿于我的整个职业生涯,让自身的人格魅力得以充分展现。教学的艺术不在于传授的本领,而在于激励、呼唤和鼓舞。我将用心、用爱叩开学生智慧之门、心灵之门,为我国中学数学教育事业做出更大的贡献!

　　热烈欢迎大家来风光秀丽的鹭岛做客!热烈欢迎大家来深田沃土的福建省厦门第一中学指导!再一次深深地感谢大家!

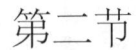

第二节 授予全国教研成果

一、全国教育科学研究优秀成果奖

全国教育科学研究优秀成果奖简称为"教研成果奖",是教育部为充分调动广大教育科学工作者的积极性和创造性,不断提高教育科学研究能力和学术水平,增强社会服务能力,繁荣和发展教育科学事业所开展的一项重要工作。该奖项设立于1990年(第一届),第二届在1999年,第三届在2006年。从第三届起,每五年评选一次,是全国教育科学研究优秀成果最高级别奖项。其作为政府科研奖项,在教育界具有广泛影响力。获奖作品大多数为注重理论联系实际,聚焦创新,能在学科体系、学术观点、研究方法等方面取得突破的学术成果精品。

教育部成立全国教育科学研究优秀成果评选奖励委员会(即评奖委员会)领导评奖工作,由全国教育科学规划领导小组代行职责,最终审定获奖成果和获奖人选。成果评奖工作原则上分成教育基本理论、教育史、教育发展战略、教育经济与管理、教育心理、德育、基础教育、高等教育、职业教育、成人教育、教育信息技术、比较教育、体育卫生美育、民族教育等14个学科评审组进行。每个学科评审组由5位专家组成,采取专家集中独立评审,自行确定推荐获奖名单,以确保评审公平公正。

成果评奖工作坚持质量至上,宁缺毋滥,严把学术质量关和政治关,突出社会贡献,注重国内外影响,确保评选活动公平、公正、公开。各学科评审组评出的获奖成果名额可以空缺但不得突破指标,在上一等级富余的名额可计入下一等级。

教研成果参评内容:公开出版的专著、公开发表的论文和已经被政府决策、管理部门采纳的咨询报告等。教研成果评奖范围(以第六届为例):凡列入全国教育科学"十二五""十三五"规划的课题成果均可参评;公开发表和出版的教育科研成果,或不宜公开发表和出版但被政府决策、管理部门采用的教育科研成果,经省级教育行政部门或教育部司局、直属单位、直属高校推荐,也可参加此次评奖;各省、自治区、直辖市已开展教育科学研究优秀成果评奖活动的,其推荐成果原则上应是评奖活动中已获奖成果;凡已在往届国家优秀教学成果奖评奖和高等学校科学研究优秀成果奖(人文社会科学)评奖中获奖的成果不再参加本次评奖;凡参加评奖活动而未获奖的成果,一般不再推荐参评。

值得说明的是,军事教育科学研究优秀成果申报评审工作由全军军事教育科学规划办公室负责组织。军事教育科学研究按照比例评出的获奖成果不占评奖设置的奖项指标,只需报备评奖委员会审定批准。

二、教研成果奖与教学成果奖区别

五年一届的全国教育科学研究优秀成果奖注重成果的学术素养与理论水平,强调学术研究所取得的成果,并非单纯的教学成果;国家级基础教育教学成果奖注重实践操作,强调的是教学过程中的探索过程,并非理论的堆砌。这是全国教育科学研究优秀成果奖与国家级基础教育教学成果奖的本质区别。

全国教育科学研究优秀成果奖五年一届,而国家级基础教育教学成果奖四年一届。教研成果奖是基础教育、职业教育、高等教育合并在一起评选,而教学成果奖分为基础教育、职业教育、高等教育(本科、研究生)等三大系列四个类别单独评选,各自分配名额。由于高校专家理论素养远远优于中小学一线教师,因此获奖者几乎都是一流大学的科研工作者,绝大部分被清华大学、北京大学、复旦大学、北京师范大学、华东师范大学等著名高等学府囊括,因此中小学幼儿园申报数量较少,甚至出现个别地区、学校零申报现象。无论从名额设置、间隔时间,还是竞争强度,全国教育科学研究优秀成果获奖难度远远大于国家级基础教育教学成果奖。

三、授予全国教育科学研究成果奖

"理性数学"教学主张指向教研,是对科学研究的理性认识与不懈追求。2015年,我申报的课题"基于数学教学内容知识(MPCK)视角下概念教学案例研究"被立项为全国教育科学"十二五"规划2015年度教育部规划课题。历时四年研究,于2019年结题并获得良好等级。作为该课题重要成果之一,我的概念教学专著《概念:数学教学永恒主题》于2018年8月由厦门大学出版社出版。2021年4月,该专著荣获厦门市教育科学研究优秀成果奖一等奖。2021年5月,该专著被推荐参评第六届全国教育科学研究优秀成果奖。2021年9月,该专著摘取第六届全国教育科学研究优秀成果奖二等奖,这是福建省基础教育界30年来在该项大奖中获得最好的名次,也是厦门市基础教育界30年来历史性零的突破。

第三节 摘取国家教学成果

一 国家级基础教育教学成果奖

教学成果奖全称为国家级（省级、市级等）基础教育（职业教育、高等教育等）教学成果奖。国家级基础教育教学成果奖每四年一届（省、市一般两年一次评选）。2014年，我国首届国家级基础教育教学成果奖评审工作正式启动，该奖项还处于启蒙与尝试阶段；2018年，第二届教学成果奖成功举行，标志着该奖项已进入普及与探索阶段；2022年，第三届教学成果奖成功举行，意味着该奖项已迈入规范与成熟阶段。

国家级基础教育教学成果奖是由政府设立的最高级别的业务类奖励，是教育领域意义最重大、影响最深远的国家级奖项。获奖的优秀教学成果代表着我国教育教学工作的最高水平，将在全国范围内发挥重要的引领示范作用，充分彰显我国基础教育改革发展的辉煌成就，充分展示改革开放以来我国基础教育取得的丰硕成果，深刻体现广大教育工作者勤奋耕耘、敬业奉献和矢志坚守的情怀。教学成果是反映我国教育教学改革和实践探索的重要成果，包括课程、教学、评价、资源建设、教师发展等方面（教材除外），既可以是综合性的，也可以在某些方面有所侧重。这些成果必须符合国家教育方针、政策导向，体现时代精神和素质教育的核心理念，突出育人导向，遵循学生身心发展和教育教学规律（操作性、推广性），落实立德树人根本任务，促进学生德智体美劳全面发展（原则性、科学性）。同时，这些成果应聚焦于解决基础教育教学过程中的实际问题和面临的挑战（针对性、实效性），创造性地提出科学的思路、方法和措施，并经过实践验证，在实现培养目标、提高教学水平和教育质量方面效果显著，产生广泛且深远的影响，持续在教育教学中发挥示范引领作用（首创性、新颖性）。教学成果奖评审坚持质量第一、宁缺毋滥的原则，允许各个等级奖项空缺，比如2022年的国家级基础教育教学成果二等奖只有498项，空缺2项。

理性数学——我的永恒追求

教学成果与科研成果、学术论文、科研专著、经验总结等有着密切关联,但基础教育教学成果并不等同于科研成果、学术论文、科研专著、经验总结。教学成果的产生必须直接对教学过程本身进行变革,接受教学实践的检验,因而教学成果既不是单纯的教育科研成果,也不是纯粹的教学业绩,而是二者的高度融合。用数学专业术语就是教育科研与教学工作的交集。交集越大,教学成果内涵越丰富。教育科研侧重于理论研究,是在实践基础上的理论升华;而教学工作侧重于实践探索,是在理论指导下的教学实施,因此教学成果奖是由教育行政部门来评审,是由政府部门颁奖(如教育部、省政府等)。没有科研成果、学术论文、科研专著、经验总结的教学成果是空洞的;仅有科研成果、学术论文、科研专著、经验总结的教学成果是不完整的,因为《教学成果奖励条例》明确指出,教学成果是指反映教学规律,具有独创性、新颖性、实用性,对提高教学水平和教育质量、实现培养目标产生明显效果的教育教学方案。

二 摘取教学成果奖

教学主张就是教学观,指向教学实践活动,聚焦教学成果,是对教学、教改、教研的理想追求。2020年6月,我主持的基础教育教学成果"基于数学教学内容知识视角下概念教学实践与研究"荣获厦门市基础教育教学成果奖一等奖,同年12月,该成果荣获福建省基础教育教学成果奖特等奖。2022年9月,在专家的指导下,我主持的教学成果名称完善为"让'冰冷美丽'焕发'火热思考'——中学数学概念教学实践与研究",并于同年10月参评2022年国家级基础教育教学成果奖。2023年7月,我的教学成果"让'冰冷美丽'焕发'火热思考'——中学数学概念教学实践与研究"荣获国家级基础教育教学成果奖二等奖。

第四节 当选国家教学名师

一 国家"万人计划"提出背景

为加速推进人才强国战略，更有效地调配国内外人才资源，自2008年起，中央把握国际金融危机带来的引才契机，率先推行了旨在吸引海外高层次人才的计划，此举激发了海外人才回国发展的热潮。在引进人才的同时，中央亦强调需深入探索并适时出台针对国内高层次人才的培养支持计划。

2012年，中国共产党中央委员会组织部、中华人民共和国人力资源和社会保障部等11部门面向国内高层次人才，全面启动实施"国家高层次人才特殊支持计划"，简称"国家特支计划"，亦称国家"万人计划"。国家"万人计划"是中央着眼于统筹人才资源，突出高端引领、全面推进我国人才队伍建设的一项重大人才工程。该计划准备用10年时间遴选1万名左右自然科学、工程技术和哲学社会科学领域的杰出人才、领军人才和青年拔尖人才。

国家"万人计划"强调重点人才重点支持、特殊人才特殊培养，是一项"含金量"较高的人才支持计划。在有关部门原有支持的基础上，国家将对入选计划的重点对象提供"重点经费支持"，并授予"国家特殊支持人才"称号，加快培养造就一批为建设创新型国家提供坚强支持的高层次创新创业人才。其中"重点经费支持"主要用于入选者开展自主选题研究、人才培养和团队建设等方面。国家"万人计划"要求有关部门和用人单位在科研管理、事业平台、人事制度、考核评价、激励保障等方面为入选者制定落实配套政策措施，加大培养支持力度。

二 国家"万人计划"教学名师

国家"万人计划"由中央人才工作协调小组统一领导，在有关部门设立评选平台，组织开展相关类别人才的申报和初选。中华人民共和国科学技术部（以下简称科技部)、中国共产党中央委员会宣传部(以下简称中宣部)、中华人民共和国人力资源和社会保障部(以下简称人社部)会同中华人民共和国教育部(以下简称教育部)等部门开展科技创新领军人才、哲学社会科学领军人才、百千万工程领军人才的申报初选工作。其中,科技部设立杰出人才、科技创新领军人才、科技创业领军人才等评选平台;中宣部设立哲学社会科学领军人才评选平台;人社部设立百千万工程领军人才评选平台;教育部设立教学名师评选平台。为确保计划的实施效果和公信力,国家"万人计划"借鉴国际国内成功经验,在遴选程序、遴选标准、评价方式以及评审专家的选择等方面,建立科学、严格的制度和办法,在实施过程中探索建立效用评价、公信调查和管理评估机制,努力把国家"万人计划"打造成经得起历史检验的品牌工程。

遵循国家"万人计划"高端引领、梯次搭配的构思,国家"万人计划"体系由三个层次、七类人才构成。第一层次为处于世界科技前沿领域、科学研究有重大发现、具有成长为世界级科学家潜力的杰出人才;第二层次为领军人才,包括科技创新领军人才、科技创业领军人才、哲学社会科学领军人才、教学名师及百千万工程领军人才等五个类别;第三层次为35周岁以下、具有特别优秀的科学研究和技术创新潜能、科研工作有重要创新前景的青年人才。根据国家经济社会发展和人才队伍建设需要,经中央人才工作协调小组批准,可以调整计划项目设置。

国家教学名师作为国家"万人计划"的重要组成部分,属于"领军人才"中的一类,是唯一面向全国各级各类学校教师、侧重考察教育教学和育人实绩的国家级人才项目。选拔国家教学名师体现了国家对一线教师从事教书育人工作的重视和认可,也是激励广大教师坚守岗位职责,潜心教书、为党育人、为国育才的强大措施。

三 国家"万人计划"教学名师评审条件

在习近平新时代中国特色社会主义思想的指导下,候选人应热爱教育事业,兼具独特的人格魅力和深厚的学识底蕴,做到学为人师、行为世范,并严格遵守教师职业道德规范;应重视教学队伍建设,积极指导和帮助中青年教师提升教学水平,在全国同层次学校、同学科领域内享有较高的威望和知名度。

此外,候选人还需积极承担市级及以上的示范课、公开课、观摩课任务,勇于担当校本研修的培训工作,为形成合理的教学梯队做出重要贡献。他们应具备先进且符合时代特点的教育教学思想,致力于全面提高学生的基本素质,注重开发学生潜能,激发学生的创新意识和创造能力。

在教学方法上,候选人需形成系统的教育教学方法和独具特点的教学艺术,关注学生个体差异,遵循学生成长规律,因材施教,充分调动学生学习的积极性和主动性;需坚持在教学一线承担实际教学任务,同时针对课程与教学改革中的重点和难点问题进行实践探索,并取得重要突破。

经过较长时间的实践检验,候选人还应形成对实现培养目标、提高教学质量具有显著效果的教学成果。所开设的课程深受学生和同行的好评,形成独特而有效的教学风格,教学效果显著。其主讲课程在全国同类型、同层次学校和同学科中具有较大影响力,起到示范引领作用。

四　当选国家"万人计划"教学名师

2022年4月,我经学校遴选并公示后,无异议地被推荐至市级联评。2022年5月,通过市局遴选及公示,我再次无异议地被推荐至省级联评。2022年6月,经省厅遴选并公示无异议,我顺利晋级至教育部联评。最终,在2022年10月,我荣幸地入选国家高层次领军人才,当选为国家"万人计划"教学名师,并被列为各级领导联系与服务的专家。

参评国家"万人计划"教学名师,需提交一段20分钟以内的片段教学视频。为此,我于2022年5月12日下午在演播大厅进行了现场课堂教学,授课内容为"三角函数模型在天体运行方面的简单应用",该次课堂教学赢得了专家们的一致好评。

参考文献

[1]安富海.促进深度学习的课堂教学策略研究[J].课程·教材·教法,2014,34(11):57-62.

[2]安杨华.理性语文:运用语文知识解决语文实践问题——"新课标"视域下的语文知识运用略谈[J].天津师范大学学报(基础教育版),2020,21(4):35-39.

[3]曾晓梦.发展数学核心素养的高中数学问题情境创设研究[D].南充:西华师范大学,2020.

[4]陈芬萍.新时代中小学名师专业成长与基本理路[J].中国教育学刊,2020(5):80-82.

[5]陈婷.中国初中几何教科书百年回眸[M].北京:人民教育出版社,2019.

[6]陈希孺.数理统计学简史[M].长沙:湖南教育出版社,2000.

[7]陈岩.中小学课题研究[M].北京:北京师范大学出版社,2013.

[8]成尚荣.教学的再定义及其变革走向[J].人民教育,2012(18):43-46.

[9]成尚荣.名师应当是思想者——谈教学主张与名师成长[J].人民教育,2009(1):43-46.

[10]程红兵.为一所理想学校而来[M].上海:华东师范大学出版社,2015.

[11]方华基,叶哲铭,高淮微.个人知识视野下的教学主张:本质、表征与生成[J].教育理论与实践,2022,42(1):53-58.

[12]郭春芳,张贤金,陈秀鸿,等.中小学名优教师教学主张:内涵、价值与形成[J].中小学教师培训,2017(10):9-12.

[13]郭华.深度学习及其意义[J].课程·教材·教法,2016,36(11):25-32.

[14]郭民,秦德生.智慧数学[M].长春:吉林人民出版社,2012.

[15]贺雯.教师教学风格的调查研究[J].心理科学,2005,28(1):214-216.

[16]华志远.以高中数学为主导的跨学科教学探索与思考[J].数学通报,2022,61(6):30-33,37.

[17]金心红,龙安邦.基于教学主张的名师成长[J].教育理论与实践,2021,41(29):27-31.

[18]康德.纯粹理性批判[M].李秋零,译.北京:中国人民大学出版社,2004.

[19]克莱因.西方文化中的数学[M].张祖贵,译.北京:商务印书馆,2013.

[20]夸美纽斯.大教学论[M].傅任敢,译.北京:人民教育出版社,1984.

[21]兰岚.课堂教学中深度学习的整体性建构[J].教育理论与实践,2022,42(32):46-49.

[22]李冲锋.教师如何做课题[M].上海:华东师范大学出版社,2012.

[23]李建军.教学主张:教师专业发展的内在维度[J].教育理论与实践,2009(3):34-35.

[24]李如密,段乔雨.我国教学流派研究70年:进程、问题与前瞻[J].课程·教材·教法,2019,39(8):42-49.

[25]李如密.关于建立教学风格论的若干问题[J].课程·教材·教法,2002(6):16-20.

[26]李如密.教学风格的内涵及载体[J].上海教育研究,2002(4):41-44.

[27]李兴贵,王富英.数学概念学习的基本过程[J].数学通报,2014,53(2):5-8.

[28]李勇,章建跃,张淑梅,等.全国重点高中数学教师概率统计知识储备现状调查[J].数学通报,2016,55(9):1-9.

[29]廖伟.循证教师专业发展之PD&R实践模式——以"北京师范大学APEx卓越教育家培养项目"为个案的研究[J].教师教育研究,2020,32(4):9-16.

[30]林浩.数学课堂教学中有效"问题情境"的设计[J].中国数学教育,2014(4):7-9.

[31]刘雄英.中小学教师教育者专业发展的困境及其应对[J].教育发展研究,2017(18):65-69.

[32]龙艳文.基于概念生成中三个层面追问的问题串设计[J].数学通报,2017,56(3):11-13,17.

[33]罗莎莎,靳玉乐.教师教学主张的同质化现象及其规避[J].教育理论与实践,2020,40(10):55-59.

[34]罗增儒.数学概念的理解与教学[J].中学数学教学参考(上旬),2016(3):2-5.

[35]孟梦,李铁安."问题化":数学"史学形态"转化为"教育形态"的实践路径[J].数学教育学报,2018,27(3):72-75.

[36]钱兵,孙在丽.教师自我发展意识的迷失与唤醒[J].当代教育科学,2018(8):44-46,53.

[37]钱旭升.论深度学习的发生机制[J].课程·教材·教法,2018,38(9):68-74.

[38]任学宝.跨学科主题教学的内涵、困境与突破[J].课程·教材·教法,2022,42(4):59-64,72.

[39]任勇.教育家精神的"立人"之道[J].中国教师,2023(9):35-38.

[40]任勇.教育教学的辩证之道[M].武汉:长江文艺出版社,2022.

[41]任勇.精彩数学就在身边[M].北京:中国人民大学出版社,2011.

[42]任勇.任勇的中学数学教学主张[M].北京:中国轻工业出版社,2012.

[43]任勇.师者之道:给教师的50个叮嘱[M].上海:华东师范大学出版社,2023.

[44]任子朝,赵轩.数学考试中的结构不良问题研究[J].数学通报,2020,59(2):1-3.

[45]沈文选,杨清桃.数学思想领悟[M].哈尔滨:哈尔滨工业大学出版社,2008.

[46]盛骤,谢式千.概率论与数理统计及其应用[M].北京:高等教育出版社,2004.

[47]石中英.教师职业倦怠的一种哲学解释[J].中国教育学刊,2020(1):95-98.

[48]石中英.教育哲学导论[M].北京:北京师范大学出版社,2002.

[49]史宁中.数学的基本思想[J].数学通报,2011,50(1):1-9.

[50]舒尔曼.实践智慧:论教学、学习与学会教学[M].王艳玲,等译.上海:华东师范大学出版社,2013.

[51]宋宇.数学思维与生活智慧:双色版[M].北京:中国和平出版社,2006.

[52]汪晶华,邹书生.用函数与方程思想简解几道竞赛题及其变式[J].中学数学研究,2014(3):48-49.

[53]王建华.论人类的教育[J].清华大学教育研究,2014,35(2):27-34.

[54]王林发,马晓娜.教学名师"二次成长":意义、困境与突破[J].中国电化教育,2022(422):103-110.

[55]王沛钰,李祎.核心素养视域下统计与概率教学的若干策略[J].中学数学月刊,2018(7):25-27.

[56]王天平,蒋文娜.从高原攀上高峰:教师高阶专业发展的自我实现[J].当代教师教育,2023,16(1):50-55.

[57]王天平.教师自主提炼教学主张的方法[J].课程·教材·教法,2022,42(7):147-153.

[58]王天平.教学实践家的品质及其成长[J].当代教师教育,2011,4(1):42-46.

[59]王增强.对一个数学问题的再探究[J].中学数学研究,2012(9):26-27.

[60]吴永军.关于深度学习的再认识[J].课程·教材·教法,2019,39(2):51-58,36.

[61]吴佑华.深度学习:让数学课堂学习真正发生[J].数学教学研究,2018,37(5):2-9,14.

[62]伍春兰,张勃.论学生思维参与的数学概念教学[J].数学通报,2017,56(2):22-25,29.

[63]徐利治.谈谈我的一些数学治学经验[J].数学通报,2000(5):0-3.

[64]薛茂文.对一个数学问题的探究[J].中学数学研究,2012(3):13-15.

[65]闫德明,古立新.教学风格形成的内在机制研究——基于知识创新的模式分析[J].课程·教材·教法,2013,33(10):29-33.

[66]杨俊杰.跨学科融合式教学:思维广场课程的深化发展[J].教育学术月刊,2022(4):87-92,112.

[67]叶澜.重建课堂教学价值观[J].生物学教学,2003,28(2):4-6.

[68]叶圣陶.如果我当教师[M].长沙:湖南人民出版社,2022.

[69]余文森,龙安邦.提炼教学主张:名师专业成长的必修课[J].教育科学,2022,38(2):22-28.

[70]余文森.论名师的教学主张及其研究——以福建省为例[J].教育研究,2015(2):75-81.

[71]张齐华,吴贤,吕琳.教学主张改写"我"的教育人生[J].人民教育,2016(13):49-52.

[72]张素坤.让深度学习在数学课堂中真正发生[J].教育实践与研究,2019(1):29-31.

[73]张晓娟,吕立杰.指向深度学习的课堂学习共同体建构[J].基础教育,2018,15(3):35-41.

[74]章建跃,陶维林.概念教学必须体现概念的形成过程——"平面向量的概念"的教学与反思[J].数学通报,2010,49(1):25-29,33.

[75]章建跃.为什么用单位圆上的点的坐标定义任意角的三角函数[J].数学通报,2007,46(1):15-18.

[76]赵轩,任子朝.中学数学中概率的相关概念辨析——从一道高考题谈起[J].数学通报,2018,57(12):1-4.

[77]钟启泉,崔允漷.核心素养研究[M].上海:华东师范大学出版社,2018.

[78]朱英.微笑不止一个角度:28位教师的教学智慧[M].上海:华东师范大学出版社,2013.

后记

提炼教学主张的历程充满挑战,其名称的确定、内涵的阐述均非一蹴而就,而是随着教学经验的累积、教学能力的提升、教育理论的深化、教研成果的转化、视野的拓宽,不断地加以提炼、深化、拓展和完善。我的教学主张经历了朦胧期的数学解题教学、萌芽期的解决数学问题、形成期的数学概念教学、成熟期的理性数学教学、定型期的理性数学等五个阶段。

"理性数学"教学主张蕴含着责任与担当。作为新时代的人民教师,我肩负着赓续中国教育血脉的使命,深刻把握教育事业的发展规律,顺应时代潮流,积极弘扬我国教育家的精神与情怀。我坚定心有大我、至诚报国的理想信念,致力于陶冶言为士则、行为世范的道德情操,涵养启智润心、因材施教的育人智慧。同时,我秉持勤学笃行、求实创新的躬耕态度,勤修乐教爱生、甘于奉献的仁爱之心。我树立胸怀天下、以文化人的弘道追求,立志成为品德高尚、知识渊博、多谋善断、胸怀坦荡的贤智仁者,为教育事业贡献自己的力量。

在西南大学教育学部与厦门市教育科学研究院领导及专家的悉心鼓励下,我历经三年,精心打磨,终于完成了本书稿,并即将出版。我衷心期望借此机会,将自己近四十年来在数学教学、教育科研、教书育人等方面的心得、体会与感悟,与更多同行在更广阔的平台上分享交流,并虚心聆听教诲。

在"理性数学"教学主张提出、完善过程中,在拙作《理性数学——我的永恒追求》的构思、写作过程中,得到了许多的专家、学者以及同行无私的帮助。在此特别感谢当代教育名家任勇先生长期以来无微不至的关心和帮助!特别感谢我的理论导师西南大学教育学部陈婷教授和实践导师重庆市教育科学研究院康世刚研究员不厌其烦地指导!特别感谢西南大学教育学部罗生全副部长高屋建瓴的引领!特别感谢西南大学教育学部范涌峰研究员持续不断地鼓励!特别感谢黄谦老师的照顾!特别感谢西南大学出版社张庆编辑耐心细致地修改!

后记

值得特别说明的是，在本书构思、撰写过程中，借鉴和参考了很多专家的著作，查阅和引用了很多学者的文章，因跨越时间较长，参考文献较多，未能及时将这些论著、论文的作者详细记录并一一列举，在此向这些专家学者致以深深的歉意。

本书虽然数易其稿，反复修改，但由于笔者水平有限，难免还有很多不足和疏漏之处，真诚期盼读者与专家批评指正，万分感谢。

王淼生

写于福建省厦门第一中学

2024 年 5 月